유가를 비판한 진정한 유학자

혜강, 그리고 『성현고사전찬』

稽康/聖賢高士傳贊

유가를 비판한 진정한 유학자

혜강, 그리고 『성현고사전찬』

嵇康 / 聖賢高士傳贊

최세윤 지음

　본 연구는 2018학년도 고신대학교 교내연구비(정책지원과제)를 지원받아 이루어졌음.

책을 출간하며

대한민국 국민으로 태어나 지금까지 살아오는 동안 한 순간도 평안한 날이 없었다. 아니 평범하고 조용하게 살아가기보다는 매 순간 적극적으로 살기를 원했다고 하는 것이 오히려 더 맞는 표현일 것이다. 특히나 최근 일, 이년 사이에 대한민국은 정치, 사회 전반에 걸쳐 격변의 소용돌이 속에서 넘어질 듯 넘어지지 않고 잘 버텨왔다는 생각이 든다. 국제정세는 북한의 대변혁의 움직임에 민감하게 반응하며 전에 없던 화해의 무드가 조성되어가고 있지만 그럼에도 불구하고 국내는 여전히 진보와 보수가 첨예하게 대립하며 작금의 사태에 대해 어느 누구도 책임지려 하지 않고 철저한 반성 없이 혼란만 가중되고 있다. 그 결과 세대간, 지역 간의 갈등이 증폭되고 이 시대는 반목과 질시 속에서 무엇이 옳고 그른지(是非), 그리고 무엇이 선이고 악인지(善惡) 분간할 수 없는 그야말로 혼돈의 시대에 처하게 되었다.

이러한 시대에 직면하여 우리는 최소한의 양심과 윤리의식을 가지고 자신과 남을 속이지 말고 그저 허심탄회하게 마음속에 있는 생각을 그대로 드러낼 것을 주장한 혜강의 가치관을 본받아야할 필요성을 느낀다. 혜강 또한 작금의 현실처럼 曹魏 정권과 司馬氏 집단 간의 권력투쟁과 정권교체의 시기를 살았던 당대를 대표하는 지식인이자 사상가이며, 그리고 많은 문학작품을 통해 시대의 아픔을 표현했던 문학가였다. 혜강이 동시대의 지식인들과 다른 점은 당시의 대부분의 사상가나 문학가들이 단지 사변철학으로써, 글로써 시대의 아픔과 모순을 표현했다면 혜강은 이와 함께 자신의 성격대로 예리한 논조로 시대를 비판하는가 하면, 적극적인 행동으로써 시대의 불합리에 대항하려했던 투사의 모습을 가지고 있다는 것이다. 그러므로 21세기를 살아가는 우리들이 魏, 晉의 혼란한 시대를 살았던 혜강의 삶과 가치관을 살펴보는 것은 매우 의미 있는 일이라 생각된다.

필자가 혜강을 처음 만난 것은 90년대 중반 청운의 꿈을 품고 유학의 길에 올라 듣게 된 중국철학사 시간이었다. 魏晉玄學을 전공하셨던 莊耀郞 교수님께서는 중국철학사 수업 가운데 특별히 魏晉의 玄學을, 그리고 竹林七賢을 강의하실 때면 그 어느 때보다 혼신의 힘을 기울여 열강을 하셨던 것으로 기억된다. 중국철학을 제대로 배울 수 있었던 나로서는 수업 내용이 생소하고 어려워 쉽지 않았지만 교수님의 인품과 학문을 대하는 태도에 감동하여 결국 나는 魏晉玄學을 전공하기로 결심했고, 그 교수님을 지도교수로 모시고 석사와 박사까지 가르침을 받게 되는 결정적인 계기가 되었다.

귀국 후 지금의 대학에서 학생들을 가르치면서 혜강과 죽림칠현에 대한 연구를 계속해오다가 이제 15년의 연구를 매듭짓는다는 생각으로 혜강과 관련된 책을 출간해야겠다고 결심하게 되었다. 나는 혜강의 삶을 동경한다. 혜강은 때론 철학자로서 당시 가장 이슈가 되었던 名教와 自然에 대해 자신의 생각을 피력하면서 一家를 이루는가 하면, 투사로서 司馬氏 집단의 잔혹함과 부도덕함, 그리고 반윤리적인 행위에 일말의 거리낌 없이 대항하였다. 어디 이 뿐이었겠는가! 죽음을 앞두고 자식에게 자신처럼 살지 말라고, 그저 그 시대를 살아가는 다른 사람들처럼 평범한 삶을 이어가라고 했던 지극히 인간적인 모습을 보여주었던 혜강은 한 마디로 나의 우상이었다. 나 역시 이러한 혼란한 시대를 살아가는 지식인으로서, 그리고 후학을 양성하는 선생으로서, 그리고 자식을 양육하는 아버지로서 그의 삶을 조명해보면서 그렇게 살아 갈수 있기를 소원한다!

이 한 권의 책이 출간되기까지 참 많은 분들의 도움이 있었다. 출판 문의를 한 순간부터 책이 완성되어 나오기까지 전반적인 일을 꼼꼼하게 챙겨주신 이아연 선생님과 책을 잘 편집해 주신 편집부 선생님들께 이 자리를 빌려 심심한 감사의 뜻을 표한다. 특히 내 삶을 지지해주고 연구 인생에 중요한 순간마다 학문적 조언을 아끼지 않고 해 주었던 아내 혜영에게 정말 감사의 마음을 전한다.

오늘도 오륙도가 내려다보이는 전망 좋은 연구실에서 혜강의 삶을 돌이켜본다.

2018년 10월31일
최세윤 씀

들어가는 말

嵇康의 삶과 가치관, 그리고 『聖賢高士傳贊』에 대해

　魏晉은 漢 왕조에서 魏로, 그리고 다시 晉 왕조로 정권이 교체되는 과정 속에서 국가와 사회 전반에 걸쳐 대립과 반목에 따른 분열과 모순, 그리고 갈등으로 점철되었던 시기였다. 정치적으로는 東漢 말엽 계속되는 환관과 외척의 권력다툼으로 급기야는 대통일 제국을 유지할 만한 강력한 황제의 통제권이 상실되어 국가의 근간이 흔들리기 시작했고, 이에 따라 사회는 극도의 혼란과 분열로 치달아 전국 곳곳에서 농민들의 봉기가 일어나는 등 절체절명의 위기에 처하게 된다. 이와 함께 200여 년간 통일제국의 면모를 유지하는데 중추적 역할을 담당했던 유가사상도 내용적으로는 '讖緯說'[1]의 가세에 따라 신비주의로 흘렀고, 聖賢의 한 마디 한 마디를 주석하는데 급급했던 '章句之學' 역시도 번잡함[2]으로 더 이상 官學으로서 유연하게 시대적 요구에 부응하여 위기를 극복해나갈 수 없는 지경에 이르게 된다.

　이렇듯 국가의 질서가 근본부터 동요되자 당시의 지식인들은 사람들의 의식구조 확립과 가치관 형성에 지대한 영향력을 행사해왔

---

1) '讖緯'는 고대 중국 통치계급의 儒家神學으로 陰陽五行說을 토대로 日蝕, 月蝕, 地震 등의 천재지변이나 吉凶禍福을 예언하던 學說인데, '圖讖說' 혹은 '讖緯學'이라고도 한다.

2) 『漢書·藝文志序』에 "다섯 글자로 이루어진 한 구절을 이, 삼만 자로 해석(說五字之文, 至於二三萬言)"하는 漢代 경학의 번잡함을 지적하고 있다.

던 유가사상의 역할론에 의구심을 품고 이를 대체할 새로운 사조의 출현이 그 무엇보다도 시급한 상황이라고 판단하였다. 즉, 유가사상이 통치이념으로서 더 이상 국가와 사회를 지탱하는 정신적 지주역할을 수행하지 못하고 쇠락하게 되자 集體意識이 붕괴되면서 개인을 중심으로 한 自我意識의 각성이 일어나 도가사상을 중심으로 유가사상을 재해석하려는 '玄學'이 새롭게 등장하였던 것이다.

이때부터 사회 전반에 걸쳐 지극히 자유로운 분위기가 조성되어 儒家와 더불어 道家, 佛敎, 그리고 禪 등의 사상이 함께 공존하면서 兩漢의 획일적인 학문전수에서 탈피하여 자유롭게 한 주제에 대해 토론하는 사상적 해방과 함께 가치관의 일대전환이 일어났다. 이 가운데 특별히 도가사상은 당시 시대적 불안과 혼란으로 말미암아 사람들의 죽음에 대한 걱정과 생명의식에 대한 고취로 새롭게 지식인들의 주목을 받게 되었고, 더욱이 사대부들의 사고능력을 강화시켜 본질에 대한 탐구로 이어졌으며, 이러한 사상의 대해방과 자아의식의 각성 속에서 점차 魏晉의 다채로운 면모들이 형성되기 시작한다.

자아의 각성과 현학의 등장

중국역사상 위진 시기는 정치적으로 가장 혼란스러웠고 사회적으로는 가장 고통스러웠던 시대였지만 동한 말기 통치이념으로 숭앙받던 유가사상이 공전의 위기를 맞게 되면서 정신적, 사상적으로는 오히려 지극히 자유스럽고 열정이 가득한, 그야말로 춘추 전국 시대 이후 제2의 '사상해방'의 시기를 맞이한다. 이러한 변혁 가운데 주목할 만한 것은 이른바 '홀로 유가만을 숭상'하는 獨尊儒術 정책3)으로 인해 兩漢의

400여 년 동안 중시 받지 못했던 道家와 法家, 陰陽五行, 佛敎 등이 다시금 학술계의 주목을 받게 되면서 사람들의 사고의 깊이를 더하고 내용을 더욱 다양화하여 새로운 사조의 등장을 초래하였다는 것이다.4) 이것이 바로 도가사상을 가지고 유가의 경전을 재해석하려는 '玄學'인데, 이러한 사상계의 변혁은 兩漢 經學처럼 경전을 주석하는데 온 힘을 기울였던 형식적인 학문과는 달리 노장사상을 기초로 하여 인생과 죽음, 그리고 자연 등 보다 실질적이고도 본질적인 문제를 다루는 데 그 학문의 초점을 맞추었기 때문에 이후 많은 지식인들의 환영을 받아 시대를 풍미하는 이른바 '玄風'을 일으켰다.5)

이렇듯 현학은 당시 이미 사회적, 학술적으로 主流思想이 되었지만, 그렇다고 해서 전통적으로 사상의 흐름을 주도해 왔던 유가사상을 완전히 배제할 수는 없었다. 그러므로 현학가들은 經學의 학문적 폐단을 없애고 시대의 요구에 부합되는 새로운 사상의 도입을 학문적 사명으로 삼고 道家의 無爲自然사상을 중심으로 儒家의 綱常倫理6)와의 결합을 시도하여 수백 년간 통치이념으로서 숭배되었던 경학의 전통에 종지부를 찍게 되었는데, 이러한 시도는 사회전반에 걸쳐 많은 영향력을 행사하였고, 특히 문학영역으로까지 확대되어 문학에 대한 자각운동7)의 기폭제가 되어 문학이

---

3) 漢 武帝 元光 元年(BC 134년)에 대통일 제국의 면모를 유지하고 강력한 중앙집권적 통치체계를 확립하기 위해 董仲舒의 獨尊儒術 건의를 받아들이고 중앙에는 太學을 설립하고 五經博士를 두었으며, 지방에는 학교를 건립하고 士人들의 私學을 독려하였다.

4) 현학은 유가사상을 근본적으로 부정하고 철폐하자는 사조로 보기보다는 漢代 유가의 폐단을 없애고 시대적 요구에 부응하며 현실의 문제를 해결해 보려는 새로운 움직임으로 보는 것이 타당할 것이다.

5) 儒學을 대체하여 일어난 玄風은 한마디로 자아각성에 따른 사상계의 거대한 변혁이라고 할 수 있다.

6) 綱常倫理라 함은 이른바 三綱과 五常으로서 사람이 기본적으로 지켜야 할 도리를 말한다. 여기서 三綱은 君爲臣綱, 父爲子綱, 夫爲婦綱을 말하며, 五常은 사람이 항상 지키고 실천해야 할 5가지 바른 행실, 곧 仁, 義, 禮, 智, 信을 말한다.

경학으로부터 탈피하여 독립적인 영역을 구축하는데 중요한 발판이 되었다.[8]

노자와 장자는 나의 스승

嵇康(224-263)[9]은 이와 같이 정치, 사회적으로 변혁이 일어났던 魏晉 시기 阮籍과 더불어 당대를 대표하는 사상가이자 문학가이다. 그는 40년이란 짧은 생을 살다가 갔지만 중국역사상 가장 혼란했던 시대적 배경 속에서 매우 파란만장하고 드라마틱한 삶을 살았다. 혜강의 형인 嵇喜가 '집안대대로 유학을 숭상'[10]하여 아버지로

---

7) 문학에 대한 자각운동에 대해 李澤厚는 『美的歷程』(北京: 文物出版社, 1981. 3.)과 『華夏美學』에서 "한말 위진 시대의 지식인(文人士子)은 정신적으로 분명한 특징을 가지고 있었는데, 바로 강렬한 생명에 대한 각성이다."라고 했다. 다시 말해서, 문학에 대한 자각운동은 본질적인 것의 중요성을 추구하는 인간의 각성에서 비롯되었다는 것이다. 그렇다면 이 시기에 왜 자아에 대한 각성이 일어날 수 있었는가? 동한 말기 계속되는 권력투쟁과 이로 인해 촉발된 사회의 불안으로 지식인들은 생명에 대한 위협을 느끼게 되었을 뿐만 아니라 당시 사회에 만연되었던 매관매직 현상과 두 차례의 '黨錮의 亂'으로 말미암아 관직에 오르는 일이 사실상 불가능하게 되자 사대부의 이른바 '學而優則仕'에 대한 신념이 사라지게 되어 '修身齊家治國平天下' 하고 '殺身成仁' 하는 것을 자신의 사명으로 여겨 국가에 충성을 다짐했던 지식인들의 가치체계 또한 이와 함께 일순간에 무너지게 되었다. 이에 따라 더 이상 국가와 사회를 위해 희생할 필요성도 책임감도 느끼지 못하게 된 그들의 관심은 자연스럽게 국가에서 '자신'으로 옮아가게 되었는데, 이것이 바로 당시 사대부들의 자아각성의 시작인 것이다.

8) 그 대표적인 인물이 바로 王弼이다. 王弼은 시대적 명제인 유가와 도가사상의 융합을 위해 '崇本擧末(본체를 숭상하고 이를 위해 말단을 들어 사용한다)'이라는 기본명제 아래 '무를 귀하게 여기되 유를 천하게 여기지 아니한다(貴無而不賤有).'는 등의 방법론을 제시하여 無의 本體를 실현하기 위해 有의 作用을 중요시하는, 즉 無의 本體는 有의 作用을 통해서만 그 본체를 드러낼 수 있다는 것을 밝히고 있는데, 이것이 바로 王弼의 有와 無에 대한 이해이자 더 나아가 그의 사상체계의 기저가 되었다.

9) 혜강의 생졸 연대는 다음과 같은 기록을 통해 추측해 볼 수 있다. 魏文帝 景元 2年(261년) 산도는 다른 관직에 임명되어 떠나기 전에 자신을 대신해 혜강을 史部尙書郞의 자리에 천거하였는데, 혜강은 이에 대해「與山巨源絶交書」를 써서 절교를 선언한 바 있다. 이 서신에 "딸의 나이가 13세이고 아들의 나이가 8세(女年十三, 男年八歲)"라고 밝혔다. 또한 『晉書·嵇紹傳』에는 "혜소는 자가 연조이고, 중산대부인 혜강의 아들이다. 10세 때 고아가 되어 어머니를 효로써 공손하게 섬겼다(嵇紹字延祖, 嵇中散大夫康之子也. 十歲而孤, 事母孝謹)."고 기록되어 있다. 이것으로써 혜강은「與山巨源絶交書」를 작성하고 2년이 지난 후인 263년에 세상을 떠났음을 알 수 있다. 이하 혜강의 작품 관련 원문은 모두 戴明揚이 校注한 『嵇康集校注』(台北: 河洛圖書公司, 1978년 5월)를 참고하였음.

부터 유가사상에 입각한 교육을 받아 晉 왕조에 이르러 관직의 길에 오른 것과는 달리 혜강은 일찍부터 아버지를 여의고 강보에 싸인 채 어머니와 형의 손에 의해 성장했다.11) 형과는 다르게 이렇다할 엄한 아버지의 훈육을 받지 못했던 혜강은 자연 어릴 적부터 자유분방한 성격을 갖게 되었으며, 후에 '노자와 장자는 나의 스승'12)이라 고백하며 '노장사상을 좋아하고 의지'13)하게 된다.

유가는 초월과 비판의 대상

장성한 후에는 魏나라 종실 沛穆王 曹林의 손녀인 長樂亭主와 혼인하여 中散大夫14)의 관직을 담당했던 7척 8촌의 그야말로 위풍당당한 인물15)이었지만, 曹魏 정권을 대표하는 명사들이 권력투쟁의 소

---

10) "家世儒學."(『晉書 · 嵇康傳』)

11) 혜강의 형임에도 불구하고 진대에 관리가 된 혜희의 처세태도 때문에 죽림칠현 모두 혜희를 좋아하지 않았는데, 완적이 제일 심했다고 한다. 『晉書 · 阮籍傳』에 따르면 완적은 일찍부터 '靑白眼' 할 수 있는 능력을 가지고 있었는데, 자신이 좋아하는 사람을 만나게 되면 검은 눈동자가 눈의 정중앙에 위치하게 되고, 자신이 싫어하거나 혐오하는 사람을 만나면 흰자위로 사람을 대하는 것을 말한다. 다시 말해서 청안은 검은 눈동자로 상대방을 직시하며 존중과 예의를 보이는 것이고, 백안은 상대방을 곁눈질하여 흰자위가 많이 보이게 하는 것이다. 어느 날 완적이 모친상을 당했을 때 혜희가 문상하러 오자 백안으로 그를 대하자 혜희는 불쾌해하며 돌아갔다. 이 소식을 들은 혜강은 술을 준비하고 거문고를 가지고 문상하러 가자 완적은 크게 기뻐하며 청안으로 그를 맞이했다(籍又能為青白眼. 見禮俗之士, 以白眼對之. 時有喪母, 嵇喜來吊, 阮作白眼, 喜不懌而去; 喜弟康聞之, 乃備酒挾琴造焉, 阮大悦, 遂見青眼)고 한다.

12) "老子莊周, 吾之師也."

13) "托好老莊."(『嵇康集校注 · 幽憤詩』)

14) 中散大夫는 관직의 이름으로 줄여서 '中散'이라고도 한다. 漢代 王莽 시기 혹은 光武帝 때 생겨나 동한 이후까지 있었던 관직으로 정사를 논의하는 일을 주 업무로 한다. 중산대부직을 수행한 이가 30명이었고, 녹봉도 600석인 것으로 보아 혜강이 이 관직을 맡게 된 것은 조위 정권의 부마였기 때문일 것이다.(『中國歷代職官辭典』, 吉林文史出版社, 1991. 10. 557쪽)

15) 竹林七賢의 영수로 알려진 혜강은 위진 시대를 대표하는 미남자로서 출중한 외모를 갖고 있었다. 『世說新語 · 容止』에서 혜강의 외모에 대해서 다음과 같이 묘사하고 있다. "신장이 무려 7척 8촌이나 되며 수려한 외모를 갖고 있어서 그를 본 사람들은 하나같이 '깔끔하며 엄숙하다' 혹은 '상쾌하고 청준하다'고 했으며, 심지어 어떤 사람들은 '쏴아' 하고 소나무 아래의 바람처럼 높고 천천히 분다(嵇康身長七尺八寸, 風姿特秀. 見者嘆曰, 蕭蕭肅肅, 爽朗清舉. 或云, 肅肅

용돌이 속에서 하나도 남김없이 司馬氏 정권에 의해 무참히 주살되자 정치적, 사회적 혼란 속에서 더 이상 정치에 뜻을 두지 못하고 속세를 떠나 자유를 갈망하며 이상향을 추구하는 동시에 현실의 고통을 고스란히 받는 가운데 극심한 가치관의 모순 속에 방황하게 된다. 이후 혜강은 당시 유가를 한마디로 '초월(越)과 비판(非)의 대상'이라 규정짓고 "명교를 초월하고 자연으로 돌아가자",16) "탕왕과 무왕을 비난하고 주공과 공자를 무시"17)하면서 세상과 영합하지 않으려는 고고한 인품을 드러내며 자신의 이상을 관철시키기 위해 온 힘을 기울이는 한편, 권력쟁취에 혈안이 되어있던 司馬氏 집단의 만행을 날카로운 어조로 비판하고 자신의 흉금을 문학 작품 속에 그대로 표현하기도 했다.

'廣陵散이 더 이상 후대에 전수되지 못하겠구나!'

이와 같이 생명의 위험을 무릅쓰고 때론 격렬한 논조로, 때론 자유분방한(放達)한 행위로 시대의 상황과 모순에 일침을 가하면서 일생동안 진지하게 삶의 목표를 따라 실천궁행하였는데, 특히 자신과 절친한 동료이자 친구로서 竹林에서 함께 유유자적했던 山濤가 자신을 司馬氏 정권에 천거하려들자 그와 절교를 선언하며 司馬氏 집단과의

如松下風, 高而徐引)."라고 했다. 혜강과 함께 山陽에서 오랫동안 은거생활을 했던 산도 역시 혜강의 사람됨에 대해서 '외로운 소나무가 홀로 서 있는 것처럼 우뚝하며, 그가 취했을 때는 옥산이 무너지는 것처럼 흔들거린다(山公曰, 嵇叔夜之爲人也. 岩岩若孤松之獨立; 其醉也, 傀俄若玉山之將崩).'고 평하였다. 『世說新語・德行』에서는 혜강과 함께 20여 년을 함께 생활했던 왕융이 '그의 기뻐하고 화내는 얼굴을 본 적이 없다(與嵇康居二十年, 未嘗見其喜愠之色).'고 얘기하고 있는데, 혜강은 매사에 자신의 감정을 절제하여 갈등을 일으키지 않으려고 했던 훌륭한 성품의 소유자임을 알 수 있는 대목이다.

16) "越名教而任自然."(「釋私論」)
17) "每非湯武而薄周孔."(「與山巨源絶交書」)

그 어떠한 관계도 맺으려 하지 않았다. 혜강의 이와 같은 직설적인 언사는 司馬氏 집단의 심기를 건드렸을 뿐 아니라 일찍이 사마 씨 집단의 심복인 鍾會가 '혜강은 臥龍이니 절대 그냥 놔둬서는 안 된 다'[18]고 간언하자 사마소는 혜강을 제거할 결심을 한다.[19] 혜강을 없앨 기회는 머지않아 다가왔으니, 그것이 바로 '呂安사건'이다.

혜강에게는 산도만큼 절친한 친구가 있었는데, 그가 바로 呂安이다. 혜강과 여안이 얼마큼 가까운 친구인지 『世說新語』에는 "혜강과 여안은 매우 절친한 사이여서, 매번 상대방이 생각날 때면 서로 천리나 떨어져 있더라도 수레를 타고 방문하곤 했다."[20]라고 묘사하고 있다. 어느 날 呂安의 형인 呂巽이 呂安의 집에 들렀다가 평소 呂安의 처인 徐氏의 외모에 반했던 터라 여안이 집에 없는 틈을 타서 그녀에게 술을 먹이고 그녀를 범하게 된다. 사건이 발생한 후 여안은 매우 분노하여 형의 죄상을 낱낱이 드러내고 고발하려고 했다. 이에 대해 혜강은 이런 불미스런 일을 일부러 바깥에 발설할 필요가 없다고 여겼고, 또한 여안의 형이 당시 정치권력의 핵심이 었던 사마 씨 집단의 심복 鍾會와 매우 가깝게 지내는 사이라는 것을 알고 일을 크게 확대시키고 싶지 않았다. 그래서 혜강은 다시는 이런 일이 없도록 여안의 형에게 각서까지 받아놓아 일이 원만히 해결되는 듯 했다. 그러나 여안의 형은 오히려 불효했다는 죄명을

---

18) "嵇康, 臥龍也, 不可起. 公無憂天下, 顧以康為慮也."(『晉書·嵇康傳』)

19) 혜강은 말로만 사마 씨 집단을 비판한 것이 아니라 실제 행동으로써 사마 씨 진영과 대립하겠다는 결연한 의지를 보여준 적도 있었는데, 그것이 바로 「管蔡論」을 통해 당시 王淩과 毋丘儉의 반란이 정당하다는 것을 표명한 것이다. 즉, "무구검이 반란을 일으켰을 때 혜강은 당시 영향력이 있어서 군사를 일으켜 이에 호응하길 원했다(『三國志魏書·王粲傳』 注引 『世說新語』, "毋丘儉反, 康有力, 且欲起兵應之")"는 기록이 전해지고 있다. 이것으로 볼 때, 혜강은 사마 씨 일가가 정권을 잡기 위해 내세웠던 명교를 철저하게 부정하고 비판하는 방법을 통해 그들이 벌인 행위에 대해 적극적으로 반대하는 입장을 취하였다.

20) "嵇康與呂安善, 每一相思, 千里命駕."(『世說新語·簡傲』)

씌워 여안을 고발하여 옥에 가두었다. 일이 이렇게 되자 혜강은 呂安이 모함을 받았다고 적극적으로 그를 변론하게 되었고, 혜강 또한 여안사건에 연루되어 호시탐탐 그를 못마땅하게 여겼던 司馬昭는 혜강을 옥에 가두고 여안과 함께 처형하게 된다.21) 그때 그의 나이가 겨우 40살이었다. 위진 시대를 대표하는 名士로서의 고고한 품격은 이때 더욱 빛을 발하게 된다. 처형장에 혜강이 나타나자 그를 존경했던 3천여 명의 태학생들이 모여 그를 스승으로 삼기를 청했지만 이에 응하지 않고 오히려 거문고의 명곡인 '廣陵散'이 자신 때문에 계속 전승되어지지 못함을 한탄하며 마지막으로 그 곡조를 연주하면서 형장의 이슬로 사라졌다.22)

위·진의 대표문학가 혜강, 그리고 성현고사 61인의 이야기

혜강은 완적과 더불어 죽림칠현을 대표하는 사상가이자 문인으로서 '명교를 초월하여 자연으로 귀의하자(越名敎而任自然)'고 주장하며 당시 부패한 정권과 만행을 맹렬히 비판하였다. 하지만 혜강은 완적과는 달리 '매우 강직하여 악을 싫어하며, 경솔하고 말을 직선적으로 하며 어떤 일에 부딪히면 즉시 반응'23)하는 성격의 소유자로 시대의 모순과 문제를 해결하는데 있어 그 방법 또한 매우 적극적일 수밖에 없었다. 그러므로 혜강의 문학작품 속에 이러한 성격을 쉽게 찾아볼 수

---

21) "康與東平呂昭子巽及巽弟安親善. 會巽淫安妻徐氏, 而誣安不孝, 囚之. 安引康為證, 康義不負心, 保明其事, 安亦至烈, 有濟世志力. 鍾會勸人將軍以此除之, 遂殺安及康."(『三國志·魏書·王粲傳』 이하 『魏氏春秋』)

22) "嵇中散臨刑東市, 神氣不變, 索琴彈之, 奏廣陵散. 曲終, 口, 袁孝尼嘗請學此散, 吾靳, 固未與, 廣陵散於今絶矣! 太學生三千人上書以為師, 不許. 文王亦尋悔焉."(『世說新語·雅量』)

23) "剛腸疾惡, 輕肆直言, 遇事便發."(「與山巨源絶交書」)

있어서 鍾嶸도 『詩品』에서 혜강의 성격과 그의 작품의 특성을 다음과 같이 평하였다.

> 진나라 중산대부를 지낸 혜강은 위나라 문제와 같이 그 문장이 지나치게 준엄하며 솔직함을 들추어내고 재능을 그대로 드러내어 깊고 우아한 맛을 손상시켰다. 그러나 그 속에 기탁하여 비유한 것은 청신하고 심원하여 실로 예리한 판단력을 지니고 있으며, 또한 높은 수준을 잃지 않았다.[24]

이와 더불어 혜강은 어렸을 때부터 '노자와 장자는 나의 스승'이라 고백하며 경학공부는 하지 않고('不涉經學') 오로지 도가사상에만 심취해 있었다.[25] 이러한 사상적 성향 또한 직접적으로 문학적 성향을 결정하는데 중요한 역할을 하여 후에 이른바 '淸峻'[26]이라는 평가를 받는데, '淸峻'이란 '문장은 매우 간결하고 엄정해야 한다는 뜻으로, 직접적으로 감정을 드러내고 조탁하지 않으며, 할 말이 있으면 길게, 없으면 짧게 쓰기 때문에 언어는 간단명료하나 그 뜻은 매우 깊고 또한 직설적이어서 이해하기 쉽다'는 뜻이다. 혜강은 당시 사마 씨 집단이 수단과 방법을 가리지 않고 정권을 찬탈한 후에 오히려 명교를 표방하고 유가의 윤리관과 가치관으로 사람들의 환심을 사고 포섭하는 등 정권을 공고히 하는 것을 지극히

---

24) "晉中散嵇康, 頗似魏文, 過爲峻切, 訐直露才, 傷淵雅之致. 然託諭淸遠, 良有鑒裁, 亦未失高流矣."(『詩品集注‧中品』)

25) "託好老莊, 賤物貴身, 志在守樸, 養素全眞."(「幽憤詩」)

26) 劉勰은 『文心雕龍‧明詩』에서 嵇康의 문학성향에 대하여 '嵇志淸俊'이라 평가하고 있는데, '淸俊'에 대해 魯迅은 "문장은 간략하고 엄정해야 한다는 뜻으로 마음에 담긴 감정을 그대로 표현하고 아무런 꾸밈이 없다. 할 말이 있으면 그 내용이 길고, 없으면 짧게 지었는데, 그 언어는 간결하나 뜻은 완벽하며 직접적이고 확실하다(文章要簡約嚴明的意思, 即直抒胸情, 不假雕琢, 有話則長, 無話則短, 言簡意賅, 直捷明白)."고 평한 바 있다. 「魏晉風度及文章與藥及酒之關係」, 『魯迅全集』, 台北 : 谷風出版社, 1989년 12월, 510쪽.

못마땅하게 여기며 매우 직설적이고 신랄하게 司馬氏 정권과 관련된 일체의 행위를 비판하였다.

이렇듯 당시 명교와 첨예하게 대립하면서 현실에 대한 부정을 여지없이 드러냈고, 또한 장자의 이른바 현실을 초월한 이상적 세계를 구체적이고 현실적인 생활상으로 옮겨와 이와 대립하여 발생된 모순을 단지 철학적으로만 이해하고 해결하려는 것이 아니라 구체적으로 이상적인 인생관을 제시하여 '越名敎而任自然'을 적극적으로 실천하고자 했다. 이러한 원칙을 바탕으로 혜강은 문학창작에 임했는데, 현존하는 혜강의 작품으로는 散文 15편,27) 賦 1편, 詩 53편이 있다. 시의 경우 주로 4언을 위주로 하여 때론 이별의 정을 노래하는가 하면 때론 심원하고 담백한 현학사상과 함께 은일사상과 유선생활의 즐거움을 표현하여 후에 당시 이러한 문학성향에 대하여 "시가 속에 은일과 신선사상이 함께 들어있다(詩雜仙心)"28)는 평가를 받기도 했다. 산문의 경우 '論'을 위주로 한 논설문이 대부분인데, 淸談의 논변형식을 이용하여 중요한 주제들을 다뤘을 뿐만 아니라, 날카롭고 논리정연한 필체로 당시 사회상을 폭로하고 비판하였다.

상술한 바와 같이 詩歌와 論說文을 위주로 문학가로서도 후세에 좋은 평가를 받아왔던 혜강은 당시 시대적인 상황과 이를 대변하는 문학의 큰 흐름과 영향 가운데 隱士 및 隱逸사상과 관련된 작품을 집필하게 되는데, 그것이 바로 『聖賢高士傳贊』이다. 혜강의 『聖賢高士傳贊』은 첫 번째로 '高士'라는 명칭을 사용해 작성된 인물전기

---

27) 이 가운데 논설문으로는 「養生論」, 「答難養生論」, 「聲無哀樂論」, 「釋私論」, 「管蔡論」, 「明膽論」, 「難自然好學論」, 「難宅無吉凶攝生論」, 「答釋難宅無吉凶攝生論」 등 총 9편이 있다.

28) "正始明道, 詩雜仙心."(『文心雕龍·明詩』)

로서, 寓言과 假說 등의 형식을 빌려 전통적으로 은사로서 칭송을 받아오던 다양한 '聖賢高士'를 선별하여 수록하였다. 특히 혜강은 그들의 기사와 행적을 '기술(傳)'하고 '찬양(贊)'함으로써 혜강 자신의 가치관과 함께 시대가 표방해야 할 이상적인 인물상을 제시함으로써 인물에 대한 평가를 중요시하여 관리 선발의 매우 중요한 기준이 되었고, 후에 사변철학으로서의 才性論[29]으로까지 발전되었던 인물이론의 구체적인 사례를 연구하는데 있어서 매우 중요한 자료로 평가될 수 있다. 이와 더불어 혜강이 일생을 통해 관철시키려 했던 '명교를 초월하여 자연으로 돌아가자(越名敎而任自然)'라는 핵심 명제를 자신이 숭상했던 구체적인 인물과 행적의 묘사, 그리고 그들에 대한 찬양을 통해 구체적으로 발현시켰다고 할 수 있다. 『聖賢高士傳贊』의 가치는 이뿐만이 아니라 중국산문사에 있어서 兩漢의 史傳散文을 계승하고 이후 高士傳, 隱逸傳 등의 傳記類 작품 창작과 편찬에 지대한 영향을 미친 귀중한 자료로도 평가받고 있다.

---

29) 한말 위초 인물을 평가하는 기준과 원칙을 논의하는 학문으로, 대표적인 인물로는 劉劭, 鍾會, 傅嘏, 王廣, 李豊 등이 있다. 여기서 '才'란 일반적으로 모든 사람들이 가지는 재능을 말하며, '性'이란 사람의 재능을 결정하는 내재적인 품성을 말하는데, 이 才와 性의 상관관계에 있어서 傅嘏는 同을, 李豊은 異를, 鍾會는 合을, 王廣은 離를 각각 주장하였다.

목차

제3장 『聖賢高士傳贊』에서 나타난 혜강의 인물론과 가치

제1장

嵇康 『聖賢高士傳贊』의 편찬배경

혜강이 저술한 『聖賢高士傳贊』의 특징은 正史에 기록되고 많은 이들의 칭송을 받았던 역사적 인물들 이외에 별로 알려지진 않았지만 당시 사회적으로 상당한 영향력을 행사했던 여러 名士들의 행적을 소개하여 국가와 사회의 귀감이 되게 하고 이를 통해 위진 시기 혼란한 사회와 혼탁해진 가치관을 재정립하는데 일조하고자 하는 혜강의 노력과 의도가 엿보인다는 점이다. 또한 혜강은 『聖賢高士傳贊』 서술형식으로 완약하고 비유적인 방법을 채택하여 기존의 혜강의 강직하고 거침없이 생각하는 바를 직접적으로 서술한 것과 다른 형식을 취함으로써 혜강의 산문, 특별히 논설문에 있어 새로운 지평을 연 작품이라 할 수 있다. 혜강이 『聖賢高士傳贊』을 편찬하게 된 구체적인 시대적, 사상적 배경을 입체적으로 살펴보면 다음과 같다.

1. 중국 전통의 隱逸觀과 玄風의 성행

전통적으로 중국의 사대부들은 왕조의 교체와 수많은 변란에 유연하고 능동적으로 대처해야만 했다. 이러한 가운데 어떤 이는 세상을 구제할 원대한 포부와 이상을 가지고 왕을 보필하고자 했으며, 어떤 이는 어려운 현실에 처할수록 더욱 자기연마와 수양에 힘써 장차 다가올 태평성대를 꿈꾸며 때를 도모하기도 했다. 즉, 사대부들은 정치, 사회적 어려움 속에서 어떻게 하면 자신의 포부와 이상을 지켜갈 것인가, 또한 어떻게 하면 자신의 목숨을 부지할 수 있을 것인가 하는 현실적인 고민과 모순을 해결해야만 했다. 맹자는 사대부들의 이러한 처세관에 대해 "궁하면 홀로 자신을 바르게 하고, 세상이 편안할 때에는 천하를 아울러 바르게 해야 한다"[1]고 말하면서 난세와 치세에 효과적으로 대응해야 함을 강조하였다. 이후 많은 사대부들은 상황이 어려울 때마다 이를 자신들의 행동지침으로 삼았는데, 이 말의 원뜻은 아마도 세상이 편안해져 천하가 두루 이로워지는 상황을 맞이하기 위해 정치, 사회적으로 어려울 때일수록 자신의 이상과 포부를 져버리지 않고 오히려 몸을 낮춰 자신의 학문을 더욱 연마하고 수양하는 것에 힘써야 한다는 것으로 풀이된다.

儒家, 천하를 구제하다!

전통 유가는 적극적으로 세상에 나아가 잘못됨을 바로잡고 나라를 구하고자 함을 사상적인 근본으로 삼기에 隱逸을 앞서 설명한 바와 같이 '은거하면서 더 좋은 때를 기다리는 하나의 준비단계'라고 생각한다. 『論語』 속에서 隱士는 종종 바깥세상(사회)이 이른바 "邦有道", 즉 '나라에 도가 있다'라는 전제와 부합하지 않아서 隱逸

---

1) "窮則獨善其身, 達則兼善天下."(『孟子‧盡心』)

을 선택한다고 설명하고 있는데,2) 이들은 은거하면서 뜻을 펼칠 기회를 기다린다는 분명한 목적을 가지고 있어서 결국엔 "兼濟天下(천하를 구제한다)"라는 이상을 실현할 수 있기를 바란다.3) 그러므로 이들은 은거 중에 '비록 가난하지만 자신의 뜻을 지켜가며(安貧樂道) 홀로 몸을 보존(獨善其身)'하는 형태의 삶이 나타나는 것이다. 맹자가 이르길,

> 사대부는 어려울 때일수록 그 의를 잃지 않으며, 순조로울 때일수록 도를 떠나지 않는다. 어려움에 처하더라도 의를 잃지 않으면 자신의 지조를 지킬 수 있으며, 순조로울 때 도를 떠나지 않으면 백성들을 실망시키지 않는다. 선인들께서는 뜻을 얻으면 백성들에게 은택을 베풀었으며, 뜻을 얻지 못하면 인격을 수양하여 세상에 드러냈다. 어려울 때 홀로 자신의 덕행을 유지하고 순조로울 때는 천하를 두루 이롭게 해야 할 것이다.4)

이 말은 곧 사대부는 난세에는 몸을 낮추고 자신의 인품과 지조를 지키기 위해 노력해야 하며, 치세에는 이를 바탕으로 백성과 세상을 이롭게 할 수 있어야 함을 강조하고 있는데, 어려울 때 목숨을 부지하고 인격을 연마하며 실력을 기르는 목적이 바로 태평성세에 백성과 나라를 모두 이롭게 하는 것임을 알 수 있다. 이는 후에 隱居를 선택하여 隱逸5)하는 隱士들의 이론적 근거가 되었다.

---

2) "邦有道, 則仕; 邦無道, 則可卷而懷之."(『論語 · 衛靈公』)

3) 『論語 · 堯曰』에 이르길, 사대부들은 난세에 섣불리 목숨의 위태로움을 무릅쓰고 앞으로 나아가느니 차라리 그럴수록 실력을 쌓고 능력을 키워 좋은 지도자를 만났으면 하는 마음이 있다. 또한 마음속에 한편으로는 은사를 높이 평가하는 사회적 분위기 속에서 제왕이 隱士를 중용하면 백성들은 그 제왕의 덕행이 높다고 평가하기 때문에 제왕의 입장에선 일거양득인 셈이다(舉逸民, 天下之民歸心焉).

4) "故士窮不失義, 達不離道. 窮不失義, 故士得己焉; 達不離道, 故民不失望焉. 古之人, 得志, 澤加於民; 不得志, 修身見於世. 窮則獨善其身, 達則兼善天下."(『孟子 · 盡心上』)

5) 주로 절개가 높은 선비들이 난세에 세상과 영합하지 않기 위해 은거생활을 하였는데, 많은 사

초나라의 광인 접여가 노래를 부르며 공자가 탄 수레 곁을 지나갔다. "봉황새야, 봉황새야, 어찌하여 너의 덕행이 쇠하여졌느냐? 이미 지나간 일은 다시 돌이킬 수 없으나 앞으로 다가올 일은 아직도 늦지 않았구나. 그만두어라, 그만두어라. 나랏일을 하는 사람들에게 곧 위험이 닥칠 텐데 말이다." 공자는 수레에서 내려 그와 얘기하고 싶었지만, 광인 접여가 너무 빨리 그 자리를 떠나가는 바람에 얘기할 수 없었다.[6]

또한

현명 하도다 안회여! 한 그릇 밥을 먹고 한 쪽박의 물을 마시며 누추한 거리에 산다면, 남들은 그 괴로움을 감당 못할 터인데, 안회는 그 즐거움이 변하지 않는구나.[7]

난세에 출사하지 않는 것이 유가 은일의 전제조건이지만, 유가 은일은 단순히 가만히 앉아서 기회만을 엿보는 것이 아니라 지금은 비록 자신의 뜻을 알아주는 이가 없어 거친 밥과 음식을 먹고 누추한 곳에 거하더라도 그럴수록 자기의 덕을 수양하고 능력을 길러 다시금 기회가 찾아왔을 때 세상을 구하러 담대히 나갈 수 있어야 하는 것이다.

람들이 이들의 품격과 능력을 흠모하고 존경하자 이와 비슷한 방식의 은일이 등장한다. 이른바 '朝隱'으로 비록 몸은 조정에 있으면서 관직 길에 올랐지만 마음만은 자연에 귀의하여 청정무위하면서 은거생활과 다를 바 없는 생활을 하는 것을 말한다. 『後漢書・張衡傳』에 이르길, "노자는 주나라 사관으로 朝隱하여 평생 근심이 없었는데, 이것이 가장 으뜸이다(老子爲周柱下史, 朝隱終身無患, 是爲上也)."라고 했다.

6) "楚狂接輿歌而過孔子曰, 鳳兮鳳兮! 何德之衰? 往者不可諫, 來者猶可追. 已而, 已而! 今之從政者殆而! 孔子下, 欲與之言. 趨而辟之, 不得與之言."(『論語・微子』)

7) "子曰, 賢哉回也, 一簞食, 一瓢飲, 在陋巷, 人不堪其憂, 回也不改其樂. 賢哉回也."(『論語・雍也』)

道家, '나' 자신과 '생명'을 중시하다!

이에 반해 道家의 隱逸觀은 莊子에서부터 비롯되었다. 장자는 삶과 생명의 소중함을 깨닫고 정신적 안돈과 자유로움의 중요성을 강조하였다. 그러므로 장자는 그 어떠한 외재적인 상황 때문에 그것에 얽매이는 것 자체를 반대한다. 또한 장자는 名利, 仁義 등이 생명에 크나큰 위험과 상해를 가져다준다고 여겼다. 즉, 유가와 도가는 인생의 목적 자체가 다르다. 유가는 '克己復禮'를 주장하는 반면, 도가는 생명에 조금이라도 해가 되는 것이라면 일률적으로 반대의 입장을 표명하는데, 仁義, 天下, 國家, 名利보다 더 중요한 것은 바로 '나' 자신이며 나의 '생명'인 것이다. 장자가 말하길,

> 옛날 은사라 함은 자신의 몸을 숨기기 위해 모습을 세상에 드러내지 않는 것이 아니었고, 침묵하여 말하지 않기 위해 진실을 말하지 않기를 원하지 않은 것이 아니었으며, 지혜를 숨기기 위해 그 지혜를 발휘하는 것을 원하지 않은 것이 아니었다. 그 이유는 다만 시기와 운명이 서로 맞지 않아 어긋났기 때문이다. 시기와 운명이 서로 맞아 자연에 순응하여 천하에 통할 때는 혼돈의 상황으로 돌아가 그 종적을 드러내지 않는다. 반대로 시기와 운명이 서로 맞지 않아 천하가 어려울 때에는 근본을 고수하고 지극히 고요함을 지키며 차분한 마음으로 기다린다. 이것이 바로 자신의 몸을 보조하는 방법이다.[8]

한 시대에 은사가 등장하는 이유는 다름 아닌 세상이 혼란하고 어려워 모든 상황이 좋지 않을 때이며, 이럴 때일수록 자신의 생명을 소중히 여기고 지키기 위해 노력하여 다시금 세상의 질서가 바

---

[8] "古之所謂隱士者, 非伏其身而弗見也, 非閉其言而不出也, 非藏其知而不發也, 時命大謬也. 當時命而大行乎天下, 則反一無跡; 不當時命而大窮乎天下, 則深根寧極而待: 此存身之道也."(『莊子·繕性』)

로잡히고 모든 것이 제자리로 돌아오기를 기다려야 한다는 것이다. 이것으로 볼 때, 은사가 되어 '자신의 몸을 지키는 것(獨善其身)'은 일종의 현실도피 방법인데, 도피라는 것은 당연히 현실에 대해 불만을 가지지만 그것을 바꿀 능력이 없거나 그렇게 하길 원하지 않는 것이기 때문에 일반적으로 사회가 불안정한 시기에 발생하는 것이다.

동한 말엽부터 위, 진 정권의 교체시기 무렵에 隱逸사상은 더욱 성행하게 되는데, 그 이유 또한 상술한 바와 같이 불안정한 사회 환경과 정치적 혼란, 이에 따른 사람들의 불안과 생명의 소중함에 대한 중시 등으로 말미암은 것이라 볼 수 있다. 『後漢書·逸民列傳』에서는 이와 같은 상황을 상세히 묘사하고 있다.

> 한 왕실이 중도에 쇠퇴하고 왕망이 왕위를 찬탈하자 뜻 있는 사람들 마음에 품은 분개함이 매우 강렬했다. 이때 사대부들 중 서로 약속이나 한 듯 관모를 벗어 던지고 관직을 떠난 자의 수를 헤아릴 수 없었다. ... 제왕의 덕이 점차 쇠한 이후 소인배들이 득세하자 은사들은 마음속에 경계심을 품어 그런 벼슬아치들과 함께 있는 것을 수치스럽게 생각하였고, 심지어는 분개하여 돌아보지도 않아 중도를 잃어버리기도 하였다. 위진 이후에는 그 풍조가 더욱 확대되었다.[9]

한 왕조는 동한 말엽에 이르러 내우외환에 시달려 강력한 통일왕조의 면모를 유지하지 못한 채 쇠퇴의 길로 접어들게 되었다. 당시 사회의 혼란과 권력찬탈을 위한 분쟁으로 사인들은 한실에 충성을

---

9) "漢室中微, 王莽篡位, 士之蘊藉義憤其矣. 是時裂冠毀冕, 相攜持而去之者, 蓋不可勝數. ... 自後帝德稍衰, 邪孽當朝, 處子耿介, 羞與卿相等列, 至乃抗憤而不顧, 多失其中行焉. 魏晉以降, 其流愈廣."(『後漢書·逸民列傳』)

다할 여지가 없어지게 되었고, 출사의 기회조차 얻지 못하게 되자 노장사상을 중심으로 한 玄風의 영향을 받아 자연으로 귀의하여 세속의 풍파를 피하고 자신의 목숨을 부지하고자 은거의 삶을 선택하였다. 그렇기 때문에 노장철학은 당시 많은 사람들이 은거하려는 풍조에 사상적 기반을 제공하였다고 할 수 있다.

혜강 역시도 위, 진과 같은 격변의 시대에 직면하여 어려운 정치, 사회적 환경 속에서 자연스럽게 隱逸생활과 高士에 대해 관심을 갖게 되었고, 더 나아가 출사할 것인가 아니면 물러나 은거할 것인가 사이에서 고민하게 되면서 결국 평안하고 고요하며 욕심이 없고(恬靜寡欲) 유유자적한 삶과 정신적 안돈을 추구하고자 '명교를 초월하고 자연으로 돌아가자'10)고 주장하며 자연으로 돌아가 은거생활에 들어갔던 것이다. 宗白華는 "한말 위진 육조는 중국 정치사상 가장 혼란하고 사회적으로는 가장 고통스러웠던 시대"11)라고 말한 바 있다. 王瑤 또한 "정치적으로 위, 진은 혼란한 시대인데, 한편으론 한 제국의 통일을 끝냈으며, 이후 남북조라는 더욱 오랜 기간의 분열을 초래하였다"12)고 했다. 이러한 혼란한 사회를 바탕으로 위진 시대에 매우 자연스럽게 은일문화가 탄생되었다고 할 수 있다.

---

10) "越名敎而任自然."(「釋私論」)

11) 『美学散步』, 合肥: 安徽敎育出版社, 2000년

12) 『中古文學史論』, 北京: 北京大學出版社, 1998년

2. 嵇康의 隱逸사상 형성의 원인과 특징

"명교를 초월하여 자연으로 돌아가다"

혜강은 유년 시절부터 유가경전에 대한 교육환경의 부재 속에서 노장사상에 더욱 심취하게 된다. 장성한 이후에는 오랜 시간 司馬氏 집단이 명교의 기치를 내걸고 오히려 이에 위배되는 간교하고 잔악한 방법을 이용하여 정권을 찬탈하려는 온갖 행위를 친히 목도하게 된다. 이러면서 점차적으로 당시 사마 씨 집단이 표방했던 '名敎'[13]를 부정하며 시대에 부합되는 자신만의 가치척도를 찾기 위해 노력하였는데, 이러한 혜강의 성향은 한마디로 이른바 '越名敎 而任自然(명교를 초월하고 자연으로 돌아간다)'이라는 명제로 집약될 수 있다. 이는 혜강의 정치적 입장뿐만 아니라 철학사상, 인생관 등 여러 방면에 걸쳐 표출되면서 혜강의 은일사상은 점차적으로 형성, 전개되어져 갔다. 가령, 혜강은 당시 유명한 隱士로 숭앙받아 오던 孫登과 함께 3년 동안 생활하면서 '處世之道'에 대한 가르침을 구하기도 했고,[14] 진정 세속의 모든 것을 등지고 자연으로 돌아가 자신에게 부여된 천수를 누리는 방법인 '養生之道'를 연구하기도 했다. 특별히 혜강은 『聖賢高士傳贊』에서 당시 정치, 사회적 혼란과 시대적 아픔으로 말미암아 빚어진 공전의 위기 속

---

13) 이른바 '名敎'란 명분을 바로잡는 것을 중시하는 봉건예교인데, 일반적으로 봉건제도를 보호하고 강화시키기 위한 일종의 행위규범을 지칭한다.

14) 혜강과 孫登의 만남에 대해 『世說新語·棲逸』은 다음과 같이 묘사하고 있다. "혜강은 급군산 중을 유람하다가 도사인 손등을 만나 그와 함께 돌아다녔다. 그러다가 혜강이 떠날 무렵 손등은 '자네는 재능이 매우 높지만 자기 몸을 지키는 방법은 부족하네.'(嵇康遊於汲郡山中, 遇道士孫登, 遂與之遊. 康臨去, 登口, 君才則高矣, 保身之道不足)라고 말했다."

에서 사회의 갈등요소를 해소하고 조화로운 시대를 만들어가기 위해 전통적 가치관의 동요와 비전의 상실시대에 이제까지 전해져 내려오는 많은 성현과 유명인사 가운데 명사들을 선별하여 그들의 행적을 소개하고 이를 통해 혜강 자신의 자아의식을 표출하고자 했다.

(1) 학술성향의 전환 : 儒學의 쇠퇴, 그리고 玄學의 홍성

經學의 위기: 章句之學과 神秘主義 經學의 쇠퇴

先秦시대부터 계속되었던 名敎와 自然에 대한 논쟁15)은 漢武帝가 董仲舒의 이른바 '오로지 유가사상만을 숭상(獨尊儒術)'하자는 건의를 받아들인 후에 유가사상과 경전이 명실상부한 국가의 통치이념과 그 체제를 유지하는 사상적 기반이 되면서 일단락 지어졌다. 이리하여 당시 지식인들은 이러한 환경 속에서 유가 경전에 대한 연구에 몰두하게 되는데, 그들은 경전이 성인의 사상을 그대로 표현하고 있다고 믿었으며, 실질적으로 경전의 연구가 그들의 입신양명에도 직결되는 것이기 때문에 경전 속에 숨은 성인의 뜻을 찾기 위해 많은 노력을 기울였다. 경전에 대한 연구가 이렇듯 많은 유생들에게 연구되어 경학이 극도로 발전하게 되자 두 가지 문제점을 드러내게 된다. 첫째는 무조건 스승의 이론과 사상만을 고수함

---

15) 선진시대 노장사상에서 위진 현학시기에 이르기까지 자연과 명교 간의 논쟁은 특별한 의의를 가지고 있었다. 자연이란 본체에 속하는 범주로서, '스스로 그러하다' 혹은 '본래 그렇다' 등의 의미를 가지며 천지만물의 자연스럽고 인위적이지 않은 본성(自然無爲)을 말한다. 명교는 종법과 계층을 보호할 도덕적 규범과 정치적 원칙으로 상용되었으며, 일반적으로 '仁義禮法' 혹은 '禮樂刑敎'라 한다.

으로써 참신함이 결여되어 지리멸렬하게 되었으며, 둘째는 경학이 陰陽五行, 그리고 災異사상16)과 결합됨으로써 황당무계한 神秘主義로 흐르게 되었다.

東漢 후기에 이르러 정치, 사회가 극도의 혼란한 상태에 처하게 되자 그동안 대통일 제국의 정신적인 지주로서 체제를 유지하는데 중요한 통치이념이자 가치관의 척도였던 유가의 사상적 체계가 붕괴되어 공전의 위기에 빠져들자 기존의 학술계에도 이러한 분위기를 반영하듯 경전을 주석할 때 이전과는 다른 경전 해석방법을 모색하게 된다. 이러한 학술계의 새로운 시도는 鄭玄과 馬融에 의해 주도되어,17) 이제까지 訓詁와 章句를 위주로 한 경전의 주해방식은 義理로 경전을 해석하는 방식으로 점차 전환되기에 이르렀다.

王弼의 새로운 경전해석 방법: '근본을 숭상하고 말단을 높인다.'

상술한 바와 같이 漢代 경학이 많은 폐단을 낳았지만 유가사상과 경학은 대통일 제국을 떠받드는 정신적 기반으로서 학술사상으로서 뿐만 아니라 더 나아가 봉건사회의 질서를 유지하는 통치사상이었기 때문에, 일시에 그 학풍을 바꾸기는 힘들었을 것이다. 이와 같은

---

16) 災異사상은 한마디로 고대 사회 전제 통치자의 무한한 권력에 대한 일종의 제약으로, 자연재해가 빈번히 발생하여 백성들의 삶이 곤고해지면 이 모든 것이 바로 통치자가 부덕하고 무능력한 것에서 비롯된 것이고, 가뭄이나 홍수 등의 자연재해를 통해 통치자에게 주는 경고라고 여겨지는 것이다.

17) 『後漢書 · 鄭玄傳』에서 이르길, "여러 유가 경전들은 일반적으로 모두 부패하고 병폐가 있어 禮堂에서만 쓰이며 사람들에게 전할 수 없다(所好群書, 率皆腐敗, 不得於禮堂寫定, 傳於其人)" 하여 그가 과거 온 힘을 들여 연구했던 경학에 대해 실망감을 금치 못했다. 또한 유가사상이 당시 혼란했던 현실과 맞지 않을 뿐만 아니라 더 이상 출로가 없다고 생각되자 '獨尊儒術' 정책으로 인해 '異端'으로 여겨졌던 老莊사상으로 주의를 돌리기 시작하였다. 『後漢書 · 馬融傳』에는 그의 스승인 馬融 또한 당시 경학의 대가로서, 결국 경학을 포기하고 관직에서도 물러났다(達生任性, 不拘儒者之節)라는 기록이 있다.

이유로 인해 漢末에서 魏初에 이르는 시기에 유가와 도가사상을 조화시키려는 움직임이 필요하게 되었고, 이런 노력은 주로 전통 경학에 대한 계승과 개조에 관한 것이었다. 何晏과 王弼은 이 과도시기에 교량적 역할을 담당하며 名敎와 自然의 모순에 대해 '유가와 도가를 모두 높임(儒道兼宗)', '본체와 작용을 모두 중시할 것(體用並重)'을 주장하고 유와 무의 개념에 대한 해석에 있어서 절충안을 내놓기도 했다. 즉, 이 두 사람은 訓詁[18]와 章句之學[19]에 빠져버린 漢代 경학의 폐단을 고치기 위해 유가의 경전을 근거로 노장사상을 끌어들여 그 경전을 해석하며 자기만의 독특한 이론을 전개하였는데, 그 목적은 바로 유가와 도가는 서로 일맥상통한다는 '儒道會通' 즉, '經學의 玄學化'이다.[20] 특별히 王弼의 경우 그의 경전에 대한 註釋과 著作을 통해서 우리는 일련의 '儒道會通'의 실마리를 어렵지 않게 찾을 수 있는데, 王弼은 단순히 경전의 한 구절 한 글자를 주석하는 방법에서 벗어나 현학적 사유방식을 사용하여 유가의 경전을 새롭게 재해석하는 방법을 사용하여 자기의 이론을 피력하였다.

王弼의 이러한 새로운 시도는 漢代의 경전해석방법과 비교해 보았을 때, 동일하게 경전을 주해하는 방법을 사용하여 주해자의 이론과 사상을 나타내는 것에 있어서 별반 차이가 없어 보이지만, 경

---

18) '훈(訓)'은 사람들에게 무엇을 풀이하여 말한다는 뜻을 나타내고, '고(詁)'는 옛 글자를 해석하는 의미를 나타낸다. 그러므로 훈고학이란 경전의 자구를 해석하여 그 의미를 연구하는 학문이다.

19) '章句之學'이란 한마디로 章과 句의 해석에만 치우쳐 선현이 이 문장을 통해 전달하고자 하는 대의가 무엇인지에 대해서는 중요하지 않게 생각하는 漢代의 학문을 말한다.

20) 何晏과 王弼이 유가와 도가의 조화를 위해 가장 중요하게 생각했던 것은 바로 도가학설을 경학에 융합시키는 일이었다. 그 가운데 『論語』와 『周易』이 유가사상의 양대 철학적 기초이기 때문에, 이를 재해석하는데 중점을 두고 何晏은 『論語集解』를, 王弼은 『論語釋疑』를 저술하였다. 이에 관한 자세한 내용은 劉大杰의 「魏晉學術思想的新傾向」(『魏晉思想』, 台北: 里仁書局, 1995년, 23~24쪽)을 참고하였음.

전 주해 시 이전의 단지 '訓詁章句之學'만을 중요시했던 것과는 달리 자기만의 이론체계 속에서 참신한 사유방식을 사용하여 새로운 이해를 도출해냈다는 것이다. 즉, 王弼은 노자의 사상을 계승, 발전시켜 '근본을 숭상하고 말단을 받든다.'는 이른바 '崇本舉末'이라는 기본적인 사유체계의 핵심명제를 바탕으로 '무를 귀하게 여긴다.'는 貴無論을 주장하였을 뿐만 아니라, 탄력적으로 '得意忘象忘言' 등 당시 유명한 談論의 주제 중의 하나인 '言意之辨'21)을 통해 유가의 경전인 『周易』을 해석해 새로운 생명력을 불어넣었다. 이는 王弼의 유가와 도가사상의 융합, 즉 장자와 주역을 사상적으로 조화시키기 위해 "상을 얻기 위함은 그 말을 잊는 것에 있고, 뜻을 얻기 위함은 그 상을 잊는 것에 있다"(得象在忘言, 得意在忘象)는 현학적 방법론을 제시하였다. 그 목적은 바로 "도가를 이용하여 유가를 해석한다."(援道入儒)는 시대적 사명의 한 해결방안으로서, 당시 유가가 처한 사상적, 제도적 모순을 해결하기 위함이며, 더 나아가 '명교는 자연으로부터 비롯되었다'고 주장하면서 당시의 대명제인 自然과 名敎 간의 조화를 이루려는 시대적 요구에 부합하기 위함이었다.

사상의 해방과 자아의 발견

漢代 經學의 몰락과 함께 찾아온 현학으로 말미암은 학술계의 새

---

21) '言意之辨'은 위진 현학의 중요한 주제 가운데 하나로서, 양한 경학에서 위진 현학으로 넘어가는 시기에 발생된 철학적 사유의 한 방법론이다. '言意之辨'은 말 그대로 언어와 사물, 그리고 사유와 사상의 관계를 다룬 논쟁으로, 쟁론의 초점은 바로 언어와 형상이 실제적으로 객관적인 사물과 사람의 사유, 사상 등을 표현할 수 있느냐 하는 것이며, 더 나아가 '사람들은 어떻게 언어와 형상을 통해 정확하게 우주의 본체인 '道'를 인식할 수 있는가'에 있다.

로운 바람은 당시 사회 전반에 걸쳐 많은 변화를 가져왔는데, 그 변화의 핵심은 바로 사상의 해방이다. 즉, 동한 말엽 정치, 사회적으로 많은 내우외환으로 인해 이른바 '天人感應'22)을 위주로 한 漢代의 신비주의적 경학사상이 와해되어 이제까지 오로지 국가와 군주에 집중되었던 사람들의 관심이 점차 개인으로 옮겨갔다. 그래서 군권주의의 속박과 굴레로부터 벗어나기 위해 많은 노력들을 기울이게 되었고, 그 결과 이제까지와는 다른 자유분방한 의식구조와 새로운 가치관이 형성되었다. 따라서 백성들은 더 이상 국가의 이상과 이익을 위해 충성할 필요도, 자기 자신을 희생할 필요도 없게 되어 漢代 政敎倫理文化와는 전혀 다른 모습들이 출현하게 되었다. 이렇듯 시대의 거스를 수 없는 조류에 따라 지금껏 홀로 숭앙받던 유학의 지위가 점차 흔들리게 되고 학술영역 전반에 걸쳐 儒, 佛, 禪 등의 사상이 함께 공존하며 사상적 해방을 가져와 자유롭게 토론하는 '淸談'23)이 유행하게 된다. 이 가운데 특별히 도가사상은 당시 시대적 불안과 혼란으로 말미암아 사람들의 죽음에 대한 걱정과 생명의식에 대한 고취로 새롭게 지식인들의 주목을 받게 되었고, 이러한 사상의 대해방과 자아의식의 각성 속에서 점차 魏晉의 다채로운 문화의 면모들이 형성되기 시작했던 것이다.

---

22) 天人感應이란 漢代 經學을 특징짓는 神學을 대표하는 사상으로서, 한마디로 '天意'와 '人事'는 서로 교감한다는 뜻이다. 漢 武帝 때 董仲舒는 儒家의 전통사상인 『尙書·洪範』에서 말한 五行思想을 계승하여 이를 더욱 발전시켜 하늘과 사람을 중심으로 하는 우주학설을 건립하였다. 이 天人感應 사상은 사람은 '하나의 작은 우주'라는 관점에서 출발하여 하늘과 사람은 서로 통하고 반응하기 때문에 하늘은 사람의 대소사에 관여하고 사람 또한 이에 호응한다는 것이다.

23) 淸談은 일반적으로 談論, 즉 '이야기하다'라는 뜻으로 특별히 위진 시기 노자, 장자, 주역을 주된 내용으로 하는 토론을 지칭하며, '玄談'이라고도 한다. 淸談은 漢代 정치를 비평하고 견제하는 것을 목적으로 하는 '淸議'에서 비롯되었으며, '黨錮의 禍'와 '黃巾賊의 亂' 등 정치, 사회적 불안으로 인해 당시 淸議를 주도한 지식인들의 입지가 크게 위축되어 '人物品評'을 주로 하는 '空虛한 談論의 형식'으로 전환되었다.

이로써 지금까지 삶의 목표를 제시하고 가치관으로 삼았던 名敎의 위기 속에 사람들의 관심은 국가와 종묘사직으로부터 점차적으로 '나'로 옮겨가게 되어 '나'의 입장에서 모든 사물을 바라보게 되었으며, 이에 따라 개인의 생명과 발전을 중시하는 풍토가 조성되었다. 구체적으로 말해서 和帝 永元 元年(89년) 이후부터 漢 왕조의 정치는 외척과 환관들의 손에 좌지우지 되었다. 이들은 권력 투쟁의 소용돌이 속에서 정권과 군주를 농락하며 서로를 죽이기에 급급한 나머지 정국의 극심한 혼란을 야기했을 뿐만 아니라 직접적으로 황권의 안정을 위협하기에 이르렀다. 이에 東漢의 사대부들은 이들의 만행을 더 이상 간과할 수 없게 되자 스스로를 '淸流'라고 부르며 '濁流'인 환관과 외척과의 차별화를 꾀하는 동시에 '淸議'활동을 통해 서로를 본보기로 삼고 조정의 과오를 논하며 인물을 품평하는 등 당시 사회에 상당한 영향력을 갖춘 사회여론집단이 되었다.

그러나 동한 중엽 이후 두 차례 '黨錮의 亂24)'을 거친 후 국가의 발전과 안녕을 자신의 소임으로 여겨왔던 사대부들의 가치관과 믿음이 무너지게 되었고, 이에 따라 사대부들의 관심은 점차 국가에서 '자아'를 중심으로 한 내면세계로 옮겨지면서 본격적인 자아에 대한 각성이 일어나게 되었다. 이러한 시대적 상황의 전환으로 말미암아 대의명분을 중시하는 유가사상은 도가사상에 의해 재해석되어 현학이라는 새로운 사조로 대체되어 개인의 유한한 생명을 탄식하고 우주의 본원을 찾아내기 위한 시도에 해답을 제시하였다. '나'를 중심으로 하는 새로운 움직임은 자연스럽게 가족과 가문에 대한

---

24) 東漢 末年 宦官을 반대하던 名士들을 '黨人'이라 불렀는데, 이들의 정치참여를 제한하고 관리가 되는 것을 금지하였다.

중요성의 증대로 이어지게 되고 어려운 정치, 사회적 환경 속에서
이를 지켜 나가기 위한 구체적인 노력들이 수반되었다.

(2) 정치적 풍파와 竹林之遊

이와 함께 혜강이 은일사상을 갖게 된 또 하나의 결정적인 원인
은 바로 당시의 험악한 정치적 풍파 때문일 것이다. 사실 은일사상
은 전통적으로 어느 시대를 막론하고 다 존재해 왔는데, 태평성대
를 구가하며 국가와 사회 모두 평안한 한 왕조에도 성행하였던 일
종의 사회풍조이다. 혜강은 曹魏 정권의 친인척이라는 신분으로 관
직까지 수행하며 비교적 긴밀한 관계를 유지하면서 초기에는 상대
적으로 평온한 시기를 보냈었다. 그러나 이 시기도 잠시, 嘉平 연간
부터 景元 연간에 이르기까지 司馬氏 집단의 세력이 나날이 커져감
에 따라 이 두 집단 간의 정쟁은 지속적으로 격렬해졌으며, 혜강은
曹魏 정권과 지속적으로 좋은 관계를 유지할 것이냐 아니면 새롭게
사마 씨 집단과 손을 잡고 부귀와 권세를 차지하느냐 하는 두 가지
선택의 상황에서 갈등을 겪을 수밖에 없었다. 그러나 혜강으로 하
여금 모든 속세에 대한 미련을 접고 자신이 좋아하는 淸淨自然에서
유유자적하며 살아가겠노라고 결심을 굳히게 된 사건이 발생했으
니, 그것은 바로 正始 10년(249년)에 발생한 '高平陵政變'25)이다.

---

25) '高平陵'은 三國시기 魏 明帝 曹睿의 陵墓로 현재 河南省 高平市에서 동북쪽으로 17㎞ 떨어진
莊裏村 萬安山에 위치하고 있다. 이곳은 예로부터 자연경관이 수려하기로 유명한데, 무덤 주
변의 동, 서, 남 삼면에 걸쳐 계곡이 있고 북쪽에는 丘陵이 있어 풍수가 좋은 지역이다. 전하
는 바에 의하면 魏 明帝 曹睿陵과 함께 魏 文帝 曹丕陵도 여기에 있다고 한다. 고평릉 주위를
면면히 살펴보면, 서쪽으로는 웅장하고 장엄하게 솟아오른 羊頭山이 있고 남쪽으로는 아름다
운 강과 계곡이 있어 그 경치가 화려하고 찬란하다.

魏 明帝 景初 3년(239년) 司馬懿가 군대를 이끌고 遼東太守 孔孫淵을 토벌하러 갔을 때 명제는 3일 동안 5통의 조서를 사마의에게 보내 즉시 궁궐로 돌아오라고 명하였다. 사마의는 조서를 받자마자 주야를 가리지 않고 하루에 400여 리를 달려 낙양으로 돌아왔다. 명제는 이미 중병에 걸려 후사를 도모해야 하는 중대한 순간이었던 것이다. 명제는 사마의의 손을 잡고 곁에 서 있던 이제 겨우 8살이 된 제왕 조방을 바라보며 말하기를, "이후의 일을 부탁하기 위해 죽으려고 해도 참았소이다. 사마의 당신을 기다리기 위해 죽기를 참아왔는데 이렇게 만나게 되니 여한이 없겠소!"[26] 그리하여 사마의와 조상은 함께 선왕의 유지를 받들어 어린 황제 曹芳을 보좌하게 되었다. 이때부터 曹爽을 위시한 曹魏 정권과 사마 씨 일가와의 권력쟁탈을 위한 첨예한 대립이 시작되었다.

曹爽의 전횡과 司馬懿의 야심

曹爽은 어릴 적 비교적 총명한 편이었고 종실귀족으로서 그의 행위는 근엄하고 중후했다. 文帝 때 태자 曹叡의 총애를 받아 曹叡가 황제가 된 후 13년 동안 曹爽은 散騎侍郎에서 城門校尉로 승진되었고, 더 나아가 散騎常侍, 武衛將軍으로 전임되었는데, 이는 황제의 각별한 사랑을 받았기 때문이며 이렇게 하여 曹爽은 통치 권력의 핵심인물이 될 수 있었다. 曹爽이 이와 같이 요직에 등용되어 권력의 핵심으로 부상할 수 있었던 원인은 당시 이미 고인이 된 大將軍 曹眞의 아들로서 조씨 종실의 지지와 영향 아래 있었기 때문으로

---

26) "以後事相托. 死乃復可忍, 吾忍死待君, 得相見, 無所復恨矣."(『晉書·高祖宣帝紀』)

보인다. 그는 부친 曹眞으로부터 많은 사랑을 받았으며 魏 文帝 曹丕로부터도 두터운 신임을 얻었었다. 또한 魏 明帝에게 중용되어 조씨 종실의 중요한 일원이었을 뿐 아니라 화려한 정치적 지위를 가지고 있었다.

曹爽에 대한 총애와 신임은 明帝가 죽고 난 후 曹芳이 그 뒤를 이은 이후에도 계속되었다. 曹芳이 즉위한 후 曹爽은 侍中에 임명되었고 武安侯에 봉해져 식읍 1만 2천 호를 받았으며, 심지어는 칼을 차고 신발을 신은 채 어전에 들어올 수도 있었으며 조정으로 들어올 때 빨리 걷지 않아도 되고 임금을 알현할 때 이름을 말하지 않아도 된다는 허락까지 받았다고 한다.27) 그러나 曹爽은 단지 왕실의 후예로서 총애를 받고 혜택을 누리는 것일 뿐 실질적으로 그 자신에게는 특별한 재능이나 실력을 갖고 있지 못했다. 이러한 상황 속에서 어린 황제를 보좌하는 자리에 오르자 曹爽은 자기가 하고 싶은 대로 전횡을 일삼고 조정을 좌지우지하게 되었다.

사실 曹爽은 지혜롭지도 못하고 덕망도, 재능도 이렇다 할 만한 공적도 없는 그저 평범한 인물이다. 그렇기 때문에 曹爽은 조조 때부터 3대에 걸쳐 曹魏 정권을 위해 때론 전략가로서 때론 군사가로서 탁월한 공적을 쌓았던 중신 司馬懿를 '아버지처럼 존경'28)하였으나, 마음속엔 늘 그의 존재와 위험성을 인식하고 권력투쟁 속에서 백전노장 司馬懿에게 패하여 실권할 수 있음을 두려워했다. 그래서 어린 군주 曹芳을 보좌하는 실세가 된 후 어떻게 하면 자신에

---

27) "明帝崩, 齊王即位, 加爽侍中, 改封武安侯, 邑萬二千戶, 賜劍履上殿, 入朝不趨, 贊拜不名."(『三國志·魏書·曹爽傳』)

28) "初, 爽以宣王年德並高, 恒父事之."(『三國志·魏書·曹爽傳』)

게 유리한 정치적 상황을 만들 수 있을까, 또한 어떻게 하면 蜀, 吳
와의 대립관계를 청산하여 조위 정권 내 자신의 군사적 입지를 공
고히 할 수 있을까를 고민하였다.

그 한 예로써 曹爽은 명색이 대장군으로 임명되어 모든 병권을
장악하고 있었지만 전쟁경력이 없었고 戰功 또한 세울 기회도 없었
다. 이에 鄧颺 등은 曹爽에게 蜀과의 전쟁을 통해 전공을 세울 것
을 권하였다. 오랜 동안 전쟁을 겪어왔던 사마의는 군사와 관련한
일들은 曹爽이 정통한 분야도 아니고 蜀漢을 정벌할 시기도 아니고
명분도 없으니 전쟁을 일으키지 말라고 종용하였다. 이 말을 들을
리 없는 曹爽은 正始 5년 직접 6,7만의 대군을 이끌고 촉을 정벌하
러 갔지만, 결과는 "관중의 주민과 저족, 그리고 강족은 군수물자를
제공할 수 없었으므로 소, 말, 노새, 당나귀를 많이 죽여 제공하였
으며, 한나라 백성들과 이민족도 길을 따라 큰 소리로 울었다"[29]고
한다. 결국 아무런 공도 세우지 못하고 돌아올 수밖에 없었다. 이것
으로 曹爽과 그를 따르는 무리들이 얼마나 어리석고 무능한지를 여
실히 드러내게 되었다.

曹爽과 추종세력들의 무능함

曹爽의 무능은 여기서 그치지 않고 用人政策에까지도 현명한 선
택을 할 수 없었다. 司馬懿와의 정권다툼에서 우위를 점하고 세력
강화를 위해 자신의 심복을 측근에 배치할 수밖에 없었다.[30] 그리

---

29) "正始五年, 爽乃西至長安, 大發卒六七萬人, 從駱谷入. 是時, 關中及氐, 羌轉輸不能供, 牛馬騾驢
多死, 民夷號泣道路."(『三國志・魏書・曹爽傳』)
30) "及爽秉政, 乃復進敘, 任為腹心."(『三國志・魏書・曹爽傳』)

하여 明帝 때 부화금지조치로 면직 처분을 당했던 李勝, 何晏 등은 曹爽에 의해 다시 등용되어 정부의 요직을 차지하게 된다. 曹爽에게 전격적으로 기용된 사람들의 성품을 면면히 살펴보면, 丁謐의 경우 그의 사람됨은 겉으로는 허술한 것 같아 보여도 내심 시기심이 많고 당시 권력의 핵심인 曹爽에게 의탁하여 그의 말이라면 듣지 않는 것이 없었다. 畢軌는 并州에서 刺史직을 수행하였는데 폭군으로 그 악명이 드높았고, 鄧颺은 은밀한 방법을 사용해 관직으로 첩을 얻기도 했다. 즉, 鄧颺이 中書郞일 때 臧艾에게 좋은 자리를 주겠다고 약속을 했고, 臧艾는 부친의 첩을 등양에게 주고 나서야 정말로 그 뜻을 이룰 수 있었다. 이뿐만이 아니었다. 이들의 구체적인 죄상은 이러했다.

하안 등이 정권을 독점하고 공모하여 낙양과 야왕의 전농이 관할하고 있는 수백 경(頃)의 뽕밭을 나누어 가졌고, 또 탕목지(湯沐地)를 빼앗아 자신들의 재산으로 삼으려고 생각하고, 권세에 편승하여 관청의 공물을 훔쳤고, 인연을 이용하여 주·군에 뇌물을 요구했다. 각 주·군의 관리들은 위세를 바라볼 뿐 감히 그들의 뜻을 어기는 사람이 없었다. 하안 등은 정위 노육(盧毓)과 평소 원만한 관계를 유지하지 않았으므로, 그들은 노육의 부하 관리의 사소한 잘못을 구실로 하여 공문을 꾸며 죄명을 씌우고 이 일을 주관하는 사람으로 하여금 노육의 인수를 몰수하게 한 후 명제에게 상주했으니, 그들이 위세를 부린 것은 이와 같았다. 조상의 음식·거마·복식은 황제의 수레와 충분히 비견되었으며, 상방(尙方; 천자의 보건과 기물을 제작하는 곳)에서 제작된 진귀한 물품이 그들의 집에 가득 차 있었으며, 오어전(奧御典)에는 처첩들이 가득했으며, 또 선제의 재인(才人; 女官) 중에 7,8명을 빼앗았고, 장군의 하급관리, 악사, 악단, 양가의 자녀 33명을 모아 모두 자신의 예인(藝人)으로 삼았다. 거짓으로 조서를 만들어 57명의 재인을 선발하는 업대(鄴臺)로 보내어 선제의 첩여(婕妤; 여관)로 하여금 그녀들에게 기예를 가르치도록 하여 창기로 삼았다. 태악(太樂; 음악의 역소)의 악기와 무기고의 천자 직속부대(禁兵)를 제멋대로 다스렸다. 동굴을 만들어 사방을 아름답게 조각하였으며, 이곳에서 하안 등과 몇 차례 연회를 열어 술을 마시고 음악을 연주하였다.[31]

상술한 바와 같이 何晏을 중심으로 한 正始 명사들의 전횡과 부패, 그리고 재물에 대한 탐심이 가히 상상을 초월하고 있음을 알 수 있는데, 조상 집단의 일원인 曹羲도 이 같은 정황에 대해 심히 우려를 나타내고 세 편의 문장을 지어 정도를 지나친 교만과 음란한 사치가 불러들이는 재해와 부패에 관해 진술하였다.[32] 그러나 조상을 비롯해 그의 무리들은 이를 고치려하지 않았을 뿐만 아니라 오히려 매우 불쾌하게 생각하였는데, 이미 자신들의 행위에 도취되어 상황을 바로 잡기에는 많은 어려움이 있었다.

대대로 유학의 예법을 숭상한 문벌귀족 司馬懿

이에 비해 司馬懿는 曹魏 정권에서 3대에 걸쳐 정치적, 군사적 능력을 인정받았던, 그리고 촉의 제갈량과 더불어 자웅을 겨루었던 대단한 실력자였다. 司馬懿(179~251)의 자는 仲達이고 수도 낙양과 황하를 사이에 두고 인접해 있는 河內郡 溫縣 출신이다. 司馬懿의 선조 司馬鈞은 동한 安帝 때 征西將軍을 지냈고, 그의 아들 量

---

31) "晏等專政, 共分割洛陽, 野王典農部桑田數百頃, 及壞湯沐地以為產業, 承勢竊取官物, 因緣求欲州郡. 有司望風, 莫敢忤旨. 晏等與廷尉盧毓素有不平, 因緣史微過, 深文致毓法, 使主者先收毓印綬, 然後奏聞. 其作威如此. 爽飲食車服, 擬於乘輿; 尚方珍玩, 充牣其家; 妻妾盈後庭, 又私取先帝才人七八人, 及將吏, 師工, 鼓吹, 良家子女三十三人, 皆以為伎樂. 詐作詔書, 發才人五十七人送鄴台, 使先帝婕好教習為伎. 擅取太樂樂器, 武庫禁兵. 作窟室, 綺疏四周, 數與晏等會其中, 飲酒作樂."(『三國志‧魏書‧曹爽傳』)

32) "羲深以為大憂, 數諫止之. 又著書三篇, 陳驕淫盈溢之致禍敗, 辭旨甚切, 不敢斥爽, 託戒諸弟以示爽."(『三國志‧魏書‧曹爽傳』)

은 豫章太守를 역임했으며, 손자인 儁은 潁川太守를, 증손자인 防은 京兆尹을 지냈다. 司馬防이 바로 司馬懿의 부친이다. 司馬炎이 그의 조서에서 "우리 집안의 내력을 봤을 때 예가 전해져 내려온 지 이미 오래되었다[33]"고 밝혔는데, 이로써 司馬懿의 집안은 동한 시기부터 흥왕하였고 대대로 유학의 예법을 중시하며 고관을 지낸 문벌귀족이었음을 알 수 있다.

司馬氏 집안과 曹操와는 일찍부터 긴밀한 관계를 유지해 왔다. 그의 부친인 司馬防은 熹平 3년(174) 尙書右丞 때 갓 20세를 넘긴 효렴 조조를 洛陽北部尉로 천거했고 조조는 司馬防의 천거에 고마움을 금치 못했다. 42년이 지난 建安 21년(216년) 5월 조조가 魏王이 된 후 친히 司馬防을 鄴으로 불러들여 회포를 풀기도 했었다. 사마의의 형인 司馬朗은 건안 원년부터 조조의 관원으로 부름을 받았고 후에 兗州刺史까지 역임한 조조 진영에 있어서 중요한 인물 중의 한 사람이었다. 이러한 가정환경 속에서 성장한 司馬懿였기에 조조진영에 들어가는 것은 매우 자연스러운 일이었을 것이다. 그러나 사마의는 뜻밖에도 두 차례나 조조의 부름을 거절하였다.

> 魏 武帝가 司空이었을 때 사마의의 명성을 듣고 그를 발탁하였다. 사마의는 한 왕조의 기운이 이미 기울어져 조조에게 절개를 잃고 싶지 않아서 병을 핑계로 사양하고 집에 기거하였다. 위 무제는 사람을 은밀히 보내 그를 정탐하게 했는데 사마의는 누워 거동도 하지 못하는 척 했다. 위 무제가 승상이 되었을 때 또다시 文學掾에 발탁하면서 전령에게 '또 다시 이를 거절하면 죽여라!'고 했다. 사마의가 이를 듣고 두려워 관리가 되었다.[34]

---

33) "本諸生家, 傳禮來久."(『晉書・禮志』卷二十)

34) "魏武帝為司空, 聞而辟之. 帝知漢運方微, 不欲屈節曹氏, 辭以風痹, 不能起居. 魏武使人夜往密刺

앞서 설명한 것처럼 사마의는 이미 국운이 쇠락하고 있는 한 왕조에 몸담고 싶지 않았으며 혼란한 정국에 연루되기를 원하지 않았다. 이는 아마도 유가의 전통적 관념의 영향을 받았기 때문인 듯한데, 한 왕조에 끝까지 충성을 다하기 위함이었을 것이라 생각된다.[35] 하지만 이보다 더욱 실질적인 이유로 사마의는 조조를 '쓸모없는 환관의 후손'[36]이라 업신여겨 그의 발탁을 반기지 않았을 것이다.

그러나 몇 년 후 조조의 강권에 못 이겨 결국 승상부에 출사하여 조조의 측근으로 요직을 맡아 활동하게 되었다. 건안 시기 조조의 승상부는 비단 정치의 중심지였을 뿐만 아니라 새로운 사조의 발원지이기도 했다. 조조는 刑名法術로써 어지러운 사회의 질서를 바로잡으려고 했으므로 조조의 사상은 법가라고 여겨질 수 있다. 그러나 조조는 한, 위 교체시기 동안 새로운 황로파의 걸출한 대표자로서, 그 특징으로는 정형화된 신앙이 없고 刑名法術 등이 서로 혼재되어 있다. 또한 냉정한 이성적 태도로써 이해득실을 판단하고 수단과 방법을 가리지 않고 얻고자 하는 바를 쟁취해 낸다. 사마의는 이러한 성격을 지닌 집단에 들어갔기 때문에 그들의 영향을 받지 않기란 매우 어려웠다. 이러한 시기의 사상적, 정치적 영향 아래 사마의는 청년시절 유가신봉자에서 黃老名法派 관료로 전환될 수밖에 없었다. 승상부에서 잔인하고 냉혹한 조조를 받들면서 수많은 정직

之, 帝堅臥不動. 及魏五為丞相, 又辟為文學掾, 敕行者曰, 若復盤桓, 便收之. 帝懼而就職."(『晉書·宣帝紀』卷一)

35) 『晉書·宣帝紀』에서 사마의를 다음과 같이 평가하고 있다. "어릴 적부터 뛰어난 절개를 가지고 있었으며 총명하고 대범하였으며 박학다식하고 견문이 넓었고 유가사상을 신봉하였다. 한 말기 천하가 어지러워지자 늘 그것을 마음아파하며 천하를 걱정하는 마음을 가지고 있었다(少有奇節, 聰朗多大略, 博學洽聞, 伏膺儒教. 漢末大亂, 常慨然有憂天下心)."

36) "贅閹遺醜."(『三國志·魏書·袁紹傳』)

한 대신들과 지략가들이 쓸모없게 되자 배척되는 것을 직접 목도한 사마의는 자신의 용감하고 과단성 있는 성격을 겉으로 드러내지 않고 더욱 조심하며 신중한 성격으로 변모하였다.

曹操가 魏王이 된 후 司馬懿는 '太子中庶子'가 되어 태자 曹丕를 보좌하게 된다. 司馬懿와 曹丕는 줄곧 좋은 관계를 유지하였는데, "매번 큰일을 도모할 적마다 기발한 방책을 내세워 태자의 신임을 받았는데, 사마의는 陳群, 吳質, 朱鑠과 함께 '四友'라 불렸다."[37] 그러다가 曹丕가 한 왕조를 대신해 황제가 된 후 司馬懿는 撫軍大將軍에 임명되어 수도방위와 군수물자 조달을 총괄하였다. 조비가 두 차례 오를 정벌할 때 사마의는 모두 許昌을 지키는 임무를 부여받았고 조비가 임종 시에는 曹眞, 陳群, 曹休와 더불어 輔政大臣으로 명을 받아 공동으로 위 명제 조예를 보좌하였다. 그러나 조예가 즉위한 후 종실의 사람들을 측근에 두어 사마의의 지위는 더 이상 높아지지 않았다. 그러다가 사마의는 뛰어난 용병술 덕택에 서쪽으로는 제갈량을 關隴에서 물리쳐 촉의 북상을 막아냈으며, 남쪽으로는 上庸에서 孟達을 평정했고, 북쪽으로는 노골적으로 모반을 꾀하려는 遼東太守 公孫淵을 평정하였다.

이러한 과정을 통해 사마의는 독보적인 위치를 공고히 할 수 있었고 그의 명성은 하늘을 찌를 듯 높아져 아무도 그의 지위와 비할 자가 없었다. 결국 사마의는 원래부터 명망이 높은 문벌귀족 출신인데다 '대대로 유가를 숭상(伏膺儒教)'하여 당시 전통적인 세족들은 모두 그를 옹호하기에 이르렀다. 이렇듯 사마의가 얼마나 조위

---

37) "魏國既建, 遷太子中庶子. 每與大謀, 輒有奇策, 為太子所信重, 與陳羣, 吳質, 朱鑠號曰四友."(『晉書·宣帝紀』)

왕조를 위해 충성을 다했는지 와는 상관없이 조예와 그의 신료들은 사마의의 공적과 정치적 역량에 대해 불안감을 느껴, 겉으로 보기엔 잘 지내는 것 같으나 실제적으로 강한 의심을 품기 시작했다.

사실 司馬懿는 "안으로는 의심이 많고 밖으로는 관대해 보이지만 사실 의심하고 시기하길 좋아하며 술수에 능한 야심가"[38]이었다. 曹操는 비록 여러 차례 司馬懿의 출사거절에도 불구하고 그를 중용하는데 성공했지만 일찍부터 司馬懿의 재능과 지략이 출중하여 후에 조위 정권에 큰 화를 미칠 것에 대비하여 구실을 찾아 司馬懿를 제거해버릴 계획이었다. 그러나 조비의 설득과 司馬懿 자신의 근면한 태도로 말미암아 다행히 죽음을 면할 수 있었던 것이다.

> 조조는 사마의가 원대한 뜻을 가지고 있음을 알았다. 조조는 사마의가 '늑대가 뒤를 돌아보고 있는 관상'을 가지고 있다는 말을 듣고 한번 시험해 보았다. 사마의를 불러다가 앞으로 가게 하다가 뒤를 돌아보라고 시켰더니 머리를 완전히 뒤로 돌려 보지만 몸은 움직이지 않았다. 또한 일전에 꿈에 말 세 마리가 한 구유에서 먹이를 먹고 있는 것을 보고 심히 기이하게 여겼다. 이로 인해 태자 조비에게 "사마의는 다른 사람의 신하가 될 사람이 아니다. 그는 반드시 너의 집안일에 관여할 것이다"라고 일렀다.[39]

고수는 고수만이 알아볼 수 있다고 했던가! 조조의 이러한 우려는 한낱 기우만은 아니었다. 마음속에 칼을 품고 정권 탈취의 기회만 엿보던 사마의는 끝내 正始 10년(嘉平 元年) 정변을 통해 정적을 모두 제거해버리는 정변을 일으키게 된다.

---

38) "內忌而外寬, 猜忌多權變."(『晉書・宣帝紀』)
39) "魏武察有雄豪志, 聞有狼顧相, 欲驗之. 乃召使前行, 令反顧, 面正向後而身不動. 又嘗夢三馬食一槽, 甚惡焉. 因謂太子丕曰: 司馬懿非人臣也, 必預汝家事."(『晉書・宣帝紀』)

何晏과 '無爲'의 정치적 의의와 모순

하안은 정시시기 명사들을 대표하는 현학가이자 문학가로서 어려서
부터 노장사상을 좋아하여 후에 현학의 대가인 왕필과 함께 "王·何"
로 불리었다. 조상의 謀士이기도 한 何晏은 본래 한말 대장군이었던 何
進의 손자로 후에 어미 尹氏를 따라 魏宮에 들어갔다가 조조의 양자가
되었다. 하안은 어렸을 때부터 '총명함과 지혜가 신과 같다'[40]고 하여
조조에게 조비 형제 못지않은 많은 사랑을 받았지만 조씨 형제와는 그
다지 잘 지내지 못했는데, 특히 조비는 그를 증오하기까지 했다.[41] 그
리하여 조비와의 좋지 않은 관계로 말미암아 조비 즉위 전후로 크게
쓰임 받지 못하다가 沛王인 曹林의 누이동생인 金鄕公主와 결혼한 후
'關內侯'에 봉해져 부마로서의 비교적 한가로운 직책을 얻을 수 있게
되었다. 즉, 위 명제가 가끔씩 하안의 재능을 귀하게 여겨 연회에 참석
하여 선왕의 업적을 기리며 시를 읊게 하는 정도였다. 가령, 하안은 새
로 지은 景福殿을 위해 부를 짓도록 명을 받아 명제의 태평성대를 노
래하기도 했다.[42] 하안은 이 부 속에 '無爲而治'라는 정치적 견해를 간
접적으로 피력하면서 위 명제의 관심을 끌었다.

하안의 학문적 태도와 성향에 대해서 『論語集解序』에 비교적 잘 설
명되어 있다.

---

40) "何晏七歲, 明惠若神。" (『世說新語 · 凤惠』) 『御覽』三百八十五引『何晏別傳』, "魏武帝讀兵書,
有所未解, 試以問晏。晏分散所疑, 無不冰釋。"

41) "晏父蚤亡, 太祖為司空時, 納晏母。其時秦宜祿亦隨母在宮, 並寵如子。常謂晏為假子也。"
하안의 부친은 일찍 죽어 조조가 사공으로 있을 때 하안의 모친을 첩으로 받아들였다. 그때 진의록
아표도 모친을 따라 궁중에 있었는데, 함께 친자식처럼 총애를 받았다. 그러나 문제는 항상 하안을
가짜 아들이라 불렀다. (『世說新語箋疏 · 凤惠』第2則 注引『魏略』)

42) 하안은 太和 년간에 지은 「景福殿賦」과 정시 년간에 지은 몇 편의 시를 통해 일찍부터 문학적
재능을 드러냈는데, 종영의 시품에서도 하안의 이러한 문재를 높이 평가하여 중품에 올려놓았다.

전대에는 사설을 전수하여 비록 이동이 있어도 훈해를 하지 않더니 중간에 훈해를 하여 지금에 이르러 많은 훈해가 있으나 소견이 같지 않고 서로 득실이 있다. 오늘날 많은 사람들의 잘된 것을 모아 그 이름을 기록하고 잘못된 곳이 있으면 그것을 고쳐 『論語集解』를 편찬하였다.[43]

　이상으로 볼 때, 하안의 학문태도 역시 매우 진지하다고 할 수 있다. 즉, 그는 자신의 신중한 비교, 분석을 근거로 孔安國, 包咸, 周氏, 馬融, 鄭玄, 陳群, 王肅, 周生烈 등의 해석에 대해 잘된 것은 그대로 따르고 그 이름을 표기 하였다. 그러나 하안은 한대 師說을 고집하는 경학가들과는 달리 전통을 중시하면서도 전통에 얽매이지 않는 학문적 태도를 견지하면서 새로운 견해를 제시하기도 했다.

　이 외에도 당시 고차원적인 본체론에 많은 관심을 가지고 있었던 동시에 이러한 새로운 학술 사상이 아직 완성되지 않았었다. 그래서 하안을 중심으로 함께 모여 이른바 청담을 벌였다. 이는 선진시대 제자백가들의 쟁명과는 다르며 한대 경학의 師說과도 다른 일종의 학술토론회였다. 이 학술토론회에는 반드시 복종해야할 어떤 권위도 없었고 이미 사실화된 이론도 없었다. 지위고하, 연령의 많고 적음을 불문하고 이 학술활동에 참여한 사람들은 모두 자유로운 분위기속에서 본체론을 둘러싸고 각자 자신의 의견을 발표할 수 있었다. 당시 제자들은 기존의 학설을 따라야하고 절대 독립적인 사고나 새로운 견해를 내세울 수 없었던 학풍과는 사뭇 다른 분위기였다. 이와 같은 청담의 상황에 대해 다음과 같은 기록이 전해지고 있다.

---

43) "前世傳受師說, 雖有異同, 不爲訓解。中間爲之訓解, 至於今多矣。所見不同, 互有得失。今集諸家之善, 記其姓名, 有不安者, 頗爲改易, 名曰『論語集解』。" (『論語集解序』)

하안은 吏部尚書로서 명망이 높아 당시의 청담객들이 가득 들어
앉아 서로 토론을 했다. 아직 20살이 넘지 않은 왕필은 하안을 만
나러 왔다. 하안은 왕필의 이름을 들었기 때문에 지난 번 담론 때
가장 우수했던 문제를 골라 왕필에게 주면서 말하길, "이 논리는
이미 그 이치가 끝에 이르렀다고 생각하는데 다시 반론할 수 있겠
는가?" 그러자 왕필은 곧바로 반론을 시작하자 사람들은 하안이
졌다고 생각했다. 그래서 왕필은 혼자서 문제출제자와 응답자 되
어 수차례 변론을 하자 앉아있던 모든 사람들은 모두 그에 미치지
못했다.[44]

하안은 일찍이 왕필과도 청담을 벌였었는데, 하안은 그 때 이미 나
이가 50여 세이고 왕필은 20세도 채 되지 않았었고, 정치적 지위나 학
술적 명망을 보더라도 이 두 사람은 절대 한 토론장에서 서로 의견을
주고받을 수 있는 관계가 될 수 없었다. 그러나 하안은 자기가 가지고
있었던 모든 우월한 지위나 조건 등은 전혀 고려하지 않고 오로지 진
리를 탐구하고자 하는 순수한 마음으로 왕필과 토론을 벌였고 심지어
왕필에게 가르침을 구하기까지 했다.

何晏의 정치사상은 바로 '貴無論'을 핵심으로 한다. 이는 왕필의 사
상과도 그 맥락을 같이하는데, 이에 대해 『晉書・王衍傳』은 다음과 같
이 서술하고 있다.

> 魏 正始시기에 何晏과 王弼 등은 일찍이 노장사상에 대해 말하며,
> 천지만물은 모두 無를 근본으로 삼는다는 이론을 세웠다. 無라 함
> 은 사물을 열고 이루는 데 힘쓰며, 존재하지 않는 곳이 없다. 음양
> 은 이를 의지하여 생겨나고 만물은 이를 의지하여 그 형체를 이루
> 며, 어진 자는 이를 의지하여 덕을 이루며 어리석은 자는 이를 의

---

44) "何晏為吏部尚書, 有位望, 時談客盈坐, 王弼未弱冠往見之. 晏聞弼名, 因條向者勝理語弼曰, 此
理僕以為極, 可得復難不?弼便作難, 一坐人便以為屈, 於是弼自為客主數番, 皆一坐所不及." (『世
說新語・文學』)

지하여 죽음을 면한다. 그러므로 무의 쓸모 있음은 관직이 없어도
귀함을 받는다.45)

何晏은 王弼보다 먼저 선현들의 경전가운데『周易』과『老子』를 주
요 텍스트로 삼고 우주만물의 근원은 모두 '無'에 있다는 貴無論을 주
장한 바 있다. 이러한 사상을 바탕으로 하안은 정치를 함에 있어서도
'無爲'의 중요성을 제시하면서 황제는 마땅히 "쓸모없는 관직을 제거
하고, 사단을 일으키는 근원을 줄이고, 오래 쌓여 전해진 번잡한 법도
를 끊어버려 민정을 순박함으로 돌려야 한다."46)고 주장하였다. 하안의
'無爲'의 정치이론은 실질적으로 황제의 권한을 무력화시켜 대신들로
하여금 專政을 하려는 의도이기도 하다.

하안은 이렇듯 학문에 대한 열정과 깊이가 당시의 정시명사들과는
남달랐는데, 정치적으로 높은 지위를 이용하여 당시 많은 인재들을 모
아 관리로 등용시켰다. 즉 정시 년간 완적, 산도, 혜강 등도 이때 처음
출사하는 등 名望있는 사람들로 자신이 담당하는 吏部를 채워 강좌를
설치하고 玄風을 크게 일으킴으로써 당시 낙양은 談論의 중심지가 되
기도 했다. 또한 何晏은 앞서 서술한 바와 같이 도가의 '無爲'사상을
제창하였지만 이와 동시에 유가의 喪祭관련, 역대 典章制度에도 능통하
여 공자를 숭상하였다. 그는 현학가들의 대표자이면서도『論語集解』를
집필한 것만 보더라도 世務를 게을리 하고 단지 현학의 그런 추상적,
근본적 원리탐구에만 치중한 것은 아니었다. 이렇듯 하안은 정시현풍의
창시자이자 실질적인 리더로서 철학가로는 완전히 성공했지만 현학사

---

45) "魏正始中何晏、王弼等祖述老莊, 立論以爲天地萬物. 皆以無爲本. 無也者, 開物成務, 無往不存
者也. 陰陽恃以化生, 萬物恃以成形, 賢者恃以成德, 不肖恃以免身. 故無之爲用, 無爵而貴
矣。"(『晉書‧王衍傳』卷四十二, 北京：中華書局, 1236쪽)
46) "除無用之官, 省生事之故, 絶流通之繁禮, 反民情於太素。"(『文選』卷11,「景福殿賦」)

상에 지나치게 몰두하여 현실을 외면했으며, 성격 또한 매우 유약하여 적절한 시기를 놓치기 일쑤였고, 자신의 철학사상과는 달리 실제 하안의 생활은 '無爲'와는 정반대인 재물을 탐하고 호색하며 호화로운 생활을 일삼은 지극히 '有爲'적인 삶을 살아 자기모순에 빠져버렸다.47)

'정시개혁(正始改制)'으로 인한 이권의 대립

夏侯玄은 曹魏政權 건립에 많은 공을 쌓았던 夏侯氏 가문 출신이다. 그의 先祖인 夏侯淳과 夏侯淵 모두 전공이 뛰어난 장군들이었으며, 그의 아버지인 夏侯尙도 조비와 그 관계가 밀접하여 조비는 지략이 뛰어나고 지혜가 남다른 그를 征南將軍에 임명했다. 그의 명성 또한 하늘을 찌를 듯 하였는데, 荀粲은 이에 대해 "하후현은 당대의 호걸이다"48)라고 평하였다. 그는 고귀한 성품을 지녀 사람들은 그를 "명석하기를 해와 달이 품 안에 들어온 것 같다"49)고 칭하였다. 하후현은 정시명사들 가운데 가장 숭앙받던 인물로서, 조상의 정시 개혁 시 정책 제정자이자 군사적 지주였으며, 현학자들이 가장 존경했던 우상이었다.

黃初 6년 하후상이 죽자 17세에 불과했던 하후현이 아버지의 관직을 물려받았다. 太和 원년 20세의 하후현은 散騎黃門侍郎이 되었다. 이 때 하후현은 막 관직에 등용된 청년 수재들과 사귀면서 청담을 일삼으며 심오한 이치를 논했는데, 특히 何晏、鄧颺、諸葛誕、荀粲 등과

47) "하안 등이 정사를 전횡하여 낙양 야왕의 전농이 관장하는 뽕밭 수백 경을 함께 나누어 가지고 탕목지를 부수어 자신의 것으로 삼았다. 권세에 편승해 관물을 절취하고 연고에 의거하여 주군에게 뇌물을 요구하였다. 유사들은 그 위세를 그저 보기만 볼 뿐 감히 그 뜻을 거스르지 못했다(晏等專政，共分割洛陽、野王典農部桑田數百頃，及壞湯池地以爲産業，承勢竊取官物，因緣求欲州郡。有司望風，莫敢忤旨。『三國志・魏書・曹爽傳』)

48) "夏侯太初一時之杰。" (『三國志・魏書・傅嘏傳』注引『傅子』)

49) "朗朗如日月之入懷。" (『世說新語・容止』)

함께 인물을 품평하고 많은 인재들과 사교활동을 벌이면서 정부의 관리 선발에 적지 않은 영향력을 행사하게 되어 건안시기 원로대신들과 황제의 불안감을 일으켰다. 이에 董昭는 태화 6년 상소를 올려 이들이 "서로 무리를 이루어 서로 칭찬하며 예교를 무너뜨리고 나라를 어지럽히며 풍속을 문란하게 한다."[50]고 지적하며 황제에게 엄하게 다스려 줄 것을 요구하였다. 이에 위 명제는 즉각 '浮華'금지 조서를 공포하여 지식인들로 하여금 유학을 근본으로 삼아 더욱 육경 연구와 학습을 강화토록 함과 동시에 비현실적인 모임(浮華)을 금지하였다.[51] 위 명제가 죽고 나서 그 해 겨우 8세인 齊王 曹芳이 景初 3년 왕위를 계승했다. 명제의 유언을 받들어 조상은 사마의와 함께 황제를 보필하여 정사를 돌봤다. 조상은 실권을 손에 넣은 후 오랜 동안 위 明帝로부터 배제되어 왔던 하안과 등양, 정밀, 필궤 등을 불러들였고 하후현은 散騎常侍로 승진시켰는데, 이 직책은 황제 곁에서 황제의 잘못에 직언을 고하는 것으로 최측근이 아니면 맡을 수 없는 자리이다. 후에 中護軍掌宿衛兵으로 승진하여 또다시 무관선발을 책임지게 되어 군대 장군을 선발하는 인사권을 장악하게 되었다.

하후현은 이를 바탕으로 정시개혁(正始改制)에 대한 기본적인 구상을 제시하기에 이른다. 정시개혁의 내용을 간단히 살펴보면, 첫째는 九品中正制를 개혁하여 중정의 권한을 대폭 축소시키고 吏部의 직능을 확대시키자는 것이다. 인재의 선발과 이에 적합한 관직을 주는 것은 국가의 가장 중대한 일(夫官才用人, 國之柄也)이기 때문에 인재를 직접 선발하는 지방정부와 관직을 수여하는 중앙정부와의 긴밀한 협조가 있

---

50) "合黨連群, 互相褒嘆；毁教亂治, 敗俗傷化。" (『三國志 · 魏書 · 董昭傳』)

51) "帝以構長浮華, 皆免官廢錮。" (『三國志 · 魏書 · 諸葛誕傳』)

어야만 한다. 효율적인 인재선발을 위해 당시 구품중정제를 실시하였지만 중앙과 지방 사이에 서로의 직분을 넘어서는 일이 빈번하여 많은 혼란을 야기 시켰다.[52] 이를 감안하여 하후현은 지방정부의 중정은 단지 인재의 품성과 행동을 품평하여 등급을 정하는 일만 책임지고 중앙정부는 모든 인사자료를 취합하여 처리한 후 임용을 결정하도록 하였다.[53] 이는 곧 중앙정부가 관리를 임명하고 가늠하는 권한을 침범하지 못하도록 함과 동시에 중앙정부 또한 지방정부에게 인재선발권을 위임하여 분란을 일으키지 않도록 하였다.[54] 둘째는 행정기관의 개혁으로 州, 郡, 縣 삼급 행정기관 가운데 郡을 폐지하여 州, 縣 2급 체제로 축소하자는 것이다. 행정기관축소의 주된 목적은 관료의 수를 줄여 재정을 확보하고 행정의 효율화를 위해서이다.

구체적으로 말하자면, 군 태수의 직분을 없애고 주 자사만을 남겨두어 감찰업무를 수행하게 한다면 군 정부의 많은 인력들을 모두 고향으로 돌려보내 생업에 종사케 할 수 있어서 행정비용을 대폭 줄일 수 있을 뿐만 아니라 재정을 늘리고 양식을 많이 생산할 수 있다는 것이다. 또한 관원이 줄면 일 처리 속도가 빨라지게 되고, 각종 비리와 화근을 근본적으로 차단할 수 있게 된다는 것이다.[55] 셋째는 복식과 수레는 등급에 따라 차등을 두되 사치를 금하게 하여 사회분위기를 쇄신하자는 것이다. 즉, "관리들이 타는 수레와 의복

---

52) "自州郡中正品度官才之來, 有年載矣, 緬緬紛紛, 未聞整齊。"(『三國志 · 魏書 · 夏侯玄傳』)

53) "中正則唯考其行迹, 別其高下, 審定輩類, 勿使升降。臺閣總之, 如其所簡, 或有參錯, 則其責負自在有司。"

54) "奚必使中正干銓衡之機於下, 而執機柄者有所委仗於上, 上下交侵, 以生紛錯哉."

55) "宜省郡守, 但任刺史；刺史職存則監察不廢, 郡吏萬數, 還親農業, 以省煩費, 豐財殖穀, 一也。大縣之才, 皆堪郡守, 是非之訟, 每生意異, 順從則安, 直己則爭。夫和羹之美, 在於合異, 上下之益, 在能相濟, 順從乃安, 此琴瑟一聲也, 蕩而除之, 則官省事簡, 二也。又幹郡之吏, 職監諸縣, 營護黨親, 鄉邑舊故, 如有不副, 而因公擊頓, 民之困弊, 咎生于此, 若皆并合, 則亂原自塞, 三也。"

의 문양을 최대한 간소화하고 시대의 기운을 쇄락하게 하고 풍속을 나쁘게 하는 많은 사치품을 근절"56)하면 "근검절약하는 풍조가 사회에 만연될 것이며 백성들도 사치하는 마음을 없앨 수 있을 것57)"이라 생각했다.

하후현의 정치개혁은 정치적으로 중앙집권체제를 강화하고 지방 호족들의 세력을 약화시키는 동시에 사회적으로 '簡樸(소박함)'를 제창하며 사치함으로 반대함으로써 백성들의 부담을 최대한 줄이고 소박한 사회분위기를 조성하는데 많은 도움을 줄 수 있을 것이라는 기대 속에서 제정된 것이었다. 이러한 정시개혁의지는 기실 '無爲'의 정치사상과 소박하고 간소함(朴素簡約)함을 주요내용으로 한 현학사상의 영향아래 비로소 제시될 수 있는 것이었다. 그러나 개혁과정 중 개혁파는 오히려 나날이 오만해지고 자신들의 주장과는 반대로 사치함이 극에 다다라 민심을 잃게 되었고 게다가 행정기관의 개혁으로 인해 관리를 줄이자는 방안은 기존의 원로대신들인 建安 名士들의 이익에 정면으로 반하는 것이었다.

사마의가 정변을 일으키고 열거한 조상의 죄상도 "선제의 유명을 저버리고 국가의 제도를 망치고 어지럽혔다."58)였고, 또한 "대장군 조상은 일을 제멋대로 처리하고 옛 법규를 바꾸었다.",59) "조상은 하안과 등양, 그리고 정밀의 건의를 받아들여 여러 차례 제도를 고쳤다."60)는 기록도 있었다. 이것으로 볼 때, 조상의 주도하에 기존의

---

56) "車輿服章, 皆從質樸, 禁除末俗華麗之事."
57) "樸素之敎興於本朝, 則彌侈之心自消於下矣."
58) "背棄顧命, 敗亂國典。" (『三國志·魏書·曹爽傳』)
59) "大將軍爽專事, 多變易舊章。" (『三國志·魏書·蔣濟傳』)
60) "曹爽用何晏、鄧颺、丁謐之謀……屢改制度。" (『三國志·魏書·劉放傳』注引『孫資別傳』)

법규와 제도를 바꾸려는 수차례의 시도가 있었으며, 사마의는 이것이 실질적으로 기존 원로대신들과 호족의 이익에 크게 배치되는 상황으로 전개될 것을 우려하여 이것을 정변을 일으킨 명분으로 삼았을 것이다. 결국 하후현의 개혁파는 하층 백성들의 마음을 제대로 얻지 못하였을 뿐 아니라 당시 막강한 세력을 지니고 있었던 世家豪族들의 이익과 상충되어 관료 대다수의 지지와 동의를 얻지 못하여 결국 실패로 돌아갔다.

이와 같이 정시 년간 실시된 정치개혁에 따라 개혁파의 탄압을 받아 불만을 갖게 된 조위정권의 원로대신들은 사마의 주변에 모여들게 되어 강력한 정치적 반대세력을 형성하게 된다. 주요 인물로는 魯毓、王肅、孫禮、王觀、高柔、蔣濟、鍾毓、劉放、傅嘏 등이 있다. 이들은 조조와 함께 건안시기에 관직에 등용된 중신들이다. 정시명사들은 대부분 나이가 젊은 귀족들의 자제로서 조위정권 관료들의 2대 혹은 3대에 속하는 인물들이어서 그들이 중앙권력을 장악한 후 경력이 미천한 젊은 인재들을 등용하자 원로대신들은 권력의 재분배과정에서 밀려날 수밖에 없었다. 조상 집단의 집정시기동안 실제로 파면시키거나 유배를 보내는 식의 방법으로 원로대신들을 조기에 퇴직시켜 반대파를 제거하였다.

개국공신이었던 이들을 홀대하고 견제하자 이들은 자연 조위집단과 대립각을 세웠던 사마씨 진영으로 들어가 강력한 정치적 견제세력으로 부상하게 되었다. 조상과 하안 집단은 표면적으로는 중앙정부의 요직을 다 차지하고 있는 듯 보였지만 이들 모두 정치적 기반이 없는 젊은 귀족 자제들이라 각 정부 기관들과 깊은 관계를 맺지는 못했다. 이에 반해 사마씨 진영의 구성원들은 조위정권의 창건자들로서, 수십 년간의 투쟁으로 군대와 관료 조직 가운데 막대한 영향력과 실력을 갖추고 그들의 동조자들이 사방에 퍼져 있는 실정이었다. 그러므로 귀족 자제들이 아무리 요직을 차지하고 권력을 제멋대로 휘두른다 해도 당시 굳건한 문벌과 봉건으로 얽힌 기존의 세력들을 좌지우지하기에는 아무래도 문제가 많을 수밖에 없었다.

高平陵政變의 발발과 결과

왕조가 바뀌는 때에는 항상 유언비어가 난무하기 마련이다. 당시 수도인 낙양 도성 안에도 수많은 벽서가 나붙었는데, 대부분이 曹爽 진영을 공격하고 司馬氏가 정권을 잡아야 한다는 내용이었다.[61] 曹爽 진영의 온갖 만행과 향락이 도를 지나쳐 더 이상 어찌할 수 없을 때 司馬懿는 병을 핑계로 집에 거하며 확실한 기회를 잡을 때만을 기다리고 있었다. 권력의 중심이 曹爽으로 넘어간 뒤 비록 司馬懿는 이름뿐인 太傅에 임명되었지만, 그의 병권까지는 박탈하지 못해 이전처럼 節統兵督할 권한은 가지고 있었다. 이에 司馬懿는 그의 아들인 司馬昭를 中護軍에 임명하였는데, 이 직책은 여러 장수들을 총 감독하고 무관을 임명할 수 있는 권한을 가진 것으로 매우 중요한 것이었다. 司馬師는 이 권한을 이용하여 은밀히 조직을 위해 목숨을 바칠 비밀부대를 양성[62]하여 후에 정변을 성공적으로 이끄는데 큰 역할을 담당하게 된다.

그렇지만 정변을 준비하는 동안 司馬懿는 철저히 그 예봉을 감추고 적당한 시기를 기다리고 있었다. 正始 9년(248년) 司馬懿의 예

---

61) 『三國志 · 曹爽傳 · 魏略』에 이르길, "정시 8년 5월, 사마의는 병을 핑계로 정사에 참여하지 않았는데, 이때 사람들은 이를 두고 하, 등, 정이 도성을 어지럽히는구나.(正始八年五月, 帝稱疾不與政事, 時人爲之謠曰, 何, 鄧, 丁, 亂京城.)"라고 노래하였다.

62) "陰養死士三千, 散在人間."

사롭지 못한 움직임이 포착되자 같은 해 李勝을 河南尹에서 荊州刺史로 발령하고 이승에게 사마의를 방문하여 작별인사를 하라고 시켰는데, 사실 정적인 司馬懿를 안심할 수 없어서 그의 상황을 정탐하려는 의도가 있었다. 李勝은 司馬懿와 만난 후 "本州에 부임하게 되었다(當爲本州)"고 말했는데, 司馬懿는 李勝이 말한 '本州'를 '並州'라 잘못 들은 척 했을 뿐만 아니라 일부러 행동도 느리게 하고 옷도 제대로 들지 못하는 체 하였다. 게다가 손으로 입을 가리키며 목이 말라 물을 마셔야겠다고 하면서 시종에게 죽을 들여오게 하고 그 죽을 마셨는데, 이때 죽이 흘러 가슴을 거의 적시게 하여 정신이 나간 척 하였다.63) 司馬懿는 李勝에게 자기는 이미 나이가 들고 병이 깊어 목숨이 오늘 내일 하니 이후 다시 볼 수 없을 것이라고 말했다. 李勝은 司馬懿에게 완전히 속아 진짜인 줄 믿어 조상에게 "사마의의 병이 이미 깊어 정신이 이미 혼미해져 죽은 것이나 다름이 없으니 걱정할 필요가 없다64)"고 보고하였다. 이렇게 되자 曹爽은 그제야 안심을 하고 司馬懿를 더 이상 안중에 둘 필요가 없다고 생각하게 되었다. 曹爽을 이렇게 안심시킨 司馬懿는 일부의 군사를 가지고 있는 아들 사마사와 긴밀히 연락을 취하며 은밀히 죽음을 맹세한 병사 3천 명을 길러 낙양성 내에 주둔시키면서 언제든 거사를 치를 만반의 준비를 하게 된다.

嘉平 元年, 즉 正始 10년(249년) 曹爽 형제는 齊王 曹芳을 모시고 明帝의 高平陵으로 제사를 드리기 위해 낙양을 떠나게 된다. 바로 이때, 병이 깊어 죽을 날만 기다리고 있는 줄 알았던 司馬懿는

---

63) "宣王令兩婢侍邊, 持衣, 衣落; 復上指口, 言渴求飮, 婢進粥, 宣王持杯飮粥, 粥皆流出沾胸. 勝愍然, 爲之涕泣."(『三國志·曹爽傳』注引『魏末傳』)

64) "太傅患不可復濟, 令人愴然."(『三國志·魏書·諸夏侯曹傳』)

전광석화와 같이 낙양성문을 닫아 버리고 무기고를 점거하고 금군을 제압하여 반란을 일으켰다. 먼저 그의 장자인 司馬師를 시켜 司馬門에 군대를 주둔시켜 궁궐을 장악하게하고 자신과 태위 蔣濟는 군대를 이끌고 洛水浮橋를 점령하여 낙양과 고평릉 사이의 교통을 끊어 놓았다. 司馬懿 진영에는 그동안 젊은 명사들에게 냉대를 받아 불만을 품고 있었던 원로 관료들도 가담하였고 司馬懿는 이들에게 조상 진영을 제압할 군대를 맡겼다. 이와 동시에 태후에게 상소문을 올려 조상의 죄상을 낱낱이 고하여 조상 형제의 직위를 삭탈하고 집으로 돌아가 분부를 기다리게 하였다. 大司農인 桓範은 죽음을 무릅쓰고 조상에게 달려가 천자를 받들고 許昌으로 가서 사마 씨와 대항할 것을 권고하였다. 조상은 이때 갑작스런 변고에 정신이 아득해져 싸울 의지 또한 없게 되자 결국 桓範의 권고를 무시하고 스스로 "사마의는 내 권한을 빼앗으려 할 뿐이다. 나는 그것을 내주어도 부자(富家翁)로 살아가는데 문제가 없을 것이다"[65]라고 자위하였다.

司馬懿는 후에 변고가 생길 것을 염려하여 侍中許允과 尙書陳泰로 하여금 조상을 설득하게 하여 하루빨리 자수하도록 했다. 司馬懿는 또한 曹爽이 평소 신임하던 殿中校尉 尹大目을 보내 자수하면 그저 관직을 빼앗을 뿐이라는 것도 전하게 했다. 심지어 司馬懿는 자신이 직접 낙수로 맹세하면서 조상의 털끝 하나도 건드리지 않을 것을 맹세하기도 했다. 이렇게 하자 조상은 완전히 그의 말을 믿게 되어 정권을 내놓게 되었다. 그러나 거짓으로 정신이 나간 채 꾸며 오늘이 있게 한 사마의가 어떻게 조상을 그냥 부자로 살아가게 내버려 둘 수 있겠는가? 얼마 지나지 않아 사마 씨의 사주를 받은 장

---

65) "我亦不失作富家翁!"(『三國志·曹爽傳』)

당이라는 사람이 司馬懿에게 曹爽과 何晏 등이 반역할 음모를 꾸미고 있다고 고발하였다. 이에 사마의는 즉시 조상과 하안 등을 옥에 가두고 曹爽과 曹羲, 曹勳, 何晏, 鄧颺, 丁謐, 畢軌, 李勝, 桓範 등을 참수형에 처하고 그 삼족을 멸하게 했다. 한마디로 정시 시기 활약했던 명사들의 대부분이 정변 가운데 일시에 모두 희생당하고 만 것이다. 이리하여 曹爽이 쥐고 있던 모든 권력은 사마 씨 집단의 수중으로 넘어가 그들의 천하가 되었고 후에 진 왕조 건립의 실질적인 토대가 되었다.

천하의 많은 변고로 '竹林之遊'를 결성하다

高平陵政變 이후 曹魏 정권의 중추적 역할을 담당했었던 正始 名士들은 사마 씨 집단의 잔혹한 숙청의 칼날을 피해가지 못하고 대부분 주살되었고, 위나라의 군사 실력자인 司馬懿는 중신들 사이의 치열한 권력 투쟁에서 승리하여 실권을 장악하기에 이른다. 司馬懿의 뒤를 이은 司馬師와 司馬昭, 그리고 司馬炎은 주도면밀하고 잔인한 방법을 사용하여 실권 장악에 방해가 되는 세력들을 모조리 말살하면서 위 왕조 찬탈계획을 차근차근 진행하였다. 사마 씨 집단의 잔혹하고 집요한 명사들에 대한 회유와 숙청으로 인해 曹魏 정권의 주축을 이루며 활약했던 대부분의 명사들이 사라진 사건은 혜강에게 있어서 한마디로 충격 그 자체였을 것이다.

혜강은 이를 계기로 자신이 걸어왔던 지난날의 행적을 돌아보게 되었던 것이다. 더 이상 지금의 현실에서는 '大道'의 회복이 어렵다고 판단한 혜강은 세속에 대한 미련을 접고 자연에서 창공을 나는

새와 같은 자유를 소망하게 되었다. 그래서 일찍부터 河內와 山養
등지에서 '打鐵(풀무질)'하면서 전원생활을 해왔던 혜강은 세상의
풍파를 피하기 위해 본격적으로 은거생활을 시작하게 된다. 즉, 嵇
康은 阮籍, 그리고 山濤, 向秀, 阮咸, 王戎, 劉伶과 함께 혜강의 고
향인 山陽에 모여 노장사상에 심취하여 담론을 일삼았고, 저마다의
독특한 삶의 방식과 취미생활을 통해 어지럽고 살벌한 현실을 떠나
자연과 더불어 한적한 생활을 영위하고자 하였다. '竹林七賢'의 결
성에 대해 『世說新語』에서는 다음과 같이 묘사하고 있다.

> 陳留의 완적과 譙國의 혜강, 그리고 河內의 산도 이 세 사람은 나이
> 가 서로 비슷하였는데 혜강의 나이가 제일 적었다. 이 모임에 참석
> 한 사람들로는 沛國의 유령과 陳留의 완함, 河內의 향수, 琅玡의 왕
> 융 등이었는데, 이들 일곱 사람은 늘 대나무 아래 모여 마음껏 술을
> 마시며 즐기곤 했다. 후세 사람들은 이들을 죽림칠현이라 불렀다.[66]

위 예문을 통해 알 수 있는 것은 일곱 명사들이 어떤 목적을 가
지고 그룹을 결성했는지 명확하게 알 순 없으나 이들은 서로 나이
를 초월한 깊은 교유관계를 맺고 있었으며, '언제나 죽림에 모여
함께 술을 마시며 세월에 대한 시름을 잊었고 이 모임을 매우 좋아
했다'는 것이다. 또 한 가지 사실은 '죽림에서의 사적인 교류는 완
적과 혜강, 그리고 산도에 의해서 주도'되었으며, 그 외 네 사람은
죽림지유의 중심인물이었던 세 사람과의 친분관계를 토대로 후에 '추
가로 합류(預此契者)'했다는 것이다.[67]

---

66) "陳留阮籍, 譙國嵇康, 河內山濤, 三人年皆相比, 嵇康少亞之, 預此契者: 沛國劉伶, 陳留阮咸, 河內向
秀, 琅玡王戎, 七人常集於竹林之下, 肆意酣暢, 故世謂之竹林七賢."(『世說新語·任誕』)

67) 혜강과 정신적 교감이 있었던 자로는 완적과 산도가 있었으며, 이들의 모임에 참여한 자로 향수와
유령, 완함, 왕융 등이 있는데, 이들과 죽림지유를 결성하여 사람들은 죽림칠현이라 불렀다.(所与神

역사기록을 살펴보면, 대략 正始 4년(243년)에 嵇康은 가장 먼저 山陽縣에서 은거하면서 사상과 취미가 비슷한 여러 隱士들과 교제를 시작했다. 이후 正始 6년 山濤는 郡主簿 및 河南從事직을 수행하다가 오래지 않아 사직하고 은거에 들어갔는데, 이때 혜강과 만나 의기투합하게 된다. 이 밖에 죽림칠현 구성원 간의 관계를 살펴보면, 山濤와 嵇康의 친분이 가장 두터웠고,[68] 그 후에 山濤가 완적을 만나게 되었으며, 山濤의 소개로 阮籍과 嵇康의 친분이 시작되었던 것으로 보인다.[69] 阮咸은 阮籍의 조카신분으로 '竹林之遊'에 참가할 수 있었고,[70] 王戎의 아버지 王渾은 완적과 친구로서 阮籍은 일찍부터 王戎의 총명함과 출중한 재주를 갖고 있음을 알고 있었기에 자신보다 나이가 20여 세나 어린 친구의 아들과 친구관계를 맺은 이후 왕융은 죽림지유에 합류할 수 있었다.[71] 向秀는 어릴 적부터 산도와 알고 지냈고 혜강이 山陽에서 대장간 일을 할 때 그 옆에서 도와주었으며, 혜강의 절친한 친구인 呂安과도 친분이 두터웠다.[72]

交者惟陳留阮籍, 河内山涛, 豫其流者河内向秀, 沛国刘伶, 籍兄子咸, 琅邪王戎, 遂為竹林之游, 世所谓 '竹林七贤'也.(『晉書·嵇康傳』)

68) 『晉書·山濤傳』에 혜강이 司馬昭에게 피살당하기 직전 혼자 남게 될 아들 嵇紹에게 다음과 같은 말을 남겼다. "너에게는 거원(산도)이 있으니 외롭지 않을 것이다(巨源在, 汝不孤矣)." 이것으로써 혜강은 산도를 가장 믿을만한 知己로 여기고 있음을 알 수 있다.

69) "與嵇康, 呂安善, 後遇阮籍, 便為竹林之交."(『晉書·山濤傳』)

70) "康寓居河内之山阳县, 与之游者, 未尝见其喜愠之色. 与陈留阮籍, 河内山涛, 河内向秀, 籍兄子咸, 琅邪王戎, 沛人刘伶相与友善, 游于竹林, 号为七贤."(『三国志·魏书·王粲传』)

71) "阮籍与浑为友. 戎年十五, 随浑在郎舍. 戎少籍二十岁, 而籍与之交."(『晉書·王戎傳』)

72) "清悟有遠識, 少爲山濤所知, 雅好老莊之學. 康善鍛, 秀爲之佐, 相對欣然, 傍若無人. 又共呂安灌園於山陽."(『晉書·向秀傳』)

名教에 대한 竹林七賢의 입장

혜강을 중심으로 여섯 명의 당대를 대표하는 명사들이 죽림지유를 시작하였지만 이들 모두 처음부터 은거를 결심하고 칩거생활에 들어간 것은 아니다. 죽림칠현 구성원 모두 풍부한 학식과 남다른 재능을 가지고 있었으며, 심원한 철학을 바탕으로 당시 국가와 사회를 걱정하고 세상을 구제하고 싶은 원대한 포부 또한 지니고 있었다. 완적의 경우를 살펴보기로 하자. 완적은 비교적 평범하고 가난한 관리의 가정에서 태어났다. 완적의 아버지 阮瑀는 당시 유명한 시인이자 문장가이며 '建安七子' 중의 한 사람이었다. 그는 曹操의 휘하에서 '司空軍師祭酒'와 '丞相軍師祭酒'라는 직책을 다년간 역임했던 曹操의 중요한 관리였다. 뿐만 아니라 문장에 능했고 시를 잘 썼으며, 음악에도 정통해 가야금을 잘 탔다. 이러한 다재다능한 아버지의 영향과 曹魏 왕실과의 밀접한 관계로 阮籍 또한 청년시절 당시 正始名士들의 적극적인 정치참여의식의 영향을 받아 '세상을 구하고자 하는 웅대한 포부73)'를 가지고 있었다. 阮籍의 이와 같은 포부와 의지는 그의 대표적인 작품인 詠懷詩에 잘 묘사되어 있다. 가령, 『詠懷詩·39首』를 보면,

기개가 높은 한 장사가 있었는데, 나라를 위해 그 뜻을 세워 위세가 먼 곳까지 이르네. 수레를 몰고 멀리까지 나가 군인의 임무를 다하고, 일단 명령을 받으면 자기의 욕심과 일체의 잡념을 모두 버린다. 손에 든 좋은 활은 오호이고 몸에 걸친 갑옷은 번쩍번쩍 빛이 나니 해와 달과 같네. 어려움에 봉착하면 분투하여 자기 몸을 돌보지 않고 몸은 비록 전쟁에서 죽으나 영혼은 높이 드날리

---

73) "籍本有濟世之志, 屬魏晉之際, 天下多故, 名士少有全者. 籍由是不與世事, 遂酣飲為常."(『晉書·阮籍傳』)

네. 그의 명성은 훗날까지 전해져 많은 사람들에게 그의 절개는 원래
부터 사람이 반드시 지켜야 할 도리라고 말하고 있네.74)

이 시는 완적이 어렸을 적부터 가졌던 '濟世之志'의 포부에 대한
염원과 기대를 가장 선명하게 드러낸 작품으로, 처음부터 줄곧 격
앙된 어조로 이른바 '建功立業'하는 영웅의 기개를 찬양하고 있다.
특별히 나라가 어려움에 처했을 때 기꺼이 자기의 목숨을 돌보지
않고 죽어서라도 나라를 지키겠다는 굳은 의지와 절개를 드러내고
있다. 기실 완적은 어렸을 때부터 이미 그 재능이 뛰어나 십여 세
때 태수를 지낸 적이 있는 친척이 그의 비범함을 보고 장차 큰일을 도
모할 인재라고 여겼다.75) 그래서 완적은 소년시절 시경과 서경을 공부
하며 덕을 함양한 것은 물론이고 아버지와 같이 문무를 겸비하고 지혜
와 담력이 뛰어난 사람이 되고자 열심히 노력하였다.

그러다가 正始 10년, 즉 嘉平 元年(249년) 高平陵政變이 발발하여
정치의 핵심세력으로서 현학을 적극 장려하고 참여했던 何晏과 曹
爽 등이 살해당하면서 완적 또한 소극적이고 탈정치화의 성향으로
바뀌게 되면서 '自然'을 더욱 숭상함으로써 당시 첨예하게 대립되던
명교와의 모순 속에서 유유자적한 삶을 추구하고자 하였다. 완적은
명교의 본질을 다음과 같이 정의하고 비판적 태도를 취하였다.

군주가 세워지면 폭력과 강압이 일어나고 신하가 세워지면 교활
하고 어지러움이 생겨난다. 그래서 예법을 제정하여 백성들을 속
박하고 우매한 사람들을 속이며 어리석은 자를 미혹 되게 하고 지

---

74) "壯士何慷慨, 志欲威八荒. 驅車遠行役, 受命念自忘. 良弓挾烏號, 明甲有精光. 臨難不顧生, 身死魂飛
揚. 豈為全軀士, 效命爭戰場. 忠為百世榮, 義使令名彰. 垂聲謝後世, 氣節故有常."(『阮籍集校注』, 北
京: 中華書局, 1987年 10月)

75) 『太平御覽』 가운데 『魏氏春秋』에 기록되기를, "阮籍幼有奇才異質, 八歲能屬文, 性恬靜."

혜를 감추어 자기를 신기하고 괴이하게 보이도록 한다. 강한 자들은 툭하면 힘으로 사람들을 누르고 온갖 기만과 술수, 그리고 폭력을 일삼아 약자들의 마음은 초췌해져서 다른 사람들을 받든다. 거짓으로 청렴함을 표방하여 탐심을 채우기에 바쁘고 마음은 사악한데 겉으로는 인자한 척 한다. 죄악이 극에 달해도 잘못을 뉘우치지 않고 우연히 들어맞았음에도 스스로(의 능력인 채) 자랑하고 교만하다. 제멋대로 수단을 부려 군주가 자신에게 관직을 주도록 청해 국가는 이로 인해 정체되어 일어나지 못한다.[76]

완적은 천지가 처음 창조되었을 당시 이상적이었던 인류사회가 명교의 예법과 제도가 설립된 이후 오히려 사람들의 자유와 자연스런 성정을 억압하고 속박하는 사회로 전락되었음을 비판하였다. 이와 같은 시대적 어려움 속에서 현학가들은 술로 육체와 정신을 마비시켜 모든 비애와 아픔을 잊기도 하고, 한편으론 적극적으로 현실에 맞서 문제를 해결하며 이상적인 사회의 중건을 위해 노력하기도 했다. 특별히 완적은 명교를 약한 자를 속이고 백성을 속박하는 수단으로 보았을 뿐 아니라 심지어는 '바지 속의 이'[77]에 비유하여 예법을 맹목적으로 고수하는 사람들의 표리부동하고 허위적이며 가식적인 언행을 신랄하게 비판하였다.

竹林七賢의 분화, 각자 삶의 방식대로!

이와 같이 잔혹한 현실 앞에서 뜻과 지향하는 바가 서로 같고 동일한 취미를 가진 죽림의 명사들은 속세를 떠나 자연에 귀의하여 술과 음악, 그리고 청담으로 유유자적한 생활을 이어갔다. 그렇기 때문에

---

76) "君立而虐興, 臣設而賊生. 坐制禮法, 束縛下民. 欺愚誑拙, 藏智自神. 強者睽眂而凌暴, 弱者憔悴而事人. 假廉以成貪, 內險而外仁. 墜至不悔過, 幸遇則自矜. 馳此以奏除, 故循滯而不振"(「大人先生傳」)

77) "君子之處區內, 亦何異夫虱之處褌中乎?"(「大人先生傳」)

이들의 방탕함에는 나름대로의 철학이 있으며, 제멋대로인 행동에도 각자의 법도와 원칙이 있었기에 사회에 악영향을 주기보다는 많은 당시의 명사들로부터 칭송을 받았다. 그러나 죽림에 모여든 일곱 명사들은 어떤 현실적이고 확실한 명분이나 목적이 있어서 일부러 모임을 결성한 것이 아니라 그저 뜻이 맞고 사상이 비슷한 명사들이 함께 모여 술 마시며 담론을 벌였던 까닭에 이후 계속되는 사마 씨 집단의 끈질긴 회유와 압박, 그리고 명교에 대한 죽림칠현 구성원들의 근본적인 차이로 말미암아 점차 분화되는 운명을 맞게 된다. 앞서 설명한 바와 같이 혜강은 시종일관 가장 적극적으로 사마 씨 일가와 타협하지 않으면서 사마 씨 집단이 자신들의 이익과 정권탈취를 위해 齊王 曹芳을 폐위시키는 등의 반봉건적, 반유가적 행위를 자행하고도 자신들의 정권을 유지하기 위해 내세운 '허울 좋은 명교(假名敎)'에 '越名敎而任自然'을 주장하며 정면으로 반대하고 비판한 바 있다.

명교에 대해 근본적으로 비교적 관대한 태도를 취한 이들도 있었으니, 바로 山濤78)와 向秀,79) 그리고 王戎80)이다. 이들은 비록 혜강과

---

78) 산도는 사마 씨와 동향이자 인척관계로 인해 사마 씨 정권에 가담하게 되지만, 또한 죽림칠현 가운데 가장 덕망이 높은 연장자로서, 오랫동안 혜강과 함께 지내며 반대로 위 왕실의 인척이라는 미묘한 처지에 놓였던 혜강과도 좋은 관계를 유지하며 그를 돕는 데 앞장섰다. 그렇기에 사마 씨 집단이 혜강을 모해하려는 것을 알아채고 이 둘의 관계를 개선시키기 위해 자신의 후임으로 혜강을 천거까지 하였지만, 결국 자신의 이러한 시도가 혜강을 사지로 내몰리게 하는 빌미가 되었다. 이러한 죄책감과 책임감 때문인지 산도는 혜강이 죽은 이후 혜강 가족의 후견인 노릇을 하게 되고, 서진 왕조가 건립된 후 아들 혜소를 비서승에 천거한다.

79) 魏元帝 景元 3년 혜강과 여안이 사마소에 피살된 후 매우 비통해하며 사마 씨의 잔혹함을 증오했지만, 공개적으로 이를 비판할 용기는 없었다. 결국 사마 씨의 압력에 못 이겨 낙양에 가 관직에 오르자 사마소는 그런 향수를 비웃으며, "당신은 원래 기산의 뜻을 품고 있다고 들었는데, 어찌 이곳에 있는가?"라고 묻자, 향수는 "소부와 허유가 비록 강직한 선비이나 요임금의 뜻을 제대로 살피지 못했다고 생각하여 그다지 부러워할 것이 없다고 생각한다(『晉書·向秀傳』, "文帝問曰, 聞有箕山之志, 何以在此? 秀曰: 以爲巢許狷介之士, 未達堯心, 豈足多慕.)."고 대답하여 사마소를 크게 만족시켰다고 한다. 이후 散騎侍郎, 그리고 黃門散騎常侍를 역임하게 된다.

80) 왕융은 그의 재능을 알아본 완적과 나이를 잊고 친구로 사귀었지만, 낭야 왕 씨 출신으로 명문귀족

완적 등 다수의 명사들과 함께 죽림에서 지속적으로 관계를 유지해왔으나, 죽림에서의 모임 자체가 원래부터 정치적 성향을 띠거나 입장이 분명하여 어떠한 목적을 이루기 위해 조직된 것이 아니었기 때문에 혜강이 사마소에 의해 죽임을 당하자 이후 본격적으로 출사하여 높은 관직을 지냈다. 마지막으로 고평릉 정변과 함께 사마 씨 집단의 명사들에 대한 계속된 숙청과 회유로 인해 이들과 당당히 맞서 싸우지도 못하고, 그렇다고 해서 이들과 타협해 관직에 오르기도 싫은 상황 속에서 당시의 예법을 따르지 않고 술과 방탕함으로 일관된 삶을 살아가게 되는 이들도 있었는데, 바로 阮咸과 阮籍, 그리고 劉伶이다. 이들은 '越名教而任自然'의 주장에 대해 혜강처럼 강력하고 단호하게 사마 씨 일가의 명교를 반대하는 대신에 특별히 '任自然'에 주안점을 두었던 것이다.

이들은 이러한 심리적인 갈등과 모순을 해결하고 사마 씨 집단과 대항하는 것을 숨기기 위해 하는 수 없이 별 볼 일 없는 관직을 맡기도 하였고, 목숨을 부지하기 위해 직언을 피하며 그렇게 생활해 갔다. 이 세 사람이 어려운 현실에 직면하여 나름대로의 소신을 지켜가며 삶을 이어갈 수 있었던 것은 '술'이 있었기 때문이다. 사실 이 세 사람뿐만 아니라 죽림칠현 모두의 공통적인 취미 가운데 대표적인 것이 바로 '술'이다. 『世說新語』에서는 일곱 명사들이 '늘 죽림에 모여 마음껏 술을 마시며 즐기곤 했다'고 서술한 바 있는데,[81] 이 가운데 특별히 완적과 유령에게 있어서 술은 단순히 다른

의 자제답게 권력에 대한 욕망 또한 없지 않았다. 시간이 흐르면서 완적은 겉과 속이 다른 왕융의 참모습을 발견하고는 그렇게나 마음에 들어 했던, 너무나 좋은 평가를 해주었던 왕융을 '속물이 와서 분위기 다 망치네.'라고까지 폄하하였다(『晉書・王戎傳』, "籍曰, 俗物已復來敗人意.").

81) "七人常集於竹林之下, 肆意酣暢."(『世說新語・任誕』)

명사들과의 교류를 위해서 필요했던 매개물에 그치지 않았다.

먼저 완적의 경우를 살펴보자. 앞서 설명한 바와 같이 완적은 "어릴 적에 격검을 배웠는데, 그 기술이 하도 좋아 곡서의 한 장수를 뛰어 넘네[82]"라고 술회하면서 尚武정신에 입각하여 전쟁영웅이 되어 건공임업하려는 원대한 포부를 드러낸 적이 있었다. 그러다가 고평릉 정변 이후 '세상의 명사가 거의 모두 죽고 성한 자가 얼마 남지 않은 상황[83]'이 되자 사마 씨 집단의 천거를 통해 관직에 오를 기회가 있었지만 그때마다 병을 핑계로 응하지 않았다.[84] 그때부터 완적은 세상일에 관여하지 않고 오로지 '술'로 세월을 보냈고, 술로 인한 '방탕함'으로 당시 명교사회를 조롱함으로써 세상에 소리 없는 저항을 시작했다.[85] 가령, 모친이 상을 당했을 때 완적은 연회석상에서 술과 고기를 먹는가 하면,[86] 남녀가 유별한데 형수가 친정집으로 돌아갈 때 직접 만나서 작별을 고한 일을 가지고 사람들이 비난하자 "예법이라는 것이 어찌 나와 같은 사람을 위해 만든 것이겠소?"라고 반문을 하기도 했다.[87] 또한 모친상이 아직 끝나지 않았는데 술에 취해 머리를 풀어 헤치고 평상에 앉아 다리를 쭉 뻗고 곡도 하지 않았고,[88] 술에 취한 후 미모를 갖춘 이웃집 부인의 옆에 태연하게 잠을 자기도 했다.[89]

---

82) "少年學擊劍, 妙技過曲城."(「詠懷詩・其六十一」)

83) "屬魏晉之際, 天下多故, 名士少有全者."(『晉書・阮籍傳』)

84) 완적이 스스로 원해서 관직에 나선 적이 한 번 있었는데, 이것도 사실 좋은 술을 마시기 위함이었다. 완적은 나중에 보병의 부엌에 좋은 술 3백 석이 있다는 소리를 듣고 아주 기뻐하며 교위직을 수락했다. 그리하여 그곳으로 가 유령과 함께 즐겁게 마셨다.(『世說新語・任誕』, "步兵校尉缺, 廚中有貯酒數百斛, 阮籍乃求爲步兵校尉." 注引『文士傳』: "後聞步兵廚中有酒三百石, 忻然求爲校尉. 於是入府舍, 與劉伶酣飮.")

85) "籍由是不與世事, 遂酣飮爲常."(『晉書・阮籍傳』)

86) "阮籍遭母喪, 在晉文王坐進酒肉."(『世說新語・任誕』)

87) "阮籍嫂嘗還家, 籍見與別, 或譏之, 籍曰: 禮豈爲我輩設也?"(『世說新語・任誕』)

88) "阮方醉, 散髮坐床, 箕踞不哭."(『世說新語・任誕』)

완적은 이와 같이 당시 예교의 기준으로 볼 때 도를 넘어선 행동들을 많이 저질러 많은 사람들의 비난을 받았지만 완적은 당시 대명사였고, 충분히 이용가치가 있다고 판단한 사마소는 그를 처단해야 한다는 측근의 말에도 아랑곳하지 않고 지극히 관대하게 이런 일들을 대하며 그를 보호하였다.90) 더군다나 앞서 설명한 것처럼 사마 씨 집단은 반봉건적인 수단을 사용하여 권력을 찬탈하려 했고,91) 상중에 술과 고기를 먹는 완적을 보고 '상중이라도 병이 들었을 때는 술을 마시고 고기를 먹는 것이 본래 상례92)'라고 생각하는 그들도 진정한 예교에 대한 의식이 뚜렷하지 않았으니, 완적의 이런 종류의 탈속화나 반봉건적 행위는 문제가 되지 않았다. 그래서 혼란한 시기에 직면한 완적은 한마디로 '濟世之志'를 가지고 적극적으로 사회의 불합리함과 폐단을 바로잡지 못할 상황이라면 '술'이야말로 이와 같은 진퇴양난의 상태에서 어려움을 모면할 수 있는 최상의 방법93)이라 생각했고, 이와 더불어 방탕함으로, 또한 방약무인(任誕)한 태도 등 자신만의 방법으로 시대의 불합리함에 항거할 수 있는 유일한 수단이라94) 믿었다. 다시 말해서 완적은 이 '음주'를 통해 자신의 무기력함에서 오는 고통과 시대의 아픔을 이겨낼 수 있었던 것이다.

---

89) "阮公鄰家婦, 有美色, 當壚酤酒. 阮與王安豐常從婦飲酒, 阮醉, 便眠其婦側."(『世說新語·任誕』)

90) "由是禮法之士疾之若仇, 而帝每保護之."(『晉書·阮籍傳』)

91) 司馬懿는 曹魏 정권의 중추세력이었던 曹爽을 살해하였고, 司馬師는 曹芳을 폐위시켰으며, 司馬昭는 결국 曹髦를 시해하는 등의 반봉건적, 반인륜적 행위를 서슴지 않았다.

92) "且有疾而飲酒食肉, 固喪禮也!"(『世說新語·任誕』)

93) 종회가 중대한 사안을 완적에게 물어 그가 찬성하거나 반대하면 이를 트집 잡아 완적에게 죄를 뒤집어씌울 생각이었지만, 완적은 그때마다 술에 취함으로써 그 상황을 모면했다.(鍾會數以時事問之, 欲因其可否而致之罪, 皆以酣醉獲免. 『晉書·阮籍傳』)

94) 사마소가 자신의 장자인 사마염을 위해 완적의 딸을 간택하고자 연락을 취했을 때 완적은 장장 60일간이나 술에 취해 인사불성이 되어 있어서 말도 꺼내지 못하고 그만둔 적도 있었다.("文帝初欲爲武帝求婚於籍, 籍醉六十日, 不得言而止." 『晉書·阮籍傳』)

"어찌 그대는 내 바지 속에 들어와 있는고?"

죽림칠현 가운데 劉伶은 혜강, 완적 등과 비교해 보았을 때, 사실 사회적 지명도나 영향력에 있어서 그다지 주목을 받지 못했던 인물이었다.[95] 유령의 특징을 설명할 때 항상 '술'을 얘기한다. 그는 술을 매우 좋아하여 위, 진의 명사들 가운데에서도 술 하면 그를 따를 자가 없었으며, 술 취함으로 인해 그가 벌였던 기이한 행적 또한 많은 사람들의 입에 회자되는 것으로 유명하다.

유령과 술 하면 회자되는 유명한 일화가 있다. 유령이 하도 술을 좋아해 그의 아내는 내심 이를 걱정하며 건강을 위해 술을 끊으라고 권면한 바 있는데, 그러자 유령은 그렇게 좋아하는 술을 자신의 의지로는 도저히 끊을 수 없으니 술과 고기를 구해주면 귀신에게 제사를 지내 단주할 것을 맹세하겠노라고 했다. 아내가 술과 고기를 준비해주자 유령은 "하늘이 유령을 낳았고 술로 그 이름을 나게 했습니다. 한 번 마시기 시작하면 10말을 마시고 5말로 해장을 했습니다. 그러니 부디 부인의 말을 듣지 마소서"하고 그 자리에서 모든 술과 고기를 다 먹어버렸다고 한다.[96] 심지어 유령은 대낮에 술을 잔뜩 마시고 알몸으로 집에서 누워 자다가 때마침 찾아온 손님이 이를 괴이하게 여기자 오히려 그에게 "나는 천지를 내 집의 지붕으로 여기고 내 집을 속바지로 여겨왔는데 어찌 그대는 내 바지 속에 들어와 있

---

95) 심지어 유령은 죽림칠현뿐만 아니라 다른 유명한 명사들처럼 출중한 외모를 갖고 있지 못한, 아니 오히려 '키는 6척 정도이고 용모는 매우 추하다'고 평가될 만큼 그저 그런 인물이었다(『晉書·劉伶傳』, "身長六尺, 容貌甚陋.").

96) "劉伶病酒, 渴甚, 從婦求酒. 婦捐酒毀器, 涕泣諫曰: 君飮太過, 非攝生之道, 必宜斷之! 伶曰: 甚善. 我不能自禁, 唯當祝鬼神自誓斷之耳. 便可具酒肉. 婦曰: 敬聞命. 供酒肉於神前, 請伶祝誓. 伶跪而祝曰: 天生劉伶, 以酒爲名; 一飮一斛, 五斗解酲. 婦人之言, 愼不可聽. 便引酒進肉, 隗然已醉矣."(『世說新語·任誕』)

는고?"97)라고 반문하였다. 물론 유령의 이러한 언사는 당시 상황으로 볼 때 충분히 법도에 어긋나고 가히 퇴폐적이라 할 수 있으나, 이를 통해 유령의 삶에 대한 달관한 태도와 그가 세속의 예법에 얽매이지 않는 지극히 자유로운 경지에 도달해 있음을 짐작해 볼 수 있다. 한마디로 술은 유령에게 있어서 현실의 모순과 갈등을 잊게 해주는 동시에 현실을 대하는 자기 나름의 최선의 방법이자 세상과 소통하는 유일한 수단이었던 것이다.

이와 더불어 유령이 술을 마시고 행했던 이 모든 것들은 바로 유령 자신의 세상과 세속적인 사람들에 대한 일종의 멸시인 셈이다. 즉, 상대방을 낮추고 깔보는 식이 아닌 오히려 자신을 형편없이 무너뜨리고 낮춤으로써 그런 부류와는 상종하지 않으며,98) 다른 방식을 사용하여 세상에 대항하는 일종의 정신승리법이라 할 수 있다. 유령은 이처럼 평생 술을 좋아했고, 행동은 방탕하고 얽매임이 없었으며, 세속적이고 형식적인 예교에 구속되지 않는 자유로운 삶을 추구했다.

그는 또한 "항상 우주를 매우 작게 보며 만물은 다 동일하다"99)고 생각하면서 일체의 세속적 가치와 우열을 중요하게 생각지 않았고, 죽고 사는 문제에 대해서도 지극히 초연하고 달관된 모습을 보여주었던 것이다. 그는 항상 한 손에는 술병을 들고 사슴이 끄는 수레를 타고 다니면서 시종에게는 삽을 들고 뒤를 따라오게 하였다. 그리고 그에게 "내가 술을 마시다가 죽으면 바로 그 자리에 나를 묻으라."100)고 했단

---

97) "劉伶恒縱酒放達, 或脱衣裸形在屋中, 人見譏之. 伶曰: 我以天地爲棟宇, 屋室爲禪衣, 諸君何爲入我禪中!"(『世說新語·任誕』)

98) "澹默少言, 不妄交游."(『晉書·劉伶傳』)

99) "常以細宇宙齊萬物爲心."(『晉書·劉伶傳』)

100) "劉伶初不以家産有無介意. 常乘鹿車, 攜一壺酒, 使人荷鍤而隨之, 謂曰: 死便埋我."(『晉書·劉伶傳』)

다. 이처럼 유령은 자신의 생각대로 '육체를 흙이나 나무처럼 여기면서 술을 마심으로써 한 세상을 즐겁게 노닐었던 것'이다.[101]

완적은 술을 이용하여 세상을 초월하고 자신의 웅대한 포부를 이루지 못한 데서 오는 명사로서의 책임감과 갈등을 잊었다면, 유령은 오직 술로 세상과 소통하고 자신의 삶의 의의를 찾고자 했던 것이다. 東晋의 王孝伯은 명사와 술의 관계에 대해 다음과 같이 말했다. "명사는 기이한 재주는 필요로 하지 않는다. 늘 한가함을 빌려 술을 통쾌하게 마시며 굴원의 이소를 즐겨 읽으면 가히 명사라 할 수 있다."[102] 대명사가 되기 위해서 여러 능력과 재주를 가지고 있어야 하는데, 그 가운데 술을 가장 으뜸으로 여기는 것을 보면 당시 술이 명사에게 있어서 얼마나 중요한 것인지를 짐작해 볼 수 있다.

혜강은 高平陵政變 이후 명사들의 대규모 살육과 또한 竹林七賢의 해산을 겪으면서 정신적으로 적지 않은 타격을 입게 되어 세속의 풍파를 피해 본격적으로 자연으로 귀의하여 은거하며 생명을 보존하고 자신의 뜻대로 살아가기를 소망하게 된다. 혜강은 은거하는 동안 스스로 養生術을 익혀 세간의 모든 모순과 고통으로부터 벗어나 정신적 초탈을 꿈꾸기도 했다. 그의 지기인 산도에게 보내는 서신에 평소 마음으로부터 그리던 이상과 소망을 다음과 같이 나타내기도 했다.

> 나는 평소 양생술을 배워 세상의 영화를 버리고 맛을 멀리하며, 고요함 속에 마음을 노닐게 하고, 아무것도 하지 않음을 귀하게

---

101) "土木形骸, 遨遊一世."(『世說新語·文學』引「文士傳」)

102) "王孝伯言, 名士不必須奇才. 但使常得無事, 痛飮酒, 熟讀離騷遊, 便可稱名士."(『世說新語·任誕』.)

여긴다.103)

또한

> 신선은 비록 눈으로는 직접 볼 수 없지만 책에 기록되어 있고 과
> 거의 역사 속에서도 전해져 내려오고 있다. 이를 서로 비교해 말
> 해 보자면 신선은 반드시 존재한다. (신선은) 특별한 기운을 받았
> 고, 그러한 기운은 날 때부터 하늘로부터 부여받은 것이므로 후
> 천적인 배움을 통해 그러한 경지에 다다를 수 있는 것은 아니
> 다.104)

현실이 고달프다 못해 고통스럽고 참혹한 상황일수록 불로장생에
대한 사람들의 염원은 늘 존재해왔다. 이러한 사람들의 공통적인 특
징은 불로장생할 수 있는 약을 구해 신선처럼 죽지 않고 영원히 살고
자 하는 욕망만 가득할 뿐, 이를 위해 체계적으로 연구하고 고민하지
않았다는 것이다. 그러나 혜강은 元氣自然論105)을 토대로 직접 養生
論을 저술하였을 뿐만 아니라 산중을 헤매며 약초를 채집하는 등 많
은 노력을 기울여 양생술을 익혔다. 혜강은 본래 '단약 복용하는 것을
좋아하여 일찍이 선약을 채집하였다. 또한 신선이라는 것은 자연으
로부터 부여받은 것이라 학문을 통해 이룰 수 있는 것은 아니라고 생
각했다. 그렇지만 양생을 위한 올바른 방법과 이치를 터득하게 된다
면 안기, 팽조와 같이 천수를 누릴 수가 있다고 생각하였기에 양생론

---

103) "我頃學養生之術, 方外榮外, 去滋味, 游心於寂寞, 以無為為貴."(「與山巨源絶交書」)

104) "夫神仙雖不目見, 然記籍所載, 前史所傳, 較而論之, 其有必矣."(「養生論」)

105) '元氣自然論'은 漢代 王充 철학의 핵심으로 道家의 無為自然 사상을 바탕으로 세상의 모든 만물은
이른바 '元氣'에 의해 생성되었는데, 자연은 이런 元氣의 기본적인 속성이며, 세상의 모든 변화는
元氣自然의 체현이라고 보았다. 이 元氣는 精氣, 陰陽의 氣, 五行의 氣라고도 하는데, 이들 모두
元氣의 다른 유형이다.

을 저술한 것'106)이다.

사실 혜강은 이미 일찍부터 노장사상에 심취하여 신선의 세계가 존재함을 인정하며 비록 신선은 될 수 없지만 열심히 노력만 한다면 하늘로부터 부여받은 천수를 누릴 수 있다고 믿었다. 이와 같이 혜강은 어렸을 적부터 '노장사상에 심취하여 세상적인 것을 천하게 여기고 자신의 생명을 귀하게 여겼으며 오로지 순박함을 지키는데 뜻을 두었다107)'고 얘기한 바 있는데, 스스로 '나의 스승은 오로지 노자와 장자'108)임을 고백하기도 했다. 혜강은 사상적으로 도가에 심취하고 말로만 이상향을 동경한다고 하지 않고 실제로 '직접 자연으로 귀의(任自然)'하여 생활하는 것을 즐겨했다.

> 혜강 집에는 한 그루의 잎이 무성한 버드나무가 있었는데, 물을 끌어다가 나무에 물을 주었다. 매년 여름이 되면 그 아래에서 풀무질을 하곤 했다. 어느 해 초 혜강의 형편이 어려워지자 향수와 함께 큰 나무 아래서 풀무질을 하면서 생계를 꾸려나갔다.109)

혜강은 산양에서 생활하면서 비교적 한가롭고 평온한 일상을 보낼 수 있었다. 심심하면 친구, 특히 자신의 知己인 여안을 천리가 멀다하지 않고 찾아가 많은 얘기를 나누는가 하면, 음악에도 조예가 깊어 거문고 연주하기를 좋아하였는데, 혜강은 이 음악으로 외로움을 달

---

106) "性好服食, 嘗採御上藥. 以爲神仙者, 稟之自然, 非積學所致. 至於導養得理, 以盡性命, 若安期, 彭祖之倫, 可以善求而得也, 著養生篇."(『三國志・魏書・王粲傳』)

107) "托好老莊, 賤物貴生, 志在守樸."(「幽憤詩」)

108) "老子莊子, 吾之師也."(『晉書・稽康傳』)

109) "宅中有一柳樹甚茂, 乃激水圜之, 每夏月, 居其下以鍛. …初, 康居貧, 嘗與向秀共鍛於大樹之下, 以自贍給."(『晉書・稽康傳』)

래기도 했었다.110) 그가 머무는 집 옆에는 대나무 숲이 있고, 그 앞으로 맑은 개울물이 흐르며, 멀지 않는 곳에 잎이 무성한 버드나무 한 그루도 있었다. 바로 그 버드나무 아래에서 혜강은 취미로 '打鐵', 즉 철을 두드려 여러 도구 등을 만드는 일을 했는데, 그 기술이 매우 좋아 한때 집안 형편이 어려워져 향수와 함께 생업으로 한 적도 있었다.

혜강은 이렇듯 어릴 적부터 어떤 것에도 얽매이지 않은 자유로움을 추구하여 中散大夫111)직을 그만두고 낙양을 떠난 이후 비록 생활은 넉넉지 않아 자신의 손으로 직접 농사일을 하고 철을 두드려가며 생계를 이어나가야만 했었다. 하지만 혜강은 이런 것들을 별 대수롭지 않게 여기며 은거하는 동안 세상일에 일체 관여하지 않으면서 정신적인 안돈과 한적함을 추구하고자 했다. 그래서인지 혜강과 오랫동안 함께 지냈던 왕융은 "혜강과 20여 년을 함께 지냈지만 단 한 번도 기뻐하거나 화를 내는 일을 본 적이 없다"112)고 고백한 바 있다. 혜강은 한마디로 "탁주 한 사발과 거문고 한 곡조면 자신의 뜻을 모두 이룬 것이나 다름없다"113)며 그런 소박하고 정신적인 자유를 추구하는 이상적인 삶을 염원했다. 혜강은 자신이 실천할 수 있는 방식으로, 그리고 직접 실천에 옮김으로써 자신이 그토록 원하던 '任自然'의 이상적인 삶의 방식을 추구하였던 것이다.

---

110) 「琴賦」에 이르길, "사물에는 성함과 쇠함이 있지만 음악에는 그런 변화가 없고, 맛있는 음식도 싫증날 때가 있지만 음악은 지겹지 않다. (음악으로써) 정신을 이끌어 기르고 감정을 펼치고 조화시키며, 곤궁과 고독에 처했을 때 번민하지 않을 수 있게 할 수 있는 것 중에 음악만한 것이 없다. (物有盛衰而此無變, 滋味有厭而此不倦. 可以導養神氣, 宣和情志, 處窮獨而不悶者, 莫近於音聲也)"
111) 中散大夫는 관직의 이름으로 줄여서 '中散'이라고도 한다. 漢代 王莽 시기 혹은 光武帝 때 생겨난 관직으로 정사를 논의하는 일을 주 업무로 한다.
112) "與康居二十年, 未嘗見其喜慍之色."(『世說新語·德行』)
113) "濁酒一杯, 彈琴一曲, 志顯畢矣."(「與山巨源絶交書」)

(3) 성장환경과 혼란으로 점철된 시대적 모순

방탕하고 얽매임이 없었던 유년시절

혜강은 어릴 적 아버지를 여의고 어머니와 형의 손에 자라나 자애로움은 있었지만 엄격함은 없었기에 자연스럽게 '자기 마음대로 하고 싶은 것을 하는 그런 성격'이 형성된 것으로 보인다. 「與山巨源絶交書」에 이런 자신의 성격에 대해 자세히 설명하고 있다.

> 어릴 적 아버지가 일찍 돌아가셔서 어머니와 형으로부터 지나친 사랑을 받고 성장했으며, 유가의 경전은 공부하지 못했다. 성격은 부주의하고 게으르며, 근육은 무디고 살은 헐렁거렸다. 얼굴은 늘 한 달이면 보름을 씻지 않았고, 특별히 가렵지 않으면 목욕도 하지 않았다. 매번 소변이 마려울 때는 참고 일어나지 않고 오줌을 방광에서 이리저리 굴리다가 그것이 극도로 팽창하고 난 후에야 비로소 일어났다. 이렇게 방종하고 제멋대로 행동한 지 이미 오래되어 성질은 고집스럽고 산만하니 예법과는 거리가 멀었으며, 게으름과 오만함이 서로 조화를 이루었다.[114]

이것으로 볼 때, 혜강의 이른바 '직설적이고 속이 좁으며 여러 가지 참지 못하는 성격[115]'은 어린 시절 제대로 된 가정교육을 받지 못한 데에서 비롯되었던 것 같다. 아버지가 어릴 적 돌아가시자 유가사상에 입각한 아버지의 엄한 가르침을 받을 수 없게 되었고, 상대적으로 어머니와 형의 편애를 받고 자랐기에 하고 싶은 대로 하고, 하기 싫은 것은 참지 못하는 자유방임적 성격이 형성되었던 것이다. 이렇게 자라난 혜

---

114) "加少孤露, 母兄見驕, 不涉經學. 性復疏嬾, 筋駑肉緩. 頭面常一月十五日不洗. 不大悶癢, 不能沐也. 每常小便而忍不起, 令胞中略轉乃起耳. 又縱逸來久, 情意傲散, 簡與禮相背, 嬾與慢相成."

115) "吾直性狹中, 多所不堪."

강은 청년이 되어서도 여전히 '방탕하고 얽매임이 없고(放達不羈)', '제멋대로 자기 하고 싶은 대로 하는 생활(任性肆意)'을 지속하게 된다.

이와 같은 혜강의 가정환경은 방탕하고 구속됨이 없는 성격 형성에 중요한 영향을 주었을 것이고, 이런 성격으로 말미암아 후일 혜강이 도가사상에 심취하고 은일사상을 갖게 되는데 중요한 계기가 되었을 것이다. 다시 말해서, 엄격한 아버지의 훈계와 가르침의 부재 속에서 혜강은 자신이 원하는 삶의 방식을 선택할 수 있었으며, 또한 마음껏 자신이 보고 싶은 책을 볼 수 있었기에 본래 '집안 대대로 유학을 숭상'[116]하였음에도 불구하고 도가사상에 심취하였고, 이에 따라 지극히 자유로움을 숭상하고 구속됨이 없는 성격이 형성되었다. 「幽憤詩」에도 이러한 자신의 성격에 대해 한탄하고 있다.

> 나의 복 없음을 한탄한다. 어렸을 때 불행한 일을 당했으며 내가 외롭고 철없음을 불쌍히 여긴다. 강보에 싸였을 때 아버지를 여의고 어머니와 어른들의 손에 자라 성인이 되었는데, 다만 자애만 있었을 뿐 위엄은 없었네. 어머니와 어른들이 나를 편애하여 제멋대로 행동하고 오만해졌으며, 어떤 훈육도 받지 못했고 스승의 가르침도 없었다. 성년이 되어서도 총애만 믿고 방종하였으며 뜻을 높게 세우고 고인의 도를 숭상하였네. 노장사상을 좋아하여 사물을 천히 여기고 몸을 귀히 여겼으며 그 뜻을 도를 지키는 것에 두고 소양을 기르고 진심을 보존하였네.[117]

「幽憤詩」는 혜강이 '呂安사건'[118]에 연루되어 옥에 갇힌 후 참회의

---

116) "家世儒學."(『晉書·稽康傳』)

117) "嗟余薄祜, 少遭不造. 哀煢靡識, 越在襁褓. 母兄鞠育, 有慈無威. 恃愛肆姐, 不訓不師. 爰及冠帶, 馮寵自放. 抗心希古, 任其所尚. 託好老莊, 賤物貴身. 志在守樸, 養素全真."

118) 呂巽이 그의 동생 呂安의 처인 徐氏를 욕보이자 여안과 절친한 사이인 혜강은 집안일이 외부로 전해져 확대되는 것을 막아 패가망신되지 않도록 하기 위해 다시는 이와 같은 일이 벌어지지 않도록 呂巽의 보장을 받고 여안에게 呂巽을 고발하지 말도록 했다. 그러나 呂巽은 일이 발설될까

심정으로 써 내려간 유언과 같은 작품이다. 위 단락에서 알 수 있듯이 혜강은 어릴 적 일찍부터 아버지를 여의고 어머니와 형의 손에 자라 성년이 되었다. 성장 과정 중에 받아야 할 아버지의 엄한 훈계도 스승의 올바른 가르침도 없었기에 자연스럽게 '매우 강직하여 악을 싫어하며, 경솔하고 말을 직선적으로 하며 어떤 일에 부딪혔을 때 즉각적으로 반응하는 성격'119)이 형성되었으며, 후에 노장사상에 심취하여 그의 가치관은 더욱 도가적 성향을 띠게 되었다.

'일곱 가지 참을 수 없는 것과 두 가지 할 수 없는 것'

이와 같은 혜강의 도가적 성향은 장성한 후 관직생활에까지도 영향을 미친다. 죽림칠현 중 혜강과 가장 가까운 사이였던 산도가 자신의 후임으로 혜강을 천거하려 하자 혜강은 자신이 얼마나 관직생활에 부적합한 사람인지 설명하기 위해 '일곱 가지 참을 수 없는 것(七不堪)'120)과 '두 가지 할 수 없는 것(二不可)'121)을 제시하며 관직을

두려워 오히려 여안을 불효죄로 고발하였고, 이에 격분한 혜강은 呂巽과 절교를 선언하며 여안의 무고함을 위해 위험을 무릅쓰고 그를 변호하기에 이른다. 이 일은 결국 후에 사마 씨 집단이 당시 눈엣가시와 같은 존재였던 혜강을 옥에 가두고 죽음에까지 이르게 한 결정적인 원인이 되었다.

119) "剛腸疾惡, 輕肆直言, 遇事便發."(「與山巨源絶交書」)

120) 나는 한번 누우면 늦게 일어나기를 좋아하는데 당번이 불러 깨우며 그냥 두지 않으니 이것이 첫 번째 감당하지 못하는 것입니다. 거문고를 안고 노래를 부르며 초야에서 고기 잡고 새 잡는 것을 좋아하는데, 관리들이 그것을 지키고 있어 마음대로 행동하지 못하니 이것이 두 번째 감당하지 못하는 것입니다. 오랫동안 정좌하고 있으면 다리에 마비가 와 움직이지 못하고, 천성이 지저분하여 몸에 이가 많아 쉴 새 없이 긁어야 하는데 관리가 되면 마땅히 관복을 입고 상관에게 경례를 해야 하니, 이것이 세 번째 감당하지 못할 일입니다. 그리고 나는 평소에 글을 잘 쓰지 못하고 글 짓는 것도 좋아하지 않는데, 관리가 되면 세상의 번잡한 일들로 나의 책상엔 서류가 많이 쌓이고 그것에 일일이 답을 하지 못하면 교화와 의리를 해치게 됩니다. 나름대로 열심히 하려 하나 그것이 오래 못가니, 이것이 네 번째 감당하지 못하는 일입니다. 또한 문상 가는 것을 좋아하지 않으나 세상은 이러한 도를 매우 중요하게 생각하여, 나를 이해하지 못하는 사람들에게 원망을 사고 심지어는 이것으로 인해 중상모략을 당하는 경우도 있습니다. 나는 비록 이것이 매우 두려워 자책도 해 보지만, 본성은 쉽게 변하지 않아 자기를 굽혀 세상에 맞추려 하여도 그것은 거짓이기 때문에 역시 칭찬도 비난도 받지 않는 경지를 얻을 수가 없습니다. 이것이 바로 다섯 번째 감당할 수

고사하는 동시에 이를 계기로 산도와 절교를 선언하기에 이른다. 관직에 적합하지 않은 아홉 가지 이유들을 종합해보면, 대체적으로 위에서 언급한 대로 '어려서부터 형성된 자유분방한 성격과 행동' 때문에 관직 생활을 하면 본인의 성격대로 살지 못할 것을 우려하였고, 혹여 '관직 생활을 하게 되면 잘 적응하지 못해 좋지 않은 결과들이 발생'할 것이라는 것 등이다.

특히 혜강은 '非湯武而薄周孔'이라며 유가의 성인들에 대해 부정적인 입장을 표명하고 있는데, 그 이유는 아마도 탕왕과 무왕은 무력으로 천하를 안정시켰고, 주공은 어린 성왕을 도와 섭정을 했으며, 공자는 늘 요순에 대해 말하기를 좋아했는데, 요순이 천자의 자리를 선양했다는 사실을 통해 당시의 정치현실을 날카롭게 지적하며 비판하고 있는 것으로 보인다.[122] 하지만 혜강은 長樂公主를 아내로 맞이하여 曹魏宗室과 인척관계를 맺고 中散大夫의 벼슬을 지낸 이력을 갖고 있는 것을 보면, 위에서 언급한 이른바 懶(게으름)와 散(산만함),

---

없는 일입니다. 세상 사람들을 싫어하는데 벼슬을 하면 이런 사람들과 함께 일해야 하고, 혹은 손님들이 몰려와 시끄러운 소리로 귀를 어지럽게 하면서 소란스럽게 먼지를 일으키며 냄새를 피우고, 온갖 잡기를 부리는 사람들이 눈앞에 있을 것인데, 이것이 여섯 번째 참지 못할 일입니다. 내 마음은 번거로움을 참지 못하는데, 직무가 마음에 걸려 끊임없이 나의 마음을 어지럽게 하고 세상 일은 더욱 근심거리를 만드니 이것이 일곱 번째로 감당하지 못하는 것입니다. (臥喜晚起, 而當關呼之不置; 一不堪也. 抱琴行吟, 弋釣草野, 而吏卒守之, 不得妄動; 二不堪也. 危坐一時, 痺不得搖, 則犯教傷義; 欲自勉强, 則不能久; 四不堪也. 不喜弔喪, 而人道以此為重, 已為未見恕者所怨, 至欲見中傷者; 雖懼然自責, 然性不可化, 欲降心順俗, 則詭故不情, 亦終不能獲無咎無譽, 如此五不堪也. 不喜俗人, 而當與之共事, 或賓客盈坐, 鳴聲聒耳, 塵囂臭處, 千變百伎, 在人目前, 六不堪也. 心不耐煩, 而官事鞅掌, 萬機纏其心, 世故煩其慮, 七不堪也.)

121) 나는 항상 은나라 탕왕과 주나라 무왕을 비난하고 주공과 공자를 무시하는데, 세상에 나가서도 이 일을 그치지 않는다면, 그 일이 드러나 명교에 용서받지 못할 일일 것이다. 이것이 내가 관직을 맡아서는 안 될 첫 번째 이유이다. 그리고 나는 성격이 강직하고 악을 미워하고 경솔하며 말을 직선적으로 하여 어떤 일에 부딪치면 즉시 반응을 하는데 이것이 관직을 맡으면 안 될 두 번째 이유이다(又每非湯武而薄周孔, 在人間不止此事, 會顯世教所不容, 此甚不可一也. 剛腸疾惡, 輕肆直言, 遇事便發, 此甚不可二也.).

122) 「魏晉風度及文章與藥及酒之關係」, 『魯迅全集·第三卷』 (北京: 人民文學出版社, 2013), 390쪽

그리고 傲(오만함)와 怪(괴이함) 등 단순히 성격상의 장애를 이유로 관직생활을 할 수 없다고 한 것은 어쩌면 과장된 핑계일 수 있는데, 당시와 같이 문벌세가들에 의해 관직이 독점되어 벼슬을 얻기 힘든 상황 속에서 이런 것들은 사실상 관직에 오르지 못하는 정당한 이유가 될 수 없었기 때문이었다.

또한 절교서의 내용을 자세히 살펴보면 혜강은 비록 '노자와 장자는 나의 스승'이라고 천명하고는 있지만, 이른바 '內聖外王'이라는 유가전통의 이상적 인격에 대해서도 매우 긍정적인 평가를 내리고 있는 것을 볼 수 있다. 가령, 혜강은 절교서의 첫 부분에 '천하를 모두 잘 다스리고 지조가 있는 사람(並介之人)'을 이상적인 인물로 언급하면서 그의 인품을 찬양하고 있는 것을 볼 수 있다. 즉,

> 달인이 있어 그는 참지 못하는 것이 없고 외형적으로는 일반 사람들과 하나도 다를 바가 없지만, 그 속마음은 정도를 잃지 않는다. 또한 그는 세속과 함께 더불어 흘러가지만 근심하고 두려워하는 일이 없다.123)

혜강이 찬미하는 이상적인 인물상이 성인에 대한 왕필의 견해와 매우 흡사하다는 것을 알 수 있다. 왕필은 당시 청담의 중요한 주제 중 하나였던 '성인에게 감정이 있고 없음(聖人有情無情)'에 대해서 何晏과는 달리 성인은 보통사람들과 마찬가지로 이른바 喜, 怒, 哀, 樂, 慾 등 하늘로부터 부여받은 자연적 본성인 감정을 가지고 있으며, 그럼에도 불구하고 '성인'으로 추앙받는 이유는 보통사람들보다 더욱 많은 '神明'을 갖고 있어 어떠한 감정의 간섭과 속박

---

123) "有達人而無所不堪, 外不殊俗, 而內不失正; 與一世同其波流, 而悔吝不生耳."(「與山巨源絶交書」)

도 받지 않고 이를 절제하여 거의 감정이 없는 지경에까지 도달할
수 있다고 주장하기도 했다.

사실 혜강은 『聖賢高士傳贊』 외에도 자신의 다른 작품에서 새로
운 인물에 대한 주장을 드러낸 바 있는데, 「與山巨源絶交書」에서는
혜강 자신이 존경하는 이상적 인물들의 전형과 삶의 방식에 대해서
다음과 같이 설명하고 있다.

> 노자와 장자는 나의 스승으로 이들은 몸소 비천한 직책에 머물러
> 있었다. 유하혜와 동방삭은 달인이면서도 비천한 자리에 있는 것
> 에 태연하였다. 이러니 내가 어찌 그들을 얕잡아 볼 수 있겠는가?
> 또한 공자는 세상을 두루 사랑하였으면서도 부유해지는 것이 추
> 구할 만한 것이라면 수레를 모는 일도 부끄러워하지 않았으며, 자
> 문은 결코 높은 벼슬에 대한 욕심이 없었지만 세 번이나 정승자리
> 에 올랐으니 이것이 바로 군자가 세상을 구제하려는 뜻이 있었기
> 때문이다. 그래서 이른바 '영달하면 능히 천하 사람들을 두루 선
> 하게 하면서 뜻을 바꾸지 않고, 곤궁해지면 스스로 편안해 하며
> 번민이 없다'는 말이 있는 것이다. 이것으로 볼 때, 요임금과 순임
> 금이 천하의 임금이 되었던 것과 허유가 임금 자리를 버리고 바위
> 굴에 숨어살았던 것, 장량이 유방을 보필하여 한나라를 건국했던
> 것과, 접여가 한가로이 거닐고 노래하며 소요했던 것 등은 (사는
> 방식에서는 판이하게 달랐지만) 처세의 원칙에서는 모두 일치하는
> 것이다. 그러므로 군자는 다양한 행위를 함에 있어 길은 다르지만
> 목적이 같고, 자기의 천성에 따라 행동하여 각자 편안한 바에 부
> 합하는 것이라네. 그래서 '조정에 거하면 떠나지 않고, 산림에 들
> 어가면 돌아오지 않는다.'라는 말이 있는 것이다. 또 계찰은 자장
> 의 풍모를 숭상하였고, 사마상여는 인상여의 절조를 사모하였다
> 네. 이렇게 각자의 지향과 기질에는 의탁하는 바가 있는 것이니 이는
> 누가 강제로 빼앗을 수 없는 거라네.[124]

---

124) "老子, 莊周, 吾之師也, 親居賤職. 柳下惠, 東方朔, 達人也, 安乎卑位. 吾豈敢短之哉. 又仲尼兼愛,
不羞執鞭, 子文無欲卿相, 而三登令尹; 是乃君子思濟物之意也. 所謂達能兼善而不渝, 窮則自得而無
悶. 以此觀之, 故堯舜之君世, 許由之巖棲, 子房之佐漢, 接輿之行歌, 其揆 一也. 仰瞻數君, 可謂能逐
其志者也. 故君子百行, 殊塗而同致. 循性而動, 各附所安. 故有處朝廷而不出, 入山林而不反之論. 且

혜강은 '노자와 장자는 나의 스승'이라 말하면서 도가를 대표하는 유하혜와 동방삭의 풍모를 사모하고 있음을 고백하고 있을 뿐만 아니라 孔子, 子文 등도 열거하면서 이들 모두가 세상을 구제할 뜻을 지니고 있음을 찬양하고 있다. 또한 혜강은 '요와 순임금이 천하의 임금이 되었던 것(堯舜之君世)'과 '허유가 임금 자리를 버리고 바위굴에 숨어 살았던 것(許由之巖棲)', '장량이 유방을 도와 보필하여 한나라를 건국했던 것(子房之佐漢)', '접여가 한가로이 거닐고 노래하며 소요(接與之行歌)'했던 사례들을 통해 그들의 높은 이상과 신념을 따를 만한 가치가 있다고 판단하며 이상적인 인물의 본보기로 삼고 있다.

이들 가운데에는 도가의 대표적인 인물도 있고 유가에서 그 인품이 뛰어나거나 성인으로 추앙받는 사람도 있는데, 도가든 유가든 비록 목표에 도달하는 방법이 다를 뿐 어차피 그 추구하는 목표는 같다는 혜강의 고백으로 볼 때, 당시 명교와 자연의 논쟁에 있어서 혜강 자신이 겉으로는 '越名敎而任自然'이라는 명제를 통해 명교, 즉 유가를 부정하고 도가로 귀의할 것을 주장한 것처럼 보이나 실은 王弼과 何晏이 내세웠던 '명교는 자연에서부터 나왔다(名敎出於自然)'는 주장처럼 명교의 입장에서 자연과의 조화를 위해 노력한 흔적을 다소나마 엿볼 수 있다. 다만 명교와 자연의 구체적인 내용은 혜강의 사상체계 속에서 다른 의미를 갖고 있다고 볼 수 있기 때문에 절교서에서 제시한 '非湯武而薄周孔'의 주장을 통해 그가 정말 비난하고 경멸하려 했던 것은 글자 그대로의 유가나 명교는 아니었을 것이다.

延陵高子臧之風, 長卿慕相如之節. 志氣所託, 不可奪也. 吾每讀尚子平臺孝威傳, 慨然慕之, 想其為人."(「與山巨源絶交書」)

산도와 절교한 혜강, 그러나 산도와 절교한 것이 아니다!

그렇기 때문에 혜강의 이 같은 절교선언은 어찌 보면 이치에 맞지 않는 모순된 행동처럼 보이나 사실 산도에 대한 절교선언의 진정한 목적은 바로 司馬氏 집단과는 절대로 어떠한 관계도 맺지 않겠다는 자신의 입장을 만천하에 알리고자 함일 것이다. 왜냐하면 혜강이 비록 노장사상을 숭상하고 유가 경전 이외의 학문에도 많은 흥미를 갖고 있었지만, 위에서 살펴본 바와 같이 혜강은 완적과 마찬가지로[125] 일찍이 '濟世之意'[126]를 갖고 있었기 때문에, 당시 사마 씨 집단이 정권찬탈 과정 중 황제인 曹髦를 시해하는 등의 극악무도한 만행을 저지르면서도 불효했다는 이유로 정적을 무참하게 살해하는 등의 일들에 대해 차마 더 이상은 간과할 수 없었던 것이다.

마침 그때 산도가 자신을 천거하여 이러한 극악무도한 정권의 관리가 되도록 했을 때, 혜강은 계속 은거생활을 하며 이런 것들을 보고도 못 본 체, 들어도 못 들은 체할 수 없어 결국 그 일이 있은 지 2년이 지난 뒤에야 비로소 세상에 자신의 정치적 입장을 명확하게 밝혀야 할 필요성을 느끼고 자신의 가장 친한 친구인 산도에게 절교서를 보냄으로써 사마 씨 집단과는 함께할 뜻이 전혀 없음을 우회적으로 표명하고자 했던 것이다. 그 후 혜강은 모함에 빠져 옥에 갇히고 결국 사형을 당하게 되었고 혼자 남게 될 아들에게 "산

---

125) "籍本有濟世志, 屬魏晉之際, 天下多故, 名士少有全者."(『晉書‧山濤傳』)

126) 255년 鎭東將軍 毌丘儉과 揚州刺史 文欽이 淮南에서 태후를 앞세워 사마 씨에 대항하기 위해 군대를 일으키자, 혜강 역시 이를 돕기 위해 군대를 동원하여 이에 호응하려 하였다. 이에 대해 산도에게 어떻게 할지를 물어보았는데, 이에 관한 기록은 『三國志』卷 二十一 「王粲傳」에 世說新語를 인용한 것에 잘 나타나 있다. 즉, "毌丘儉反, 康有力, 且欲起兵應之, 以問山濤, 濤曰, 不可. 儉亦已敗."

공이 있으니 너는 혼자가 아니다!"127)라고 말하는 것을 보면 산도에 대한 무한한 신뢰와 혜강의 진의를 짐작할 수 있기에 혜강이 절교서를 통해 절교하고자 비난하고자, 그리고 경멸하고자 한 대상은 전통 유가사상과 명교가 아닌 바로 司馬氏 집단과 정권탈취를 위해 수단으로 사용되었던 허울 좋은 명교 즉, '假名教'였음을 알 수 있는 대목이기도 하다.

---

127) "康後坐事, 臨誅, 謂子紹曰: 巨源在, 汝不孤矣!"(『晉書 · 山濤傳』)

제2장

嵇康 『聖賢高士傳贊』에 수록된 인물 이야기

『聖賢高士傳贊』의 중요한 문헌적 가치와 함께 이에 수록된 隱士들의 자세한 행적과 기사를 통해 혜강이 제시하려는 인물론과 올바른 가치관을 이해할 수 있다. 『聖賢高士傳贊』은 온전하게 지금까지 전해져 내려온 것이 없어 원래 수록된 인물들의 전모를 파악할 수는 없지만 다행히도 戴明揚이 校注한 『嵇康集校注』[1]에 다수의 인물행적이 정리, 수록되어 있어 이를 번역의 저본으로 삼았다.

1. 『聖賢高士傳贊』의 편찬 동기와 방법

혜강은 漢末 魏初 시대에 부합한 인물을 찾아 제시하려는 시대적 분위기 속에서 역대로 칭송을 받아오던 많은 隱士 가운데 자신의 일정한 기준에 부합하는 인물들을 선별하여 『聖賢高士傳贊』을 편찬하였다. 『聖賢高士傳贊』의 편찬 동기에 대해 다음과 같이 설명하고 있다.

혜강은 玄理를 논하는 것을 좋아하고 문장을 잘 지었다. 그의 문장에는 고상한 정서와 원대한 취지, 그리고 심오한 뜻이 담겨져

---

1) 戴明揚校注, 『嵇康集校注』, 北京: 人民文學出版社, 1962年

있어 세상에 따라올 자가 없었다. 상고 이래 세속을 초월한 은자
들을 위해 행적을 기록하고 품평을 해 놓았는데, 그 사람들과 벗
하며 오랫동안 함께하기를 원했다.2)

　혜강은 위진 시대 다채로운 재능을 가진 명사였다. 그는 시대를
대표하는 대명사답게 출중한 인품과 용모를 지녔으며,3) 음악에도
조예가 깊어 「聲無哀樂論」4)과 「琴賦」5)와 같은 음악이론저서를 남
기기도 했고, 게다가 서법에도 능한 그야말로 다재다능한 예술가였
다.6) 문학적 재능이 뛰어나 뛰어난 문학작품을 많이 남겨 정시문학
을 대표하는 문학가로서 그 이름을 떨치기도 하였다. 특히 혜강은
당시 玄理에 뛰어난 현학가답게 논지가 명확한 논설문을 잘 지었던
당대의 문장가이기도 했다. 내용이 비교적 완전히 보존되어 전해져

---

2) "康善談理, 能屬文. 其高情遠趣, 率然玄遠. 撰上古以來高士爲之傳贊, 欲友其人於千載也."(『晉書·
　嵇康傳』)

3) 『世說新語·容止』에 혜강의 용모에 대해 다음과 같이 묘사하고 있다. 혜강은 신장이 7척8촌이
　었고, 용모가 특히 빼어나게 아름다웠다. 그를 본 사람이라면 한결같이 '쏴아 하고 소나무 아래
　바람처럼 높고 천천히 분다.'라고 했다. 산도는 혜강의 사람됨에 대해 '외로운 소나무가 홀로 서
　있는 것처럼 우뚝하며, 그가 취하면 마치 옥산이 곧 무너지려는 것처럼 흔들거린다.'라 말했다.
　(嵇康身長七尺八寸, 風姿特秀. 見者歎曰: 蕭蕭肅肅, 爽朗淸擧. 或云: 肅肅如松下風, 高而徐引. 山
　公曰: 嵇叔夜之爲人也, 岩岩若孤松之獨立; 其醉也, 傀俄若玉山之將崩.)

4) 혜강의 「聲無哀樂論」은 일반적으로 위진 시기 음악미학의 걸작으로 손꼽히는 작품이라고 알려
　져 있다. 東晉의 개국공신이자 위대한 현학가인 王導는 '당시 현학의 가장 중요한 명제로 聲無
　哀樂, 養生, 言盡意 이 세 가지를 들었는데, 혜강은 이 가운데 두 가지 주제에 대해 모두 관련된
　의견을 제시한 것으로 볼 때, 혜강의 당시 현학계의 위치를 짐작해 볼 수 있다. 「聲無哀樂論」의
　주제는 음악은 본래 자연적인 화성을 가지고 있는 대자연의 산물이고 객관적으로 음악이 (듣기)
　좋음과 나쁨을 가지고 있을 뿐 음악에는 근본적으로 주관적인 영역에 속하는 슬픔과 즐거움이
　있을 수 있다는 것이다. 혜강의 이와 같은 논지는 당시까지 유행하였던 유가의 이른바 '음악은
　사회의 풍속을 바꿀 수 있다(移風易俗)'는 음악이론에 정면으로 배치되는 것으로, 혜강이 주장
　하는 '越名敎'의 실천적인 주장이라 할 수 있다.

5) 혜강은 琴이라는 악기에 대한 묘사를 통해 금의 미덕을 찬양하면서 궁극적으로 자신이 추구하
　고자 하는 고아한 정취와 삶을 자연스럽게 드러내었다.

6) "그가 쓴 글자를 보면 그 기세가 자연에서 얻은 듯하며 뜻이 필묵에만 담겨져 있지 않아 보
　인다. 그래서 마치 고고한 품격을 지닌 사람이 비록 아무 옷이나 입었지만 그 속에 의연한 기품
　이 느껴진다(叔夜善書, 妙於草制, 觀其體勢, 得之自然, 意不在於筆墨. 若高逸之士, 雖在布衣, 有
　傲然之色)."(『書斷』).

내려오는 문장은 모두 14편이 있는데, 이 가운데 논설문이 9편으로
가장 많다. 『聖賢高士傳贊』 또한 혜강의 작품 가운데 많은 것을 시
사하는 문장으로, 전통적으로 칭송을 받아오던 많은 인물들의 행적
을 기록함으로써 이들의 삶의 대한 태도와 시대를 살아가는 방법을
본받고자 했다.

혜강의 친형인 稽喜는 좀 더 구체적으로 혜강의 『聖賢高士傳贊』
에 수록된 인물과 특징에 대해 설명하고 있다.

> 예로부터 전해져 내려온 성현과 은일자, 속세를 떠나 살려는 자,
> 이름도 잘 알려지지 않는 자들을 수록하여 傳贊을 편찬하였다. 여
> 기에 수록된 자들로는 混沌에서 管寧에 이르기까지 119명인데, 이
> 들 모두 공간과 시간을 초월하는 자들이기에 세상 사람들은 그들
> 의 이름을 들어보지 못했다.7)

이것으로 볼 때, 혜강은 역사와 전설 속에 등장하는 隱逸者 가운
데 混沌과 管寧 등 자신의 뜻과 이상에 부합되는 119명의 인물을
선별하여 그들의 행적을 기록하였다. 이들 인물들은 바로 혜강이
표방하고자 했던 삶을 살았던 은자로서, 이들을 특별한 기준에 의
거, 선별하여 수록함으로써 혜강 자신도 그렇게 살아가고 싶다는
염원과 자아의식을 투영하고자 했던 것으로 보인다.

---

7) "撰錄上古以來聖賢, 隱逸, 遁心遺名者, 集為傳贊. 自混沌至於管寧, 凡百一十有九人, 蓋求之於宇
宙之內, 而發之乎千載之外者矣, 故世人莫得而名焉."(『三國志·魏志·王粲傳』 裴注引)

2. 嵇康 『聖賢高士傳贊』 속 聖賢高士 61인의 이야기

(1) 광성자(廣成子)8)

廣成子在崆峒9)之上. 黃帝問曰: "吾欲取天地之精, 以養萬物, 為之奈何10)?" 廣成子蹶然而起曰: "至道之精, 窈窈冥冥, 無視無聽, 抱神以靜. 我守其一, 以處其和.11) 故千二百歲, 而形未嘗衰. 得吾道者, 上為皇, 下為王; 失吾道者, 上見光, 而下為土. 吾將去汝入無窮之間, 游無極之野, 與日月參12)光, 與天地為常."

【역문】 광성자는 공동산에 산다. 황제가 "나는 천지의 정수를 얻어 만물을 양육하기를 원하는데 어떻게 하면 되겠습니까?"라고 묻자 광성자는 갑자기 벌떡 일어나 이르길, "지극한 도의 정수는 어둡고 희미하여 보이지도 들리지도 않기에 고요함으로 그것을 품어야 합니다. 나는 지극한 도를 지킴으로써 (음과 양의) 조화로움에 처할 수 있었습니다. 그러므로 1200살이나 되었어도 형체가 조금도 쇠하지 않았습니다. 장차 나의 이런 도를 얻게 되면 위로는 황제가 되고 그 다음으로는

---

8) 『莊子·在宥』에 "황제가 광성자에게 묻다(黃帝問道廣成子)"라는 얘기가 기재되어 있다. 광성자는 고대 황제 때에 등장했던 仙人으로 道家의 자신의 몸을 다스리는 것이 으뜸(以治身为本)임을 강조했다. 崆峒山의 石室에서 진리와 도를 닦으면서 살았다고 한다. 나이가 1천 2백 살이 되었는데도 늙지 않았다고 하며, 黃帝가 그의 소문을 듣고 두 번이나 찾아와 至道와 治身의 요점을 물었다고 한다.

9) 崆峒은 崆峒山으로 道教의 발원지이며 道教의 주류였던 全真派의 主地이기도 하다. 이와 함께 崆峒은 또한 "空同"을 뜻하는 것으로, '虛空大同'의 줄임말로 볼 수 있다. 허공은 無私, 無欲하다는 뜻이고, 대동은 시비의 분별을 떠나 차별이 없어 만물을 하나로 보는 것이다. 즉 황제의 명령이 미치지 못하는 무위자연의 현장이라 할 수 있다.

10) 황제가 광성자에게 지극한 도의 극치(至道之精)에 대해 물어보러 왔는데, 광성자는 황제가 알고 싶어 하는 것은 사물의 본질이고 지배하고 싶은 것은 사물의 찌꺼기이기에, 황제를 至道의 이치를 알 자격이 없는 속물로 취급하고 거절한 바 있다.

11) '一'은 '渾一'을 가리키는 것으로 여기서는 道를 가리킨다. 和는 음과 양이 서로 조화를 이룸을 뜻한다.

12) '參'은 '同', 즉 '함께하다'의 뜻으로 풀이할 수 있다.

왕이 될 수 있습니다. 만약 나의 이런 도를 잃게 되면 위로는 단지 (해
와 달의) 빛만을 보게 되며 아래로는 단지 흙으로 될 것입니다. 나는
(이러한) 당신을 떠나 광활한 세계로 들어감으로써 한계가 없는 경지에
서 노닐며 해와 달과 함께 그 빛을 함께 누림으로써 천지와 함께 영원
히 공존할 수 있을 것입니다."

(2) 양성소동(襄城小童)13)

> 黃帝將見大隗14)於具茨之山, 方明爲御, 昌寓參乘.15) 黃帝曰: "異16)
> 哉! 請問天下." 小童曰: "予少遊六合之外, 適17)有瞀病,18) 有長者教
> 予乘日之車, 遊於襄城之野, 今病少損. 將複六合之外; 爲天下者, 子
> 奚事焉? 夫爲天下亦奚異牧馬哉? 去其害馬而已." 黃帝再拜, 稱天師
> 而還. 贊曰: "奇哉難測, 襄城小童, 倦遊六合, 來憩茲邦."

【역문】 황제가 구자산에 대외를 만나러 가는데, 방명은 수레를
몰고 창우는 뒤에 앉아 호위를 하였다. 황제가 "대단하구나. 천하를
어떻게 다스리면 좋겠는가?"라고 묻자, 소동이 답하길, "나는 어릴
적 사방천지를 돌아다니다가 눈이 침침해지는 병을 앓았습니다. 이
때 어르신 한 분이 수레를 타고 양성의 들을 돌아다니라고 해서 그

---

13) 양성소동의 이야기는 『莊子·徐無鬼』에 처음 등장한다. 襄城은 지금의 河南省 襄城县 교외에
위치하는 곳이다.

14) 『莊子·徐無鬼』에 '황제가 구자산에 대외를 만나러 갔다(黃帝將見大隗乎具茨之山).'는 기록이
있는데, 대외는 그 당시 신통한 능력을 지닌 신을 가리킨다.

15) '參乘'은 '驂乘'이라고도 하는데, 옛날 수레를 탈 때 수레 뒤에 앉아 좌우를 호위하던 사람을
말한다.

16) '대단하다' 혹은 '엄청나다'의 뜻으로 풀이된다.

17) 우연히 혹은 공교롭게도

18) 머리가 갑자기 심하게 아프고, 눈이 아득해지면서 안화(眼花)가 생기는 병으로, 주로 눈이 흐
릿하고 어두워지는 안과 질환이다.

렇게 했더니 오늘날 병이 좀 나아졌습니다. 그래서 또 다시 천지사방을 돌아다녔는데, 천하를 다스리는 일도 이와 다를 바가 없을 것입니다. 천하를 다스리는 것은 말을 모는 것과 다를 바가 없습니다. 말을 해롭게 하는 것을 없애버리면 됩니다." 황제는 인사를 하고 천하의 스승이라 말한 후 돌아갔다.

혜강은 양성소동을 칭찬하며 말하길, "참으로 (지혜가 충만한 것이) 기이하여 예측할 수 없구나, 양성소동이여! 천지와 사방을 두루 다니다가 이곳에서 쉬고 있구나."

(3) 소부(巢父)[19]

巢父, 堯時隱人, 年老, 以樹為巢, 而寢其上, 故人號為巢父. 堯之讓許由也, 由以告巢父, 巢父曰: "汝何不隱汝形, 藏汝光? 非吾友也." 乃擊其膺而下之. 許由悵然不自得, 乃遇清泠之水, 洗其耳, 拭其目, 曰: "嚮者聞言負吾友.[20]" 遂去, 終身不相見.

【역문】 소부는 요임금 시대의 은자인데, 나이가 들자 나무 위에 둥지를 만들고 그 위에서 잠을 자 사람들은 그를 소부라고 불렀다. 요임금이 허유에게 천하를 넘기려하자 허유는 이를 소부에게 말했다. 그러자 소부는 "당신께서는 어찌하여 몸을 숨기지 않고 빛남을 감추지 않습니까? 당신은 나의 친구가 아닙니다."라고 하면서 (허유) 가슴을 치며 (그를) 내려 보냈다. 허유는 실망스러워 만족하

---

19) 고대 요임금 때의 隱者이다. 소부란 속세를 떠나 산속 나무 위에서 살았기 때문에 생긴 이름이다. 요임금이 그의 친구 허유에게 천하를 맡기고자 했지만 사양하고 받지 않았다. 허유가 영천에서 귀를 씻고 있는 것을 소를 몰고 온 어느 농부가 보고서 그러한 더러운 물은 소에게도 마시게 할 수 없다며 돌아갔다는 이야기가 전한다.

20) 황보밀의 『高士傳』에는 "向聞貪言, 負吾之友矣!"로 되어있어서 '탐욕스러운 말'이라 해석하는 것이 맞을 것 같다.

지 못하고 맑고 깨끗한 물을 만나 귀를 씻고 눈을 털어내며 말하
길, "방금 전에 들은 (탐욕스런) 말로 내 친구를 버리게 되었다."고
하며 가더니 평생 만나지 않았다.

(4) 허유(許由)21)

> 許由字武仲, 堯, 舜皆師之. 與齧缺22)論堯, 而去隱於沛澤23)之中. 堯
> 舜乃致天下而讓焉, 曰: "十日并出, 而爝火不息, 其光也不亦難乎?
> 夫子為天子, 則天下治, 我由尸24)之, 吾自視缺然." 許由曰: "吾將為
> 名乎? 名者實之賓, 吾將為賓乎?"乃去, 宿於逆旅之家, 旦而遺其皮
> 冠. 巢父聞由為堯所讓, 以為汙, 乃臨池水而洗其耳. 池主怒曰: "何
> 以汙我水?" 由乃退而遯耕于中岳, 潁水之陽, 箕山之下. 許由養神,
> 宅於箕阿, 德真體全, 擇日登遐.25)

【역문】 허유는 자가 무중으로 요, 순임금이 모두 그를 스승으로
삼았다. 설결과 요임금이 천하를 자신에게 선양하겠다는 것을 논의
한 후 그 자리를 떠나 패택에 숨어 지냈다. 요와 순임금이 천하를
일으키고 선양하려 하면서 이르길, "10개의 해가 한 번에 떠올랐는
데도 관솔불을 끄지 않으니 그 빛이 헛된 것이 아니겠습니까? 무릇
당신께서 천자가 되시면 나라를 잘 다스리실 것인데 제가 여전히
시축의 자리에 있으면서 나는 스스로 부족함을 많이 느낍니다."라

---

21) 허유는 許繇라고 하며 전설에 나오는 隱士이다. 전하는 바에 의하면 요임금이 천하를 물려주
   려고 했지만 받지 않고 潁水 북쪽 箕山 아래로 숨었다. 요임금이 다시 불러 九州長으로 삼으
   려고 하자 더러운 소리를 들었다면서 潁水 강가에서 귀를 씻었다고 한다.

22) 설결은 요임금 때 사람으로 허유는 설결을 스승으로 삼았다.

23) 지금의 江蘇省 沛縣에 있었다고 전해지는 澤池이다.

24) '尸'는 중국의 고대 풍습가운데 조상에게 제사를 지낼 때 죽을 자를 대신해 제사를 받는 사람
   이다. 여기서는 제사를 진행하는 사람을 뜻하는 말이다.

25) '遐'는 멀다, 장구하다는 뜻이다. '하늘이 무너지다'라는 '天崩'이나 '머나먼 곳으로 떠나다'라는
   '昇遐'라는 말을 사용하여 왕의 죽음을 묘사했다.

고 했다. 허유가 말하길, "나더러 장차 허울 좋은 이름을 위하라는 것입니까? 이름이란 실상(實相)의 손님과 같은데, 나더러 손님이 되라는 것입니까?" 그렇게 가버리더니 역여의 집에 머물렀다가 아침이 되어 옷과 갓을 두고 가버렸다. 소부는 요임금이 허유에게 천하를 선양한다는 말을 듣고 매우 불결하다고 느껴 못에 이르자 귀를 씻고 눈을 털어냈다. 그러자 못의 주인이 화가 나 말하길, "어찌 내 못을 더럽히는고?" 하자 허유는 물러나 영수에 은둔하며 밭을 갈며 지냈고, 그가 죽자 양성의 기산에 묻었다.[26] 허유는 정신을 수양하고 기산의 언덕에서 살면서 덕을 기르고 몸을 온전히 하였으며, 날을 택해 머나먼 곳(하늘)에 오르기도 했다.

(5) 양부(壤父)[27]

壤父者, 堯時人, 年五十[28]而擊壤[29]于道中, 觀者曰: "大哉帝之德

---

26) 이 고사는 『莊子·逍遙游』에 자세하게 나와 있다. "요임금이 천하를 허유에게 넘겨주려고 이렇게 말했다. '해와 달이 솟아 날이 이미 밝은데 관솔불을 태우니 그 빛이 헛된 것이고 때마침 비가 내리는데 물을 대고 있으니 그 윤택함이 헛된 것이 아니겠습니까? 선생께서 임금이 되면 천하가 잘 다스려질 텐데 내가 아직 천하를 맡고 있으니 돌이켜 보건대 나에게 부족함이 많습니다. 그러니 부디 천하를 맡아 주십시오.' 허유는 말했다. '그대가 천하를 다스려 이미 잘 되고 있는데 나더러 대신하라니 천자라는 이름을 얻고자 그렇게 하란 말이오? 이름이란 일시적으로 찾아오는 손님과 같은데 나더러 지금 손님이 되라는 것이오? 뱁새가 숲 속에 집을 짓는데 나뭇가지 하나면 족하고 두더지가 강물을 마시는 것도 배를 채우기만 하면 됩니다. 그대는 돌아가시오, 나에게 천하가 소용이 없습니다. 요리사가 요리를 잘못한다 해서 시축이 제물을 요리할 수는 없습니다.'라고 말하며 왕위를 받지 않고 그대로 도망가 버렸다."(堯讓天下於許由, 曰: 日月出矣而爝火不息, 其於光也不亦難乎! 時雨降矣而猶浸灌, 其於澤也不亦勞乎! 夫子立而天下治, 而我猶尸之, 吾自視缺然, 請致天下. 許由曰: 子治天下, 天下既已治也. 而我猶代子, 吾將爲名乎? 名者, 實之賓也, 吾將爲賓乎? 鷦鷯巢於深林, 不過一枝. 偃鼠飲河, 不過滿腹, 歸休乎君, 予無所用天下爲. 庖人雖不治庖, 屍祝不越樽俎而代之矣! 不受而逃去.)

27) 전설에 나오는 遠古 때 사람으로. 堯임금 때의 賢者이다. 나이 여든에 천하가 태평했고, 백성들도 安居樂業하며 길가에서 擊壤하니, 이에 "해가 뜨면 일을 하고 해가 지면 쉬네. 우물을 파 물을 마시고, 밭을 갈아 음식을 먹네. 황제의 힘이 나에게 무엇이란 말이냐(日出而作, 日入而息. 鑿井而飲, 耕田而食, 帝力何有于我哉)"고 노래를 불렀다. 때 묻지 않은 온화하고 순수한 마음으로 세상을 기쁘게 살았다. '양부가 땅을 친다(壤父击壤)'라는 고사는 晋 皇甫謐의 『高士傳·壤父』에서 가장 먼저 기록되었다.

也." 壤父曰: "吾日出而作, 日入而息, 鑿井而飲, 耕地而食, 帝何德
于我哉."

【역문】 양부는 요임금 때 사람으로 나이 50되던 해 길에서 '망
까기'를 했다. 그것을 본 사람들은 "크도다, 황제의 은덕이여!"라고
말했다. 양부는 "나는 해가 뜨면 일어나 밭을 갈고 해가 지면 쉬며,
우물을 파 물을 마시고 땅을 일궈 먹고 사는데 황제께서는 나에게
무슨 은덕을 베풀었다고 하십니까?"라고 했다.

(6) 자주지부(子州支父)[30]

子州支父者, 堯, 舜各以天下讓支父. 支父曰: "我適有幽勞之病,[31]
方治之, 未暇治天下也." 遂不知所之.[32]

【역문】 자주지부는 요, 순임금이 모두 천하를 지부에게 선양하
려 했다. 지부는 "나에게 심한 고질병이 있는데 그걸 치료하느라
천하를 다스릴 겨를이 없습니다."라고 말하였다. 이후 그가 어디로
갔는지 알지 못했다.

---

28) 皇甫謐의 『高士傳』에는 50이 아니라 80으로 기록되어 있다.(壤父者, 堯時人也. 帝堯之世, 天下
太和, 百姓無事. 壤父年八十餘, 而擊壤於道中.)

29) 击壤이란 글자 그대로 해석해보면, '击'는 때리다, 던져 맞추다의 뜻이고, '壤'은 어떤 특별한 물
건이 아니라 단지 '흙으로 길게 만든 물건(『辭海』 "壤, 泥土的通称".)'이란 뜻이다. 그러므로 擊
壤이란 길 위에 흙으로 만든 물건을 올려놓고 다른 것을 집어던져 맞추는 놀이라고 풀이된다.

30) 姓은 子이고, 이름은 州, 支父는 字이다.

31) 幽勞之病이 구체적으로 어떤 병인지 알 수는 없지만 병에 걸린 지 오래되었고 고치기 힘든 병,
즉 고질병이라 해석할 수 있다.

32) 이 고사는 『莊子·讓王』 편에 수록되어 있다. 자주지부는 "천하가 아무리 귀중한 것이라도 그
생명과는 바꿀 수 없는데 하물며 일반사물은 말할 필요조차도 없다. 천하를 잊고 아무 것도
하지 않는 사람에게 비로소 천하를 맡길 수 있다.(夫天下至重也, 而不以害其生, 又況他物乎! 唯
无以天下为者可以托天下也.)"고 하였다.

(7) 선권(善卷)33)

善卷者, 古之賢人也. 舜以天下讓之, 卷曰: "予立宇宙之中, 冬則衣皮
毛, 夏則衣絺葛. 日出而作, 日入而息. 消遙天地之間, 何以天下為
哉?" 遂入深山, 莫知其所終.

【역문】 선권은 고대 현인이다. 순임금이 천하를 선양하려하자
선권은 "나는 우주 가운데 서서 겨울에는 모피를 입고 여름에는 베옷
을 입는다. 해가 뜨면 일하고 해가 지면 쉰다. 천지간을 소요하여 마음
이 편안하니 어찌 천하를 다스리겠는가?" 하고는 깊은 산으로 들어가
어떻게 되었는지 알 수가 없었다.

(8) 석호지농(石戶之農)34)

石戶之農, 不知何許35)人, 與舜為友. 舜以天下讓之石戶, 夫負妻戴攜
子以入海, 終身不返.

---

33) 본 고사는 『莊子·讓王』 편에 수록되어 있다. 선권은 상고시대 무릉의 은사로 왕저에 살았다.
장자의 기록에 따르면, 요임금이 그에게 도를 물었는데, 그를 임금이 앉는 방향으로 모시고 가
르침을 받았다. 요가 세상을 떠나기 전에 천하를 그에게 양보하려 하자 "천지간을 내 마음 가
는 대로 자유자재로 거닐 수 있거늘 하필이면 천하라 말인가!"라며 받지 않고는 깊은 산으로
숨어버렸다고 한다. 『列子』에도 기록이 있다. 순임금이 천하를 선권에게 양보하려 하자 선권
이 말하길, "나는 우주의 가운데 서서 겨울에는 가죽 털옷을 입고 여름에는 갈포 옷을 입으며
봄에는 갈아 씨 뿌리되 형체는 노동하기에 만족하고 가을은 거두어 몸이 쉬고 먹기에 족합니
다. 해가 나오면 일을 하고 해가 들어가면 쉬며 천지 사이를 소요하니 마음과 뜻에 만족하게
여겨집니다. 그런데 어찌 천하 때문에 하겠습니까? 슬픕니다. 임금이 나를 알지 못함이로다!
(悲夫子之不知余也. 遂不受, 於是去而入深山, 莫知其處.)"

34) 『莊子·讓王』에 수록된 고사이다. 순임금이 천하를 그 친구인 석호지농에게 양보하려 하니 석
호지농은 "힘들여 수고하는 임금의 사람됨이 힘을 다하는 사람."이라고 하였다. 순임금의 덕이
아직 지극하지 않다고 여기고, 아비는 지고 어미는 이고 자식을 끌고 바다로 들어가 몸이 마
치도록 돌아오지 않았다.(舜以天下讓其友石戶之農, 石戶之農曰, "捲捲乎后之為人葆力之士也!"
以舜之德為未至也, 於是夫負妻戴, 攜子以入於海, 終身不反也.)

35) 何許: 何處와 같이 쓰이며, '어느 곳'으로 풀이된다.

【역문】 석호지농은 어디 사람인지 알 수 없는데 순임금과 친구로 지냈다. 순임금이 천하를 석호에게 선양하려 하자 남편은 (짐을) 등에 지고 아내는 머리에 인 채 자식을 데리고 바다로 들어가 죽을 때까지 돌아오지 않았다.

(9) 백성자고(伯成子高)[36]

> 伯成子高, 不知何許人也. 唐虞時為諸侯, 至禹, 復去而耕. 禹往趨而問曰: "昔堯治天下, 吾子立為諸侯, 堯授舜, 舜授予, 吾子去而耕, 敢問其故何邪?" 子高曰: "昔堯治天下, 至公無私, 不賞而民勸, 不罰而民畏. 今子賞而不勸, 罰而不畏, 德自此衰, 刑自此作. 夫子盍行, 無留吾事!" 偝偝[37]然, 遂復耕而不顧.

【역문】 백성자고는 어디 사람인지 알 수 없다. 요순시대 때 제후였고, 우왕 때에는 다시 돌아가 농사를 지었다. 우왕이 그에게 가서 묻기를, "옛날 요임금이 천하를 다스릴 때 당신은 제후였습니다. 요가 순에게, 순이 다시 우에게 왕위를 물려주자 당신은 제후를 그만두고 농사를 지었는데 그 연유가 무엇인지 물어보아도 되겠습니까?" 자고가 이르길, "옛날 요임금이 천하를 다스릴 때 세상은 지극히 공평하고 사사로움이 없어 상을 주지 않아도 백성들은 부지런했고 벌을 주지 않아도 백성들은 두려워하였습니다. 그런데 오늘날 임금께서 상을 주어도 백성들은 부지런하지 않고 벌을 주어도 무서워하지 않으니 덕

---

36) 唐堯 때 사람으로 요임금이 천하를 다스릴 때 諸侯였다고 한다. 요임금이 舜에게 선양하고, 순임금이 禹에게 선양하자 제후를 사직하고 농사를 지었다. 우임금이 下風에 와서 治道를 물었더니 '이제부터 덕은 쇠하고 刑이 대신할 것이며 후세의 어지러움도 여기서 시작될 것'이라고 대답했다.

37) 偝偝然: 단호하다, 강직하다.

이 이로써 쇠하였고 형벌이 이로써 일어났습니다. 그런데도 당신은 왜 가지 않으시는 겁니까? 내게 할 일이 남아있지 않군요.” 단호하게 다시 돌아가 농사일을 하며 (세상일을) 돌아보지 않았다.

(10) 변수(卞隨) 무광(務光)[38]

卞隨, 務光者, 不知何許人. 湯將伐桀, 因卞隨而謀, 曰: “非吾事也.” 湯遂伐桀, 以天下讓隨, 隨曰: “后之伐桀, 謀于我, 必以我爲賊也; 而 又讓我, 必以我爲貪也. 吾不忍聞.” 乃自投桐水. 又讓務光, 光曰: “廢上非義, 殺民非仁; 無道之世, 不踐其土, 況于尊我哉?” 乃抱石而 沈廬水.

【역문】 변수와 무광은 어디 사람인지 알 수 없다. 탕왕이 걸왕을 치려고 변수에게 계책을 논의하려 했더니, “내 일이 아닙니다.” 라고 했다. 탕왕이 걸왕을 공격하고 천하를 변수에게 선양하려 하니 수는 “왕께서 걸을 치려고 나와 의논했을 때에는 나를 흉악한 신하로 생각했기 때문이요, 걸을 이기고 나에게 선양하려는 것은 나를 탐욕스런 사람으로 생각했기 때문일 것입니다. 나는 이런 말을 듣는 것을 참을 수가 없습니다.”라고 말하며 동수에 몸을 던졌다. 탕왕이 또 다시 무광에게 선양하려 하자 무광은 “왕을 폐위시키는 것은 의롭지 못하고 백성을 죽이는 것은 어질지 못합니다. 도가 없는 세상에 그 땅을 밟지 않는 것인데 하물며 나를 천자의 자리에 앉

---

38) 무광은 하나라 은자로서 『莊子·讓王』 기록에 따르면, 탕왕이 걸왕을 공격하기 전 무광에게 전략을 물어보았지만 무광은 자신이 할 일이 아니라고 참여하기를 거절했었다. 이에 탕왕은 다른 사람을 추천해 달라고 했지만 이마저도 거절하였다. 탕왕이 상 왕조를 건립한 후 무광에 게 선양하려 했지만 의롭지 못한 것이라면 그 봉록을 받지 않으며 도가 없는 나라에는 그 땅을 밟지도 않는 것이라고 생각하며 선양을 받지 않았을 뿐만 아니라 그것이 너무 수치스러워 돌을 안고 여수에 몸을 던졌다고 한다.

히시렵니까?"라고 말하며 돌을 끌어안고 여수에 몸을 던졌다.

(11) 강시자(康市子)

康市子者, 聖人之無欲者也. 見人爭財而訟, 推千金之璧於其旁, 而訟者息.

【역문】강시자는 성인으로 욕심이 없는 사람이다. 한번은 사람들이 재물을 갖고 서로 다투는 것을 보고는 값비싼 옥을 그 옆에 버렸더니 사람들이 싸움을 그쳤다.

(12) 소신직(小臣稷)

小臣稷者, 齊人, 抗厲39)希古. 桓公三往而不得見, 公曰: "吾聞士不輕爵祿,40) 無以易萬乘之主;41) 萬乘之主不好任義, 無以下布衣之士.42)" 於是五往, 乃得見焉.

【역문】소신직은 제나라 사람으로 성품이 예로부터 드물게 고상하고 엄정하였다. 제 환공이 세 번이나 찾아갔으나 끝내 만나지 못하자 환공은 이렇게 탄식하였다. "나는 선비가 작위와 봉록을 가볍게 여기기 않으면 만승의 군주를 도울 수가 없고 만승의 군주가 인의를 좋아하지 않으면 포의지사에게 겸양할 수 없다고 들었습니

---

39) 抗厲: 인품이 고상하고 엄정함을 뜻함.
40) 輕爵祿: 부귀와 공명을 가볍게 여기다.
41) 萬乘之主: 전쟁 시 전차를 만 대나 동원할 수 있는 군주를 말하는데, 오로지 천자만이 가능했다. 제후는 千乘, 대부는 百乘을 동원할 수 있다.
42) 布衣之士: 베옷을 입은 서민을 뜻하는데, 여기서는 벼슬을 하지 않은 선비를 가리킨다.

다." 그렇게 다섯 번을 찾아간 후에야 비로소 만날 수 있었다.

(13) 연자(涓子)

涓子, 齊人, 餌朮, 接食甚精. 至三百年後, 釣於河澤, 得鯉魚中符. 後隱於宕石山, 能致風雨, 告伯陽九仙法.[43] 淮南王少得其文, 不能解其旨.

【역문】 연자는 제나라 사람으로 양생을 하며 정기를 먹고 산다. 삼백 세가 된 후 강가에서 낚시를 하다가 배 속에 부적이 있는 고기를 잡게 되었다. 이후 암석산에 은거하였는데, 비바람을 일으킬 수 있고 백양구선법을 전수받았다. 회남왕이 그 문장을 조금밖에 얻지 못해 그 뜻을 풀이할 수 없었다.

(14) 상용(商容)[44]

商容, 不知何許人也. 有疾, 老子曰: "先生無遺教以告弟子乎?"容曰: "將語子, 過故鄉而下車, 知之乎?"老子曰: "非謂不忘故耶!"容曰: "過喬木[45]而趨, 知之乎?"老子曰: "非謂其敬老耶! 容張口曰, 吾舌存乎?"曰: "存." 曰: "吾齒存乎?"曰: "亡." "知之乎?"老子曰: "非為其剛亡而弱存乎?"容曰: "嘻! 天下事盡矣."

【역문】 상용은 어디 사람인지 알 수 없다. 상용이 병이 들자 노

---

43) 伯陽은 노자의 자이다. 구선법에 대해서는 알려진 것이 없는데, 단지 신선이 될 수 있는 비법일 것이라 추정할 뿐이다.

44) 중국 殷나라 紂王 때의 大夫이다. 주왕에게 직간하였다가 쫓겨났다. 周의 武王이 殷을 이기고 그의 집 앞을 지나며 경의를 표했다고 한다.

45) 喬木: '喬'는 '높다'라는 뜻으로 여기서는 '높고 큰 나무'라는 뜻으로 풀이된다.

자는 "선생께서는 제자에게 알려줄 가르침을 남기지 않으십니까?"
라고 했다. 이에 상용은 "너에게 알려주겠다. 고향을 지날 때 마차
에서 내리는데 그 의미를 아느냐?"라고 묻자 노자는 "고향을 잊지
말라는 것 아니겠습니까?"라고 대답하였다. 상용이 "큰 나무 밑을
지날 때 종종걸음으로 걷는 이유를 아느냐?"라고 묻자 노자는 "노
인을 공경하라는 것 아니겠습니까?"라고 대답했다. 상용은 입을 벌
려 말하길, "내 혀가 있느냐?"라고 묻자, 노자는 "있습니다."라고
하였고, "이빨이 있느냐"라고 묻자 노자는 "없습니다."라고 했다.
상용은 "그 연유를 아느냐?"라고 묻자, 노자는 "강한 것은 없어지
고 약한 것은 남아있는 것 아니겠습니까?"라고 하자, 상용이 이르
길, "그렇다. 천하의 일이 다 이와 같으니라."

(15) 노자(老子)46)

良賈深藏,47) 外形若虛; 君子盛德, 容貌若不足.

---

46) 중국 고대의 사상가로서 도가의 창시자이다. 성은 이(李), 이름은 이(耳), 자는 담(聃)이다. 노
자는 '無爲自然'을 제시하면서, 일체의 인위적인 것을 부정하고 지극히 자연스러움으로 돌아가
자고 주장한 바 있다.

47) 어진 상인은 물건을 깊숙이 숨긴다는 말로 지혜로운 사람은 학덕을 자랑하지 않는다는 뜻으
로, 『史記・老子韓非列傳』에 나오는 말이다. 어느 날 공자가 노자를 찾아가 禮에 대하여 논할
때, 고서 등을 인용하며 자기 생각을 피력하고 노자의 의견을 물었다. 그러자 노자는 이렇게
말했다. "그대의 이야기는 옛 선인들이 써서 남긴 말이오. 그것이 산 인간에게 그대로 도움이
되리라 생각하오? 군자는 때를 얻으면 풍운을 타 세상에 나가고, 때를 얻지 못하면 쑥처럼 바
람에 이리저리 굴러다니는 것이오. 어진 상인은 창고에 물건을 숨겨 두고 있으면서도 겉으로
는 아무것도 없는 것처럼 보이고(良賈深藏若虛), 군자는 덕이 있으면서도 용모는 어리석은 자
와 같이 보이오(君子盛德容貌若愚). 그대도 그 교만함과 욕심과 겉치레와 산만한 뜻을 버리시
오." 공자는 돌아가 제자들에게 "노자는 용처럼 정체를 알 수 없고 학덕은 심원하고 넓어 도저
히 헤아릴 수 없는 사람이다."라고 말했다. 결국 이 말은 노자처럼 학덕이 깊으면서도 겉으로
드러내지 않음을 비유한 말이다.

【역문】 어진 상인은 물건을 창고에 깊이 숨겨두어 겉으로는 아무 것도 없는 것처럼 행동한다. 군자는 높은 덕을 가지고 있지만 외모는 부족한 듯 보인다.

(16) 관령윤희(關令尹喜)48)

關令尹喜, 周大夫也, 善內學,49) 星辰, 服食.50) 老子西游, 喜先見氣,51) 物色遮之, 果得老子. 老子為著書, 因與老子俱之流沙52)西, 服巨勝實, 莫知所終.

【역문】 관령윤희는 주나라 대부로서, 예언술과 점성학, 복식에 뛰어났다. 노자가 서쪽으로 유람할 때 윤희는 신비한 기운을 먼저 알아보고 일일이 사람들을 막아 세워 조사하여 노자를 찾아냈다. 노자는 윤희에게 책을 써 주었고 노자와 함께 사막을 건너 서역으로 갔으며 참깨 씨앗을 복용하였는데 (후에) 어떻게 되었는지 알 수가 없다.

---

48) 관윤의 성은 윤이고 이름은 희이며 자가 공도이다. 函谷關의 관리(令)여서 관윤이라 불렀으며, 노자의 제자이기도 하다. 사마천의 사기에 다음과 같은 고사가 기록되어 있다. 노자는 오랫동안 주나라 수도에 머무르면서 학문을 깊이 연구하였는데 후에 주나라가 쇠하자 그곳을 떠났다. 함곡관에 이르자 관령윤희는 말하길, "당신은 이제 은둔하려고 하시니 우리를 위해 책을 한 권 써 주십시오."라고 했다. 그때 노자는 한 권의 책을 저술하고 상, 하 두 편으로 나누어 도덕에 관한 내용을 서술하였는데, 모두 5000여 자에 이르렀다.(關令尹喜曰, 子將隱矣, 彊為我著書. 於是老子迺著書上下篇, 言道德之意五千餘言而去.) 이것이 바로 역사상 노자가 서쪽 함곡관을 지나면서 도덕경 5천 자를 남기게 된 이야기이다.

49) 內學: 참위의 일종으로 예언술을 말한다.

50) 服食: 도가의 양생법으로 음식을 가려먹고 선약을 복용하는 것을 말한다.

51) 見氣: 범한 사람에게서 나오는 신비한 기운이다.

52) 流沙: 모래가 물처럼 흐른다는 사막지역으로 이곳을 건너가면 서역(인도)에 이른다고 한다.

(17) 해당(亥唐)53)

亥唐, 晉人也, 高恪寡素.54) 晉國憚之, 雖蔬食菜羹,55) 平公每為之欣
飽. 公與亥唐坐, 有間, 亥唐出, 叔向56)入, 平公伸一足曰: "吾向時與
亥子坐, 腓痛足以痺, 不敢伸." 叔向悖然作色不悅. 公曰: "子欲貴乎?
吾爵子! 子欲富乎? 吾祿子! 夫亥先生乃無欲也, 吾非正坐, 無以養
之, 子何不悅哉!"

【역문】 해당은 진나라 사람으로 성품이 매우 고귀하고 평소 욕
심이 없었다. 진나라가 해당을 경외하였기에 비록 거친 밥과 채소
국일지라도 매번 그것을 맛있게 배불리 먹었다. 진 평공이 해당과
함께 앉았는데, 조금 있다가 해당이 나가고 숙향이 들어오자 평공
은 한 다리를 펴며 말하길, "내가 줄곧 해당과 함께 앉아 있다가
종아리가 아파서 다리가 마비될 지경이었지만 펼 수가 없었다." 숙
향은 이에 벌컥 화를 내며 불쾌한 표정을 지었다. 평공은 말하길,
"당신은 존귀해지고 싶습니까? 내가 당신께 벼슬을 주겠습니다. 당
신은 부자가 되고 싶습니까? 내가 당신께 녹봉을 주겠습니다. 해당
선생은 욕심이 없는 사람이니 내가 바로 앉아있지 않으면 해당선생
의 가르침을 받을 수 없으니 어찌 순종하지 않을 수 있겠습니까?"

---

53) 해당은 춘추 시대 진나라 사람으로 당시 조정에 어진 신하들이 많아 홀로 관직에 오르지 않고
촌락에 은거하였다. 晉 平公은 그의 현명함을 듣고 예를 갖춰 그를 만났다고 한다.

54) 寡素: 거칠다, 질박하다의 뜻으로, 여기서는 세상적인 욕심이 없는 성격을 가리킴.

55) 蔬食菜羹: '거친 밥과 채소국'이라는 뜻으로, 보잘 것 없는 음식을 말한다.

56) 叔向: 춘추 시대 晉나라의 賢者이다. 성은 羊舌이고, 이름은 힐(肹) 또는 숙힐이며, 숙향은 자
(字)다. 齊나라의 안영, 吳나라의 계찰, 鄭나라의 자산과 함께 당대의 대표적 현인으로 불렸다.

(18) 항탁(項橐)[57]

孔子問項橐曰, "居何在?" 曰: "萬流屋是也." 注曰: '言與萬物同流
匹也.'大項橐與孔子俱學於老子, 俄而大項為童子, 推蒲車而戲. 孔子
候之, 遇而不識, 問, "大項居何在?" 曰: "萬流星是." 到家而知向是
項子也, 交之, 與之談.

【역문】 공자가 항탁에게 "어디에 사십니까?"라고 묻자, "만 가
지 것들과 함께 살지요"라고 대답했다. 이는 곧 '천지만물과 함께
더불어 산다.'라는 뜻이다. 항탁은 공자와 함께 노자에게 배웠는데,
갑자기 항탁이 아이가 되어 포거를 밀며 놀고 있었다. 공자가 기다
리다가 우연히 만났지만 알아보지 못하고 "항탁은 어디에 살고 있
습니까?"라고 묻자, "수많은 별들과 함께 살고 있습니다."라고 대답
했다. 집에 도착하자 그가 항탁인 것을 알고 그와 함께 교분을 나
누고 담소를 했다.

(19) 광접여(狂接輿)[58]

狂接輿, 楚人也, 耕而食. 楚王聞其賢, 使使者持金百鎰聘之,
曰: "願先生治江南." 接輿笑而不應, 使者去. 其妻從市來,
曰: "門外車馬跡何深也?"接輿具告之. 妻曰: "許之乎?"接輿
曰: "貴富, 人之所欲, 子何惡之?"妻曰: "吾聞聖人樂道, 不以
貧易操, 不爲富改行. 受人爵祿, 何以待之?"接輿曰: "吾不許
也." 妻曰: "誠然, 不如去之." 夫負釜甑, 妻戴紝器, 變姓名,
莫知所之. 嘗見仲尼, 歌而過之, 曰: "鳳兮鳳兮! 何德之衰!
往者不可諫, 來者猶可追. 後更名陸通, 好養性, 在蜀峨嵋山
上, 世世見之."

---

57) 항탁은 춘추 시대 노나라의 신동인데, 비록 7세이지만 공자는 그를 선생으로 여기고 가르침을
청했다고 해서 후세에 항탁을 성공으로 받들었다.
58) 미친 사람 행세를 했던 까닭에 '광접여(미친 접여)'라 불렸다고 한다.

【역문】광접여는 초나라 사람으로 밭을 일구어 먹고 살았다. 초나라 왕은 그의 지혜로움을 듣고 사신에게 많은 금을 들려 보내 그를 모셔오고자 하여 이르기를, "원컨대 선생께서 강남지방을 다스려주소서." 광접여는 웃으며 이에 대꾸하지 않자 사신은 돌아갔다. 그의 처가 시장에서 돌아와 "문 밖에 수레바퀴 자국이 어찌 그리 깊은지요?"라고 물으니 접여는 자초지종을 모두 말해 주었다. 처가 "허락하셨습니까?"라고 묻자 접여는 "부귀는 사람들이 모두 원하는 바인데 어찌 그대는 그것을 싫어하나요?"라고 대답했다. 이에 처가 대답하길, "나는 성인이 도를 즐거워하여 가난 때문에 지조를 바꾸지 않고 부를 위해 직업을 바꾸지 않는다고 들었습니다. 사람에게 관직과 봉록을 받으면 어찌 대하겠습니까?" 접여는 "나는 허락하지 않았소."라고 말하자, 처는 "정녕 그러하시다면 차라리 여기를 떠나는 것이 좋겠습니다."라고 말했다. 이후 남편은 솥과 그릇을 메고 처는 베틀을 가지고 성과 이름도 바꿔서 어떻게 되었는지 알 수 없었다. 일찍이 공자를 만나 노래하며 그 옆을 지나가다가 "봉황이여, 봉황이여, 어찌 덕이 쇠하였습니까? 이미 지나간 일은 돌이킬 수 없고 앞으로 다가올 일은 아직 쫓을 수 있습니다."라고 노래했다. 이후 이름을 육통으로 바꾸고 섭생의 도를 좋아하였으며 세세토록 그를 촉 아미산에서 볼 수 있었다.

(20) 영계기(榮啓期)[59]

榮啟期者, 不知何許人也. 披裘帶索, 鼓琴而歌. 孔子曰: 先生何樂也?
對曰: 天生萬物, 唯人爲貴, 吾得爲人, 一樂也; 以男爲貴, 吾得爲男,
二樂也; 人生有不全於襁褓, 吾行年九十五矣, 是三樂也. 貧者士之
常, 死者民之終, 居常以待終, 何不樂也?

【역문】 영계기는 어디 사람인지 알 수 없다. 그는 사슴 가죽을
몸에 걸치고 새끼 띠를 매고 거문고를 타며 즐기고 있었다. 공자가
"선생께서는 어찌 그리 즐거워하시오?"라고 묻자, 이에 노인은 "우
선 하늘이 낳은 만물 중 가장 귀한 것이 인간인데 바로 그 인간으
로 태어났으니 즐겁고, 둘째로는 사람 중에서 남자가 귀한데 그런
남자로 태어났으니 즐겁고, 셋째로는 이 세상에 태어나면 어려서
죽는 수가 있는데 나는 이렇듯 나이 구십 살까지 살 수 있었으니
어찌 즐겁지 않겠습니까? 가난은 선비의 상태(常態)이고 죽음은 인
생의 종착입니다. 常에 처하여 종착을 기다리고 있으니 이 또한 어
찌 즐겁지 않겠습니까!"라고 대답했다.

---

59) 춘추 시대의 은자로 본문에서 설명한 바와 같은 '세 가지 즐거움'으로 유명하다. 영계기는 중
국고대 저명한 철학자 공자와 관련이 있는 전설 속의 은자로서 그는 매우 빈곤하고 또한 늙어
보이기까지 하지만 늘 거문고를 타며 노래를 부르면서 즐거워했다고 한다. 공자가 그 연유에
대해 묻자, 영계기는 "사람은 누구나 가난하고 모두 언젠가는 늙고 병들어 죽고 만다. 다른 사
람들과 함께 생명의 끝을 기다리면서 자기 자신을 걱정할 필요가 있겠는가? 왜 자기 자신의
즐거움을 거절하려고 하는가?"하였다. 시인 阮侃은 영계기의 이러한 숙명론적 사고는 도교의
현실의 안녕과 조화로운 생활을 실현하는 방법이며 도와 불가분의 관계에 있다고 말한다.

(21) 장저(長沮) 걸익(桀溺)[60]

長沮, 桀溺者, 不知何許人也, 耦而耕. 孔子過之, 使子路問津
焉. 長沮曰: "夫執輿者爲誰?"子路曰: "是孔子." "是魯孔丘
歟?" 曰: "是也." "是知津矣." 問於桀溺, 桀溺曰: "子爲誰?"
曰: "仲由." "孔丘之徒歟?"對曰: "然." "與其從避人之士, 豈
若從避世之士哉?" 耰而不輟. 子路以告孔子, 孔子憮然[61]曰:
"鳥獸不可與同群, 吾非斯人之徒歟?"[62]

【역문】 장저와 걸익은 어디 사람인지 알 수 없는데, [이 두 사
람은] 함께 짝을 이루어 밭을 갈며 살았다. 공자가 그곳을 지나다
가 자로에게 나루터가 어디에 있는지 물어보게 했다. 장저는 "저기
수레를 모는 사람이 누구입니까?"라고 묻자, 자로는 "공자입니다."
라고 대답했다. "노나라의 공자가 맞습니까?" 하자 "그렇습니다."라
고 하였다. 장저는 "그 사람은 나루터가 어디 있는지 알 수 있을
것입니다."라고 했다. 걸익에게 묻자 "당신은 누구십니까?"라고 하
니 "중유입니다."라고 대답했다. "공자의 제자이십니까?"라고 묻자
"그렇습니다."라고 대답하였다. "사람을 피하는 사람을 따르기보다
는 세상을 피하는 사람을 따르는 것이 낫지 않겠습니까?"라고 말하
며 씨앗 덮는 일을 그치지 않았다. 자로가 그 말을 전하자 공자는
이에 실망하며 "사람은 새나 짐승과는 함께 살 수 없으니 내가 어

---

60) 난세인 춘추 전국 시대에 동란과 전쟁이 계속되고 흥망성쇠가 거듭될 때 한편에는 헤아릴 수
  없는 몰락한 귀족과 뜻을 잃은 지식인들이 많았으리라는 것은 상상할 수 있는 일이다. 논어에
  는 이러한 사람들의 예로 長沮(장저), 桀溺(걸익), 接輿(접여), 荷篠丈人(하소장인) 들의 언행이
  기록되어 있다. 그들은 儒家(유가)들이 모두 천하를 바로잡을 수 없다는 것을 알면서도 행동하
  는 자라고 비난하였고 소극적으로 숨어사는 인생 태도를 신조로 삼고 있었다.

61) 憮然: 실망하고 낙심한 모양.

62) 원래 문장 끝에 '而與誰' 세 글자가 있기에 '내가 이 사람들과 함께 하지 않으면 누구와 함께
  하겠는가'라고 해석해야 한다.

찌 이 사람들과 함께 하지 않을 수 있겠습니까?"라고 하였다.

(22) 하소장인(荷篠丈人)[63]

荷篠丈人, 不知何許人也. 子路從而後, 問曰: "子見夫子乎?" 丈人曰:
"四體不勤, 五穀不分, 孰爲夫子?" 植其杖而耘. 子路行以告. 子曰:
"隱者也." 使子路反見之, 至則行矣.

【역문】 하소장인은 어디 사람인지 알 수 없다. 자로가 (공자를)
따라 나갔다가 뒤로 처지게 되었는데, 이때 한 노인을 만나게 되었
다. 그 노인에게 자로는 "당신께서는 혹시 우리 선생님을 보셨습니
까?" 하자 노인은 "사지를 움직여 일하지도 못하고 오곡도 분별하
지 못하는데 누가 당신의 선생입니까?"라고 하며 지팡이를 땅에 꽂
아놓고 땅을 일구었다. 자로는 가서 이 일을 고했더니 공자는 "은
자로구나!" 하면서 자로를 다시 보내 그를 만나보게 하였으나 그는
이미 사라지고 난 후였다.

(23) 태공임(太公任)[64]

太公任者, 陳人. 孔子圍陳, 七日不火食. 太公往弔之曰: "子幾死乎?
夫直木先伐, 甘井先竭. 子其飾智以警愚, 修身以明汙, 昭昭如揭日
月而行, 故汝不免於患也. 孰能削跡捐勢, 不爲功名者哉? 無責於人,
人亦無責焉." 孔子曰: "善, 辭其交遊, 巡於大澤, 入獸不亂群, 而況
人也."

---

63) 『論語·微子』 편에 나오는 인물이다. 장저와 걸익이 초야에서 밭을 갈고 있는데 공자가 유람
   을 하다가 길을 잃고 제자 자로를 시켜 길을 묻게 하자 이들은 자신의 뜻을 펴겠다는 핑계로
   세상을 피해 다니는 공자의 행태를 신랄하게 꾸짖었다. 이들은 평생 은둔하며 몸소 예를 실천
   했다고 전한다.

64) 본 고사는 『莊子·山木』에 수록되어 있다.

【역문】 태공임은 진나라 사람이다. 공자가 진나라에 포위를 당한 후 7일 동안 더운 음식을 먹지 못했다. 태공임은 그를 위로하며 말하길, "당신께선 배가 고파 죽을 지경이시죠? 무릇 곧은 나무는 먼저 베어지고 맛있는 우물물은 먼저 고갈되는 법입니다. 당신께서는 지식을 꾸며 우매한 사람들을 놀라게 하며 몸을 닦아 상대방의 더러움을 드러나게 하니 이는 마치 훤하게 해와 달을 가지고 가는 것과 같아 결국 화를 면하지 못하는 것입니다. 어느 누가 능히 지금의 행적과 권세를 버리고 공명을 위하지 않을 수 있겠습니까? 다른 사람에게 책임을 전가하지 않는다면 다른 사람도 당신에게 책임을 돌리지 않을 것입니다." 공자는 "그렇도다! 교유를 끊고 큰물이 있는 곳(자연)에서 생활하며 짐승 속으로 들어가도 그 무리를 어지럽히지 않으니 하물며 사람들이야 어떠하겠는가!"

(24) 한음장인(漢陰丈人)

漢陰丈人[65]者, 楚人也. 子貢適楚, 見丈人爲圃,[66] 入井抱甕而灌, 用力甚多. 子貢曰: "有機於此, 後重前輕, 名曰桔槹, 用力寡而見功多." 丈人作色曰: "聞之吾師,[67] 有機事者, 必有機心.[68] 機心存於胸, 則純白不備." 子貢瞥然慚不對. 有間,[69] 丈人曰: "子奚爲?" 曰: "孔丘

---

65) '丈人'이란 옛날 노인에 대한 통칭으로 사용되었기에 한음장인이란 바로 '한음지방의 노인'이란 뜻이다. 공자의 제자 자공(子貢)을 만나 기심(機心)을 가져서는 안 된다는 교훈을 주었다. 즉, 박학을 빙자해 성인의 지혜를 갖춘 척하고 홀로 악기를 연주하며 천하의 명성을 얻으려는 마음을 곧 기심이라 할 수 있다.

66) 圃: '밭에 채소를 심다', '물을 주다'의 뜻이다.

67) 機事: 몸의 수고로움을 덜고 시간을 단축하기 위해 기계를 사용한다는 뜻으로, 교묘한 꾀를 부려 이득을 얻는 것을 말한다.

68) 機心: 『莊子·天地』에 나오는 말인데, "有機械者必有機事, 有機事者必有機心." 즉, 기심이란 편리함이나 효율을 지나치게 따르다보면 본성을 잃게 되어 결국 요령을 피우게 되는 사특한 마음을 가리킨다.

69) 有間: 잠시 있다가, 잠시 후에

之徒也." 丈人曰: "子非博學以疑聖智, 獨絃歌以買聲名於天下者乎?
方且亡汝神氣, 墮汝形體, 何暇治天下乎! 子往矣, 勿妨吾事."

【역문】한음장인은 초나라 사람이다. 자공이 초나라로 가다가
한 노인이 밭에 물을 주는 것을 보았는데, 그는 먼저 우물 안으로
물 항아리를 안고 들어가 물을 길어 밭에 뿌리는데 힘을 아주 많이
쓰고 있었다. 자공이 말하길, "물을 퍼내는 기구가 여기 있네요. 뒤
가 무겁고 앞이 가벼워 '길고(두레박)'라고 하는데, 힘을 적게 들이
고도 효과는 아주 좋습니다."라고 하자 노인은 화난 표정을 하며
말하길, "나의 스승이 말씀하시길, 요령 있게 일을 하면 반드시 간
교한 마음이 있게 되고, 간교한 마음이 가슴 속에 있게 되면 순수
함을 갖출 수 없다고 하셨습니다." 자공은 매우 놀라며 부끄러워하
여 얼굴을 마주 대할 수 없었다. 잠시 후 장인은 "당신은 무엇을
하는 분입니까?"라고 묻자, 자공은 "공자의 제자입니다."라고 대답
하였다. 그러자 장인은 "당신은 박학다식하다하여 성인의 지식을
의심하고 홀로 노래를 부르며 악기를 연주해 천하에 이름을 드러낸
자가 아닙니까? 당신은 장차 간교한 마음을 없애고 형체를 버려야
하는데 [그런 당신이] 어찌 천하를 다스리겠다고 그러는지요? 가십
시오. 내가 일하는 것을 방해하지 마시오."라고 했다.

(25) 피구공(被裘公)

被裘公者, 吳人. 延陵季子出遊, 見道中有遺金, 顧而謂公曰: "取彼
金." 公投鎌, 瞋目[70]拂手而言曰: "何子之高視之卑? 五月被裘而負

---

70) 瞋目: 눈을 크게 부릅뜨다.

薪, 豈取金者哉?" 季子大驚, 既謝而問其姓名. 公曰: "吾子皮相之
士,71) 而安足語姓名也!"

【역문】 피구공은 오나라 사람이다. 연릉계자가 외출하였다가 길
거리에 누가 떨어뜨린 금을 보고 피구공을 돌아보며 말하길, "저
금을 주우시오." 그러자 피구공은 삽을 던지고 눈을 부릅뜨고 손을
털며 말하길, "당신은 어찌하여 높은 곳에 거하면서 비천한 것을
바라보십니까? 5월에 갖옷을 입고 땔감을 짊어지고 있더라도 어찌
나더러 남이 떨어뜨린 금을 주우라고 합니까?" 계자는 크게 부끄러
워하며 이름을 묻자 "당신은 사람의 겉모습만을 보며 판단하는 사
람인데 내가 어찌 이름을 알려 주리오?"라고 했다.

(26) 연릉계자(延陵季子)72)

延陵季子名札, 吳王之子, 最少而賢. 使上國還, 會闔閭使專諸刺殺王
僚, 致國於札. 札不受, 去之延陵, 終身不入吳國. 初適魯, 聽樂論衆
國之風. 及過徐, 徐君欲其劍, 札心許之; 及還, 徐君已死, 卽解劍帶
樹而去.

【역문】 연릉계자는 이름이 찰이라 하는데 오나라 왕의 아들로
어려서부터 매우 현명했다. 계찰이 상국으로 사신가는 길에 합려는
전제를 시켜 오왕 료를 살해하고 나라를 일으켜 계찰에게 주려 했
다. 계찰이 이를 받지 않고 연릉을 떠나 죽을 때까지 오나라로 돌
아오지 않았다. 노나라에 처음 갔다가 여러 나라의 노래를 듣고 각

---

71) 皮相之士: 겉모습만을 중시하는 사람.

72) 중국 춘추 시대 吳王 壽夢의 아들이다. 이름은 季札. 수몽은 그가 현명하다는 것을 알고 양위
하려 하였으나 사양하고 받지 않자, 연릉에 봉하고 연릉계자라 하였다.

국의 풍습에 대해 논하였다. 서국을 지나가다가 서국의 임금이 계찰의 칼을 매우 부러워하자 계찰은 칼을 주기로 마음속으로 작정하였다. 돌아오는 길에 서국을 들렀으나 서국의 임금이 이미 죽은 뒤라 칼을 풀어 나무에 걸어두고 갔다.

(27) 원헌(原憲)[73]

原憲味道, 財寡義豊. 棲遲蓽門,[74] 安賤固窮. 絃歌自樂, 體逸心沖.
進應子貢,[75] 邈有清風.

【역문】 원헌은 도를 체득한 자로 재물은 적었지만 원대한 뜻을 품고 있었다. 그는 가난하여 옹색하고 초라한 집에서 살았지만 비천함을 편안하게 여기고 궁핍함을 고수했다. 악기를 연주하고 노래를 불러 스스로 즐거워하니 몸과 마음 모두 편안하였다. 자공이 집을 방문하여 응대하였는데, 아득하게 시원한 바람이 불어왔다.[76]

---

73) 원헌은 자가 子思로 공자의 제자이며 공자가 아끼는 72명의 賢人 중의 하나다. 원헌은 일생을 안빈낙도하며 세속과 섞이는 것을 싫어했다. 공자가 노나라 司寇로 있을 때 공자의 가신을 한 적이 있었는데, 그때 공자는 九百斛의 봉록을 주려고 했지만 원헌은 끝내 받지 않았다. 공자가 죽은 후 원헌은 위국에서 초막을 짓고 은거생활을 하면서 거친 밥과 나쁜 차를 마시면서 아주 청빈하게 살았다. 한번은 자공이 화려한 마차를 타고 원헌을 방문하였다. 이때 원헌은 헤어진 옷을 입고 자공을 맞이하였다. 자공이 묻기를, "혹 선생께서 병이 있으십니까?" 원헌이 대답하길, "내가 듣기로 재물이 없으면 가난이라 하고 도를 배웠으나 이를 행하지 못하는 것이 병입니다. 저는 가난한 것이지 병이 든 것이 아닙니다.(『論語·憲問』, 吾聞之, 無財者謂之貧, 學道而不能行者謂之病. 若憲, 貧也, 非病也.)"라고 하였다.

74) 蓽門: '가시나무를 엮어서 만든 울타리 또는 문'이란 뜻인데, 가난하고 옹색하며 초라한 집을 상징한다.

75) 위나라의 재상으로 있던 자공(子貢)이 방문했을 때 그는 해진 의관(衣冠)이지만 단정하게 차려입고 그를 맞았다. 자공이 곤궁하게 사는 것을 걱정하자 "도를 배우고도 실천하지 못하는 것을 곤궁하다고 말하지, 나는 가난해도 곤궁하진 않다."고 대답하여 자공을 부끄럽게 만들었다고 한다.

76) 『史記·遊俠列傳』에 원헌을 평하여 이르기를, "독서하는 데에도 홀로 고상한 군자의 덕을 지니고 있었으며, 도의에 맞지 않는 당세와 영합하려 들지 않고, 말에는 반드시 신용이 있었고 행동은 과감했으며 이미 승낙한 일은 반드시 성의를 다했다(讀書懷獨行君子之德, 義不苟合當

(28) 범려(范蠡)[77]

范蠡者, 徐人也. 相越滅吳, 去之齊, 號鴟夷子, 治産數千萬. 去止陶,
爲朱公, 復累巨萬. 一曰: 蠡事周, 師太公, 服桂飲水. 去越入海, 百餘
年乃見於陶, 一旦棄資財, 賣藥於蘭陵, 世世見之.

【역문】 범려는 서나라 사람이다. 월나라 재상이 되어 (월왕 구
천을 도와) 오나라를 멸하였고, 제나라로 간 후에는 이름을 치이자
라 하였는데, 생업을 다스리자 재산이 천만금을 헤아렸다. 도나라
를 다스리기 위해 주공이 되었는데, 또 다시 억만금을 모았다. 범려
는 주나라를 섬기고 태공망을 스승으로 삼았으며, 계피를 복용하고
물마시기를 좋아했다. 월나라를 떠나 바다로 들어가 백여 년이 지
난 후 도나라에 나타났다. 그는 모은 재물을 다 버리고 난릉에서
약을 팔았는데 대대로 모두 그를 알아보았다.

(29) 도양설(屠羊說)[78]

屠羊說者, 楚人, 隱於屠肆. 昭王失國, 說往從王.[79] 王反國, 欲將賞
說. 說曰: "天王失國, 說失屠羊; 天王反囬, 說亦屠羊. 臣之爵祿複矣,
又何賞之有?" 王使司馬子綦延之以三珪之位. 說曰: "願長反屠羊之肆
耳." 遂不受.

世). 또한 자신의 몸을 버리고 남의 고난에 뛰어들 때에는 생사를 돌보지 않았다. 그러면서도
자신의 능력을 자랑하지 않았고, 그 공덕을 내세우는 것을 오히려 수치로 삼았다(其行雖不軌
於正義, 然其言必信, 其行必果, 已諾必誠, 不愛其軀, 赴士之阨困, 既已存亡死生矣, 而不矜其能,
羞伐其德.)"

77) 중국 춘추 전국 시대 월의 정치가, 경제학자, 군인으로 자는 소백(少伯)이다. 월왕 구천을 섬기
고 구천을 춘추오패에 설 수 있게까지 기여한 공로가 가장 크다.

78) 屠羊说은 楚 昭王 때 시장에서 양고기를 파는 백정이어서 모두들 그를 屠羊说라 불렀다.

79) 초나라가 오나라에 패하여 소왕이 도망을 갔는데 도양설은 왕을 따라 다니며 큰일은 물론이고
의식주에 이르기까지 많은 문제들을 해결해 주었다고 한다.

【역문】 도양설은 초나라 사람으로 도진에 은거하며 살았다. 소왕이 나라를 잃자 도양설은 왕을 따라갔다. 소왕이 나라를 되찾고 다시 돌아오자 도양설에게 상을 주려 하였다. 설은 말하길, "왕께서 나라를 잃게 되자 저도 양을 잡을 수 없게 되었고, 왕께서 다시 나라를 되찾게 되자 저도 역시 양을 잡을 수 있게 되었습니다. 이렇게 하여 소인은 봉록을 다시 얻은 것과 다름이 없는데 무슨 상을 또 받을 수 있겠습니까?" 왕은 더 높은 관원을 파견하여 도양설에게 삼공의 지위에 해당하는 높은 관직을 주려했다. 도양설은 "원컨대 이전대로 양을 잡을 수 있도록 해 주십시오."라고 하며 수락하지 않았다.

(30) 시남의료(市南宜僚)[80]

> 市南宜僚, 楚人也, 姓熊. 白公爲亂, 使石乞告之, 不從. 承以劍, 而僚弄丸不輟. 魯侯問曰: "吾學先王之道, 勤而行之, 然不免於憂患, 何也?" 僚曰: "君今能刳形[81]洒心,[82] 而遊無人之野, 則無憂矣."

【역문】 시남의료는 초나라 사람으로 성은 웅이다. 백공승이 난을 일으키자 석걸이 시남의료를 그에게 천거하였지만 따르지 않았다. 백공승은 칼을 잘 다루었지만, 료는 구슬을 잘 다루어 그치지 않았다. 노나라 제후가 묻기를, "나는 일찍이 선왕의 도를 배워 부

---

80) 웅의료는 춘추 시대 楚나라 사람으로 시남에 살아 시남의료 또는 시남자로 불렸다. 石乞이 白公勝에게 웅의료를 천거하여 그에게 子西를 죽이라고 했는데, '어진 사람을 죽일 수 없다'며 끝까지 거절했고 칼로 위협을 해도 두려워하지 않자 결국 포기하고 말았다. 일설에 구슬을 아래위로 굴리면서 놀 줄 알았다고 한다. 초나라가 송나라와 전쟁을 벌였는데 전세가 불리해지자 軍陣 앞에서 칼을 가슴에 대고 쇠 방울을 빙빙 돌리는 묘기를 보였다. 이에 정신이 팔린 송나라 군대를 쳐서 마침내 적을 무찔렀고, 楚莊王은 위기에서 벗어나 春秋五覇가 될 수 있었다.

81) 刳形: 형체를 잊어버리다.

82) 洒心: 마음 속 일체의 사리사욕과 잡념을 없애다.

지런히 이를 실천에 옮겼으나 우환을 면할 수가 없었소. 이유가 뭘까요?" 료는 "임금께서는 형체를 깨어버리고(얽매이지 말고) 마음을 깨끗하게 씻은 후 사람이 없는 들판에서 노닐 수 있다면 걱정이 사라질 것입니다."라고 대답했다.

(31) 주풍(周豐)[83]

> 周豐, 魯人也, 潛居[84]自貴. 哀公執贄[85]請見之, 豐辭. 使人問曰: "有虞氏未施信於民而民信, 夏后氏未施敬於民而民敬, 何施而得斯於民也?" 對曰: "墟墓之間, 未施哀於民而民哀; 宗廟社稷中, 未施敬於民而民敬. 殷人作誓而民始叛, 周人作會而民始疑. 苟無禮儀忠信誠愨[86]之心以涖[87]之, 然雖固結之, 民其可不解乎?"

【역문】 주풍은 노나라 사람으로 남몰래 숨어 살며 스스로를 귀하게 여겼다. 노나라 애공은 선물을 들고 그를 만나려고 했지만 그는 사양하였다. (애공은 이에 그만두지 않고 사신을 주풍에게 보냈다. 사신은 "우순은 백성에게 믿음을 교화하지 않았지만 백성들은 모두 그를 신임하였고, 하후 씨는 백성들에게 공경함에 대해 교화를 하지 않았는데도 백성들은 오히려 그를 공경하였습니다. 그렇다면 어떻게 해야 백성들의 신임과 존경을 받을 수 있겠습니까?"라고 문자 이에 주풍이 다음과 같이 대답하였다. "선왕의 폐허와 무덤

---

83) 『禮記・檀弓』에 나오는 고사인데, 백성들에게 어떻게 교육을 시킬 것인지에 대한 의론이다. 즉, 說敎는 반드시 필요한 것이나 효과 있는 說敎가 되기 위해서 설교하는 자도 반드시 그 설교대로 실천해야 함을 주지시켜 주는 예화로서 한마디로 '言敎不如身敎' 도리를 설명하고 있다.

84) 남몰래 숨어살다.

85) 贄: '贄'의 뜻으로 옛날 사람들이 서로 만날 때 가지고 가던 선물이다.

86) 愨: 질박하다 혹은 거짓 없는 순수한 마음을 가리킨다.

87) 涖: 임금이 임하다, 곧 백성들을 다스리다, 함께하다의 뜻으로 풀이할 수 있다.

사이에서 백성들에게 슬픔을 가르치지 않아도 백성들은 슬퍼할 것이요, 종묘사직에서 백성들에게 공경하라고 하지 않아도 백성들은 자연히 공경할 것입니다. 은나라 통치자들은 일찍이 맹세로써 백성들에게 약속했지만 백성들은 결국 그들을 배반하였고, 주대의 통치자들은 동맹을 맺어 백성들을 단결시키려 하였지만 백성들은 결국 그들을 믿을 수가 없었습니다. 만약 (위정자들이) 예의와 충심의 마음으로 백성들을 다스리지 않는다면 설령 백성들을 안정시키고 단결시킬 수는 있겠지만 결국에 가서 어찌 백성들이 흩어지지 않을 수 있겠습니까?"

(32) 안합(顔闔)[88]

顔闔者, 魯人也. 魯君聞其賢, 以幣聘焉. 闔方服布衣, 自飲牛, 使者問曰: "此顔闔家邪?"曰: "然." 使者致幣, 闔曰: "恐聽誤而遺使者羞." 使者反, 復來求之, 闔乃鑿坏而遁.[89]

【역문】 안합은 노나라 사람이다. 노나라 애공이 그의 현명함을 듣고 많은 예물을 보내 그를 모셔오게 했다. 안합은 베옷을 입고 몸소 소에게 물을 먹이고 있었는데, 사신이 "여기가 안합의 집인가요?"라고 묻자 안합은 "그렇소."라고 대답했다. 이에 사신은 예물을 주려고 하자 안합은 "아마도 내가 잘못 들어 사신이 벌을 받을까

---

88) 『淮南子·齊俗訓』에 나오는 고사이다. 전국 시대 魯나라 사람. 隱士. 노나라 임금이 그가 어질다 하여 使者를 보내 초빙하려 하자 "그대가 잘못 들은 것 같으니 다시 확인해 봐라(君恐誤聽 不若審之)."고 말해 사자를 돌려보낸 뒤 뒷담을 뚫고 달아났다고 한다("顔闔鑿墻").

89) 『淮南子·齊俗訓』에 나오는 고사이다. 안합은 전국 시대 魯나라 사람으로 隱士로 알려져 있다. 노나라 임금이 그가 어질다 하여 使者를 보내 초빙하려 하자 "그대가 잘못 들은 것 같으니 다시 확인해 봐라(君恐誤聽, 不若審之)."고 말해 사자를 돌려보낸 뒤 뒷담을 뚫고 달아났다고 한다("顔闔鑿墻").

염려되니 좀 더 분명히 알아보시오." 사신이 돌아갔다가 다시 청하기 위해 왔더니 안합은 벽을 뚫고 도망가 은둔해 버렸다.

(33) 단간목(段干木)[90]

段干木者, 治淸節, 遊西河, 守道不仕. 魏文侯就造其門, 干木踰垣而
避之. 文侯以客禮出, 過其廬則式, 其僕問之, 文侯曰: "干木不趣勢,
隱處窮巷, 聲馳千裏, 敢勿式乎?" 文侯所以名過齊桓公者, 能尊段干
木敬卜子夏友田子方也.

【역문】단간목은 청렴하고 지조가 있는 자로 서하를 유람하면서 도를 지키며 벼슬길에 오르지 않았다. 위 문후가 그의 집 대문 앞까지 갔으나 단간목은 담장을 넘어 피해 버렸다. 문후는 손님의 예로 대하며 나갔고 그의 집을 지날 때에는 격식을 차렸는데, 시종이 그 연유를 묻자, 문후는 "단간목은 권세를 쫓지 않으면서 빈궁한 곳에 거하여 그의 명성이 천리까지 퍼져있으니 어찌 예로써 대하지 않을 수 있겠느냐?"라고 말했다. 위 문후가 그 명성이 제 환공을 앞지르는 까닭은 능히 단간목을 받들고 복자하를 존경하며 전자방을 벗으로 삼았기 때문이다.

---

90) 段干木의 성은 李, 이름은 克인데, 段이라는 직위에 책봉되어 木大夫가 된 후 段干木이라 불렀다고 한다. 魏나라 安邑 사람으로 춘추말기 전국초기에 활동하였다. 그의 여러 친구들은 모두 들 관리가 되었지만 유일하게 단간목만이 관직에 오르지 않고 은거하였다. 魏文侯의 동생인 魏成子가 단간목을 강력하게 추천하자 위 문후는 달밤에 단간목을 방문하여 관직에 오르기를 청했다고 한다.

(34) 장주(莊周)[91]

莊周少學老子, 梁惠王時爲蒙縣漆園吏,[92] 以卑賤不肯仕. 楚威王以百
金聘周, 周方釣於濮水之上, 曰: "楚有龜, 死三千歲矣, 今巾笥[93]而藏
之於廟堂之上. 此龜寧生而掉尾塗中耳. 子往矣! 吾方掉尾於塗中." 後
齊宣王又以千金之幣迎周爲相, 周曰: "子不見郊祭之犠牛乎? 衣以文
繡, 食以芻菽, 及其牽入太廟, 欲爲孤豚, 其可得乎?"遂終身不仕.

【역문】 장주는 어릴 적부터 노자를 공부하였고, 양 혜왕 때 몽
현의 칠원리를 지냈을 뿐, 이후 비천하다 여겨 관직에 오르길 꺼려
했다. 초나라 위왕이 많은 재물을 주고 장주를 등용하려 하였는데,
장주는 마침 복수에서 낚시를 하고 있다가 이르길, "초나라에 거북
이가 있었는데, 죽을 때 삼천 살이었고, 지금은 화려한 상자에 담겨
져 사당에 잘 모셔져 있습니다. 이 거북이는 차라리 살아서 진흙
속에서 꼬리를 흔들며 살기를 원했을 것입니다. 당신은 돌아가시
오! 나도 진흙 속에 꼬리를 묻으려 하오." 제 선왕이 또 천금을 가
지고 장주를 재상으로 삼으려 하자 장주는 말하길, "왕께서는 제사
때 사용되는 소를 보지 않으셨소? 화려하게 수놓은 옷을 입고 풀과
콩을 먹으며 화려한 사당에 들어갈 때쯤에야 외로운 돼지가 되기를
바라는데 그것이 가능하단 말입니까?" 이리하여 장주는 평생 관직
에 나아가지 않았다.

---

91) 장주는 이름이 周이고 자는 子休로 전국 시대 송나라 蒙 사람이다. 그는 지극히 자유를 숭상
　하여 양나라 위왕의 천거에 응하지 않았는데, 젊었을 때 옻나무 동산을 관리하는 관직에 올랐
　지만 곧 사임하고 은거하면서 평생을 저술과 강연활동에 전념했다고 한다. 노자의 사상을 계
　승하여 도가사상을 더욱 발전시켰으며 도가학파의 대표적인 인물이 되었다.

92) 漆園吏: 옻나무 동산을 관리하는 하급직

93) 巾笥: 머리끈을 담아두는 작은 상자

(35) 여구선생(閭丘先生)

閭丘先生, 齊人也. 齊宣王獵於社山, 社山父老十三人, 相與勞王. 王
賜父老衣服, 父老皆答謝, 先生獨不拜. 王曰: "少也, 復賜無徭役."
先生復獨不拜. 王曰: "父老幸勞之, 故答以二賜." 先生獨不拜, 何也?
閭丘曰: "聞王之來, 望得壽得富得貴於大王也." 王曰: "死生有命,
非寡人也. 倉廩備災, 無以富先生; 大宮無闕, 無以貴先生." 閭丘曰:
"非所敢望. 願選良吏, 平法度, 臣得壽矣; 賑乏以時, 臣得富矣; 令少
敬長, 則臣得貴矣."

【역문】 여구선생은 제나라 사람이다. 제 선왕이 사산에서 사냥
을 하고 있었는데 사산에 살고 있는 13명의 노인들이 선왕을 찾아
와 문안하였다. 왕은 이들에게 옷을 하사하였고, 이들은 모두 감사
함을 표했지만 여구선생만 유독 답례를 하지 않았다. 왕이 이르길,
"너무 적어서 그렇습니까? 그렇다면 다시 요역을 면해주도록 하겠
습니다." 그럼에도 선생만은 답례를 표하지 않았다. 왕은 "백성들이
모두 고생하고 있는 것 같아 답례로 두 가지 상을 내렸는데도 선생
은 인사하지 않았는데 왜 그런가요?"라고 묻자, 여구는 "왕께서 오
셨다는 소리를 듣고 이렇게 우리가 온 것은 왕으로 인해 우리들이
장수하고 부유하며 귀하게 여김을 받고자 함입니다."라고 답했다.
왕은 이에 대해 "죽고 사는 것은 하늘의 뜻이지 내가 어찌할 수 있
는 것이 아닙니다. 창고에 곡식이 가득 있으나 그것은 재해 방지용
이니 선생을 부유하게 할 수 없고, 궁에는 지금 자리가 없으니 선
생을 귀하게 모실 수도 없습니다."라고 대답했다. 여구는 "그런 것
은 내가 감히 원하는 것이 아닙니다. 다만 왕께서 어진 관리를 등
용하고 법도를 정비하신다면 저는 천수를 누릴 수 있을 것이고, 백

성이 어려울 때 잘 구제하신다면 저 역시 부귀해질 것이며, 젊은이들이 노인을 공경하게 한다면 저 또한 귀히 여김을 받을 수 있을 것입니다."라고 대답했다.

(36) 안촉(顏歜)[94]

> 顏歜者, 齊人也. 宣王見之, 王曰: "歜前!" 歜曰: "王前!" 王不悅. 歜曰: "夫歜前爲慕勢, 王前爲趨士." 王作色曰: "士貴乎?" 歜曰: "昔秦攻齊, 令曰, 敢近柳下惠[95]壟樵者, 罪死不赦. 有能得齊王頭者, 封萬戶. 由是觀之, 生王之頭, 不如死士之壟." 齊王曰: "願先生與寡人遊, 食太牢,[96] 乘安車." 歜曰: "願得蔬食以當肉, 安步以當輿, 無罪以當貴, 淸淨以自娛." 遂辭而去.

【역문】 안촉은 제나라 사람이다. 제 선왕이 그를 만난 후 왕이 "촉은 앞으로 나오라!" 했더니, 안촉은 "왕께서 앞으로 나오시오!"라고 말했다. 이에 왕은 매우 불쾌해했다. (이렇게 한 것에 대해 그 이유를 묻자) 촉은 "대저 제가 앞으로 나아가면 권세를 흠모하는 것이요, 왕께서 앞으로 나오시면 선비를 구하는 것이 됩니다."라고 대답했다. 왕이 화가 나 얼굴을 붉히며 "선비가 그렇게 귀한가?"라고 묻자 촉은 "옛날 진나라가 제나라를 공격할 때, 영을 내려 감히 유하혜의 무덤에서 가깝게 나무를 하는 자는 용서하지 않고 죽음으로 그 죄를 다스리게 했습니다. 제왕의 머리를 얻을 수 있는 자는 만호의 봉읍을 받을 수 있습니다. 이것으로 볼 때, 선왕의 머리는

---

94) '顏歜'이라고도 한다.

95) 柳下惠: 柳下惠의 본명은 展獲이고 자는 子禽이다. 버드나무 아래에서 책봉을 받았기에 후대 사람들은 그를 柳下惠라고 불렀다. 혜강의 柳下惠를 孫登과 함께 '大賢人'으로 존경하기도 했다.

96) 제사 때 바치는 소나 양, 돼지로서, 최고의 음식을 가리킨다.

죽은 선비의 무덤만 같지 못합니다."라고 말했다. 제왕이 "선생께서
는 나와 함께 지낸다면 좋은 요리를 먹고 편안한 수레를 탈 것이
오."라고 하자 촉은 "거친 것을 먹더라도 고기를 먹는 것과 같고
편안하게 걷는 것이 수레를 타는 것과도 같습니다. 죄가 없으면 귀
한 것이나 다름이 없고 깨끗하고 곧은 마음이면 스스로 즐거워하는
것과 같습니다."라고 하며 사양하며 떠났다.

(37) 노련(魯連)[97]

> 魯連好奇偉倜儻. 嘗遊趙, 秦圍邯鄲, 連難新垣衍以秦爲帝, 秦軍爲
> 卻.[98] 平原君欲封連, 連三辭不受. 平原君又置酒, 乃以千金爲連壽.
> 連笑曰: "所貴天下之士者, 爲人排患釋難而無取也; 即有取之, 是商
> 賈之事爾, 不忍爲也." 及燕將守聊城. 田單攻之不能下, 連乃爲書射
> 城中, 遺燕將; 燕將見書, 泣三日, 乃自殺; 城降, 田單欲爵連, 連曰:
> "吾與於富貴而詘於人, 寧貧賤輕世而肆意." 遂隱居海上, 莫知所在.

【역문】노련은 뜻이 크고 절개가 곧은 사람이다. 조나라에 유람
을 갔다가 진나라가 한단지역을 포위하자 노련은 신원연이 진나라
(소왕)을 황제에 등극시키려는 것에 대하여 비난하자 진나라 군대
는 퇴각하였다. 평원군은 노련에게 벼슬을 내렸지만, 노련은 세 번
이나 사양하며 받지 않았다. 평원군은 또한 술상을 차려놓고 많은
돈을 주어 노련을 치하하려 했다. 이에 노련은 웃으면서 말하길,
"천하의 선비가 사람들에게 귀함을 받는 까닭은 사람들에게 환난을

---

97) 춘추 전국 시대 齊나라가 고향인 노련은 선비의 본분을 지키면서 다른 사람의 고통을 자기 일
    처럼 여긴 사람이다.

98) 위나라 사신 신원연이 진나라 소왕에게 황제가 될 것을 주청하자 그 이해관계를 따져 말하며
    결코 진나라가 황제가 되어서는 안 된다고 역설하면서 조나라 평원군을 설득하였으며, 때마침
    위나라 구원병이 오자 진나라 군사가 퇴각하였다.

없애주고 어려움을 해결해주지만 대가를 취하지 않기 때문입니다. 만약 제가 대가를 취한다면 그것은 상인의 행위일 뿐이기 때문에 나는 그렇게 하는 것을 참을 수가 없습니다." 연나라 장수가 요성을 사수하자 전단은 성을 공격했지만 함락시키지 못하니 이에 노련은 편지를 써 화살에 묶어 연나라 장수에게 보냈다. 연나라 장수가 서신을 보고 삼일을 울더니 자살하고 말았다. 성이 함락되어 전단이 노련에게 벼슬을 주려하자 연은 말하길, "나는 부귀영화를 누리면서 다른 사람을 미혹되게 하느니 차라리 가난하고 천하게 살면서 세상의 것을 가볍게 여기면서 마음대로 사는 편이 좋겠다."라고 하였다. 후에 바닷가에 은거하였는데, 그의 소재를 아는 이가 없었다.

(38) 어릉중자(於陵仲子)[99]

於陵仲子, 齊人, 常歸省母, 人饋其兄鵝, 仲子嚬蹙曰: "惡用是鶂鶂者哉!"

【역문】어릉중자는 제나라 사람으로 늘 돌아와 모친을 보살폈다. 어떤 사람이 그의 형에게 기러기를 선물했는데, 중자는 이마를 찌푸리며 불쾌한 듯이 말하길, "꽥꽥거리며 우는 것을 도대체 무엇에 쓰려고 하는가?"

---

99) 陳仲子는 전국 시대 제나라 사람으로 이름이 終이며 오릉이란 곳에 은거했기 때문에 陵子라고도 불렸다. 초나라 왕이 그가 현자라는 이야기를 듣고 재상으로 등용하려 황금을 보내 초청했다. 그때 그의 아내가 가난하지만 마음 편한 평민생활을 즐기고 왕의 초청을 거절하라고 권하자 아내와 함께 시골로 도망가 다른 사람의 밭을 갈고 정원에 물을 주는 일로 생계를 유지했다고 한다. 황보밀 고사전에 의하면, 그의 형 진대가 제나라의 경이 되어 봉록이 만 종이나 되었는데, 진중자는 이를 의롭지 못하다고 생각하여 처자를 데리고 초나라로 가서 오릉(지금의 산동성 장양현)에 살면서 스스로 '오릉중자'라고 불렸다. 그는 비록 곤궁했지만 구차하게 구하지 않았으며, 의롭지 못한 음식은 먹지 않았다고 한다(其兄戴為齊卿, 食祿萬鍾, 仲子以為不義, 將妻子適楚, 居於陵, 自謂於陵仲子. 窮不苟求, 不義之食不食).

(39) 어부(漁父)100)

(내용 없음)

(40) 전생(田生)

田生, 菅床茅屋,101) 不肯仕宦, 惠帝亲自往, 不出屋.

【역문】 전생은 아주 초라하고 보잘 것 없는 집에 기거하며 벼슬을 하지 않았는데, 혜제가 친히 그가 사는 곳을 방문했지만 집 밖으로 나오지 않았다.

---

100) 漁父는 초(楚)나라 사람으로, 초나라가 어지러워지자 이름을 숨긴 채 강가에 숨어 낚시질을 하였다. 楚 頃襄王 때 屈原은 三閭大夫로서 그 명성이 제후들에게 널리 알려졌는데, 上官 勤尙에게 모함을 당하게 되었다. 경양왕이 노해 그를 강가로 추방하자, 굴원은 머리를 풀어 헤친 채 연못가를 거닐며 노래를 불렀다. 어부가 그를 보고 "당신은 삼려대부가 아니시오? 무슨 이유로 여기에 오셨소?"라고 묻자, 굴원은 "온 세상이 혼탁한데 나만 깨끗하고, 세상 사람들이 모두 취했는데 나만 홀로 깨어 있기 때문에 쫓겨난 것이라오."라고 말하였다. 그러자 어부는 이렇게 말하였다. "무릇 성인은 만물에 걸리는 것이 없기 때문에 세상과 더불어 변화할 수 있는 것이오. 온 세상이 혼탁하거든 어찌하여 그 물결을 치고 그 흙탕을 일으키지 않으며, 사람들이 모두 취했거든 어찌하여 그 술지게미를 먹고 그 밑술을 마시지 않는 것이오? 무슨 까닭에 옥 같은 절조를 지키면서 스스로 내쫓기게 하는 것이오?" 그리고는 이어서 "창랑의 물 맑거든 내 갓끈 씻을 수 있고, 창랑의 물 흐리거든 내 발 씻을 수 있네"라고 노래하였다. 마침내 깊은 산으로 떠나 스스로 숨어 버리니, 아무도 그를 아는 사람이 없었다.(漁父者, 楚人也, 楚亂, 乃匿名隱釣於江濱. 楚頃襄王時, 屈原爲三閭大夫, 名顯於諸侯, 爲上官靳尙所譖, 王怒, 放之江濱, 被行吟於澤畔. 漁父見而問之, 曰: "子非三閭大夫歟? 何故至於斯?" 原曰: "擧世混濁而我淸, 衆人皆醉而我獨醒, 是以見放." 漁父曰: "夫聖人不凝滯於萬物, 故能與世推移. 擧世混濁, 何不揚其波, 汨其泥? 衆人皆醉, 何不鋪其糟, 歠其醨? 何故懷瑾握瑜, 自令放爲?" 乃歌曰: "滄浪之水淸, 可以濯吾纓滄浪之水濁, 可以濯吾足." 遂去深山, 自閉匿, 人莫知焉. 「高士傳」)

101) '골풀로 만든 평상과 띠로 엮은 지붕'이라는 뜻으로, 매우 누추하고 초라한 거처를 일컫는 말이다.

(41) 하상공(河上公)[102]

河上公, 不知何許人也, 謂之丈人. 隱德無言, 無德而稱焉, 安丘先生
等從之, 修其黃老業.

【역문】 하상공은 어디 사람인지 알 수 없는데, 장인이라 불렀다.
덕을 품은 자는 말이 없고 덕이 없는 자는 말을 한다고 했으며, 안
구선생 등이 그를 따라다니며 황로술[103]을 연마했다.

(42) 안구망지(安丘望之)[104]

安丘望之, 字仲都, 京兆長陵人. 少持老子經, 恬淨不求進宦, 號曰安
丘丈人. 長靈安丘生病篤, 弟子公沙都來省之. 與安丘共至於庭樹下, 聞
李香開目, 見雙赤李著枯枝, 自墮掌中, 安食之, 所苦盡愈.

【역문】 안구망지의 자는 중도로서 경조 장릉 사람이다. 어릴 적
부터 노자 도덕경을 가지고 다니며 마음을 편안하게 다스리고 사심
이 없어 관직에 나아감을 구하지 않았으니 안구장인이라 불렀다.
안구생의 병이 위중해지자 제자 공사가 그를 살피러 왔다. 안구생
과 함께 정원의 나무 아래로 갔는데 배의 향기에 눈을 떠 붉은색
배가 마른 나뭇가지에 매달려 있는 것을 보았다. 배 하나가 손안으

---

102) 하상공은 '河上丈人'이라고도 하는데, 제나라 琅邪 일대의 방사이다. 황로술의 집대성자이기
도 하다. 하상공은 중국역사상 진정한 은자라 일컬음을 받았으며, 노자 도덕경에 주를 달아
『河上公章句』를 편찬했는데, 가장 광범위하게 전파되었으며 영향력이 가장 큰 주해서로 알려
져 있다.

103) 황로술은 戰國 중엽부터 秦, 漢 시대에 유행하였던 이른바 黃帝학파와 老子학파가 합쳐진 학
문을 말하는데, 道家사상을 위주로 하고 儒家와 法家, 墨家 학파의 관점을 받아들여 길흉화
복을 점치고 불로장생을 추구하는 학문이다.

104) 安丘生이라고도 불린다.

로 떨어져 그것을 먹으니 아픈 것이 전부 나았다.

(43) 사마계주(司馬季主)[105]

司馬季主者, 楚人也. 卜於長安. 漢文帝時, 宋忠賈誼為太中大夫, 誼
曰: "吾聞聖人不居朝廷, 必在巫毉, 試觀卜數中." 見季主閑坐, 弟子
侍而論陰陽之紀. 二人曰, "觀先生之狀, 聽先生之辭, 世未嘗見也. 尊
官高位, 賢者所處, 何業之卑, 何行之汙?" 季主笑曰: "觀大夫類有道
術, 何言之陋? 夫相引以勢, 相導以利, 所謂賢者, 乃可為羞耳. 夫內
無饑寒之累, 外無劫奪之憂, 處上而有敬, 居下而無害, 君子道也. 卜
之為業, 所謂上德也. 鳳凰不與燕雀為群; 公等喁喁, 何知長者?" 二
人忽忽不覺自失, 後不知季主所在.

【역문】 사마계주는 초나라 사람으로 장안에서 점을 쳤다. 한 문
제 때 송충과 가의는 태중대부였는데, 가의가 "나는 성인이 조정에
머물지 않고 무당집에 머물며 점괘를 본다고 들었습니다."라고 하
였다. 계주가 한가롭게 앉아 제자의 시중을 받으며 음양의 법칙에
대해 논하는 것을 보았다. 이에 두 사람은 "선생의 모습을 보고 말
을 들어보니 일찍이 세상에서 한 번도 본 적이 없습니다. 고귀하고
높은 자리는 어진이가 처할 곳인데, 어찌 이렇게 비천한 일을 하고

---

105) 한 무제는 점보는 것을 아주 좋아했다. 어느 날 무제가 며느리를 들일 날짜를 잡고 역술인 7
명을 불렀다. 한데 7인7색이었다. 오행가는 좋다고 했고, 풍수가는 안 된다고 했다. 12진과
오행을 연결시켜 점친 자는 아주 흉하다고 했다. 지루한 논쟁이 벌어졌다. 골머리를 앓던 무
제는 "사람은 오행에 따라 살지 않느냐"며 오행가의 손을 들어줬다. 한 문제 때의 일이다. 송
충과 가의 용한 점쟁이 사마계주를 찾았다. 사마계주는 과연 길흉의 징험을 꿰뚫고 있었다.
감탄사가 절로 터졌다. "선생님 같이 어진 분이 왜 이런 천한 일을 하십니까? 점쟁이는 과장
된 말로 다른 사람의 마음을 사거나 상하게 하고, 게다가 귀신을 빙자해서 남의 재산을 빼앗
지 않습니까?(夫卜者多言誇嚴以得人情, 謂卜者自矜誇而莊嚴, 說禍以誑人也. 虛高人祿命以說人
志, 擅言禍災以傷人心, 矯言鬼神以盡人財, 厚求拜謝以私於己.)"라고 하자 사마계주가 정색하
며 말꼬리를 잘랐다. "무슨 소리, 그래도 점쟁이는 천지와 인의를 따릅니다(今夫卜者, 必法天
地, 象四時, 順於仁义). 한데 당신들이 어질다는 자들이 누굽니까? 무능하고 부패하고도 나라
의 봉록을 탐하는 자, 사익만 추구하는 자, 무거운 세금을 거두는 자, 이들 말입니까? 과연 누
가 어질다는 말입니까?"라고 했다.(『史記·日者列傳第六十七』)

더러운 곳을 다니십니까?"라고 하니 계주는 웃으며 말하길, "대부
들을 살펴보니 제법 도술을 갖추고 있는 듯한데 어찌 그와 같은 비
루한 말을 합니까? (당신들이 말하는 현자는) 권세로써 서로 이끌
어주며 이익을 미끼로 서로 인도하기 때문에 그런 현자는 마땅히
부끄러워해야 합니다. (장자가 말하길) 군자는 안으로 굶주리거나
추위에 떨 염려가 없고 밖으로는 약탈당할 걱정이 없다고 했습니
다. 또한 높은 자리에 있을 때는 존경을 받고 낮은 자리에 있을 때
는 해를 입지 않으니 이것이 바로 군자의 도인 것입니다. 지금 점
치는 것을 업으로 삼는 자들은 덕이 매우 많은 자들입니다. 봉황은
제비나 참새 따위들과 무리를 이루지 않습니다. 두 대부들께서는
그렇게 세속에 부화뇌동하시니 어찌 그 깊은 뜻을 알 수 있겠습니
까?" 이에 두 사람은 갑자기 망연자실하였으니 후에 그 누구도 계
주가 있는 곳을 알지 못했다.

(44) 동중서(董仲舒)[106]

(내용 없음)

---

[106] 중국 前漢 시대의 公羊學者로 信都國 廣川縣(河北)에서 출생했다. 景帝 때 春秋 박사가 되고,
武帝 때 儒家로 사상계를 통일할 것을 주장, 국가의 통치이념의 기초를 만들었다. 인품이 청
렴하고 정직한 동중서는 武帝 때 賢良對策으로 百家를 몰아내고 儒術만을 존중할 것을 주장
하였다. 『公羊春秋』를 토대로 陰陽五行 및 法家, 道家 등의 사상을 융합하여 儒家의 윤리를
三綱五倫으로 개괄한 바 있다.

(45) 사마상여(司馬相如)[107]

司馬相如者, 蜀郡成都人, 字長卿. 初爲郎, 事景帝. 梁孝王來朝, 從遊
說士鄒陽等, 相如說之, 因病免遊梁. 後過臨邛, 富人卓王孫女文君新
寡, 好音, 相如以琴心挑之, 文君奔之, 俱歸成都. 後居貧, 至臨邛買酒
舍, 文君當壚, 相如著犢鼻褌, 滌器市中. 爲人口吃, 善屬文. 仕宦不慕
高爵, 常托疾不與公卿大事, 終於家. 其贊曰: 長卿慢世, 越禮自放. 犢
鼻居市, 不恥其狀, 託疾避官, 蔑此卿相, 乃賦大人, 超然莫尚.

【역문】 사마상여는 촉 지방 성도사람으로 자는 장경이다. 처음
에는 낭이란 벼슬을 하며 경제를 섬겼다. 양 효왕이 조정에 들어오
자 책사인 추양 등도 함께 따라왔고 사마상여는 이들을 좋아하게
되어 병을 핑계로 관직을 그만두고 양나라로 여행을 갔다. 후에 임
강을 지나가게 되었는데, 그 지역 부호인 탁왕손에게 과부가 된 지
얼마 안 된 딸 탁문군이 음악을 좋아하여 상여는 거문고로 마음을
꼬드겨 탁문군과 함께 도망쳐 성도로 돌아갔다. 후에 가난하게 살
아 임강으로 돌아가 주막을 사서 술을 팔면서 생계를 이어나갔고,
탁문군에게 직접 술시중을 들게 했으며, 상여 자신은 송아지 가죽
으로 만든 바지를 입고 시장에서 술잔을 닦았다. 상여는 말을 더듬
었지만 문장을 잘 지었다. 벼슬을 하는데 높은 자리를 부러워하지
않아 병을 핑계로 높은 관리와 큰일을 도모하지 않으며, 집에서 최
후를 맞이하였다. 그를 칭찬하기를, "사마상여는 세상을 깔보고 예

---

107) 西漢의 문학가로 자는 長卿으로 촉군 成都 사람이다. 원래 이름은 犬子였으나 전국 때 藺相
如를 존경하여 相如로 이름을 바꿨다. 賦를 잘 지어 景帝에 의해 武騎常侍로 있다가 梁孝王
이 문학을 좋아한다는 소문을 듣고 양나라로 갔으나 양 효왕이 얼마 있지 않아 죽자 고향으
로 돌아가 가난하게 살았다. 臨邛의 都亭직에 있을 때 우연히 알게 된 卓王孫의 딸 卓文君과
함께 成都로 도망쳐 살았다. 이때 쓴 「子虛賦」가 漢 武帝에 인정을 받아 郎이라는 벼슬을 제
수 받았다.

의범절을 무시하며 자유분방했다. 스스로 아무 것이나 입고 시장에서 살면서 그 모습을 부끄러워하지 않았다. 병을 핑계로 관직을 그만두고 지위가 높은 관리를 멸시했으며, 부를 잘 지어 그를 따라올 자가 없었다네."

(46) 한복(韓福)

韓福者, 以行義修潔,[108] 漢昭帝時以德行徵, 病不進. 元鳳[109]元年, 詔賜帛五十匹, 遣長吏時以存問, 常以八月賜羊酒, 不幸死者, 賜複衾[110]一, 祠以中牢. 自是至今爲徵士之故事. 福終身不仕, 卒於家.

【역문】한복은 의를 행하고 고결하여 한 소제 때 그의 덕행이 높아 등용하려 했지만 병이 들어 관직에 나아갈 수 없었다. 원봉 원년 황제는 (병으로 관직에 나아가지 못한 한복을 불쌍히 여겨) 그를 위로하고자 비단 50필을 하사하고 관리를 보내 안부를 묻게 하고, 매년 8월이 되면 양고기와 술을 하사하였으며, 불행하게 죽은 자에게는 비단을 하사하여 견고하게 잘 싸서 제사지내도록 하였다. 이때부터 이것은 인재를 구하는 이야기가 되었다. 한복은 종신토록 출사하지 않았으며 집에서 최후를 맞이하였다.

(47) 반사(班嗣)

班嗣, 樓煩人也. 世在京師, 家有賜書, 内足於財. 好老莊之道, 不屑

---

108) 인품이 고상하고 정결함을 뜻함.

109) 서한 소제의 두 번째 연호로서, 기원전 80년에서 75년까지를 말한다.

110) 솜을 넣은 옷으로 장례 때 입는 옷이다.

榮宦, 恆居山, 父黨揚子雲以下, 莫不造門. 桓君山從借『莊子』, 嗣報
曰: "若莊子者, 絕聖棄智, 修性保身, 清虛淡泊, 歸之自然; 釣漁於一
壑, 則萬物不幹其志; 棲遲於一丘, 則天下不易其樂. 今吾子關仁義之
羈絆, 系聲名之韁鎖, 伏孔氏之軌躅, 馳顏, 閔之極藝, 既系攣於世教
矣, 何用大道爲自炫耀也? 昔有學步邯鄲者, 失其故步, 匍匐而歸耳,
恐似此類, 故不進也." 其行己持論如此, 遂終於家.

【역문】 반사는 루번 사람이다. 대대로 경사에서 높은 벼슬을 지
내 집에 책이 많았으며 돈이 많아 부유했다. 노장의 도를 좋아하여
부귀영화와 관직을 가치가 없다고 여기며 늘 산에 살면서 양웅, 환
담 등과 교류하였다. 환담이 그에게 장자를 빌리려고 하자 반사는
이에 답하길, "장자는 성스러운 것과 지혜로운 것을 완전히 끊고
없애며 자신의 성정을 기르고 몸을 보호하며 마음을 비우고 무욕한
생활을 하여 자연으로 돌아갔습니다. 또한 계곡에서 물고기를 잡으
니 만물이 그 뜻을 주장하지 않고 언덕에서 쉼을 구하니 천하의 그
어떤 즐거움으로도 바꿀 수 없습니다. 선생께선 인과 의의 구속에
갇혀있고 명성의 굴레에 매여 있으며 공자의 발자취에 엎드리고 공
자의 제자인 안연과 민손의 훌륭한 솜씨를 쫓으며 세상의 가르침에
묶여있는데 어찌 큰 도로써 스스로를 빛낼 수 있겠습니까? 옛날에
한단의 땅에서 새로운 걸음걸이를 배우려는 자가 있었는데, (제대
로 잘 배우지 못해) 이전의 걸음걸이도 잊어버리게 되어 기어서 돌
아갔다고 합니다. (아마도 당신이 장자를 공부하려는 것은) 이와 같
을 것이니 그 학문 들어가지 마십시오!" 반사의 행동과 이론이 이
와 같으니 결국 집에서 생을 마쳤다.

(48) 장후(蔣詡)

蔣詡字元卿, 杜陵人, 爲兗州刺史. 王莽爲宰衡, 詡奏事到灞上,[111]
稱病不進. 歸杜陵, 荊棘塞門, 舍中有三徑,[112] 終身不出. 時人諺曰:
"楚國二龔, 不如杜陵蔣翁."

【역문】 장후의 자는 원경이고 두릉 사람으로 연주자사를 지냈
다. 왕망이 섭정을 하자 장후는 상소문을 올리고 파상으로 가 병을
핑계로 조정에 나가지 않았다. 두릉으로 돌아온 후 두문불출하였는
데, 집에 세 가닥의 길만을 만들고 평생 나가지 않았다. 사람들은
"초나라의 유명한 고사인 공사와 공성은 두릉에 사는 장후의 두 친
구보다 못하네."라고 자랑했다.

(49) 구중(求仲) 양중(羊仲)

求仲羊仲二人, 不知何許人, 皆治車爲業, 挫廉[113]逃名. 蔣元卿之去
兗, 還杜陵, 荊棘塞門. 舍中有三徑, 不肯出, 唯二人從之遊, 時人謂
之二仲.

【역문】 구중, 양중 두 사람은 모두 어디 사람인지 알 수 없는데,

---

111) 장안 부근의 군사요충지이다.

112) '三徑遺芳'이란 정원의 꽃향기가 남는다는 뜻이다. 옛날 중국설화에 장후라는 도사는 나라에
서 중히 쓰려고 하였으나 마다하고 산중으로 은거하였다. 그 후에 양중과 구중의 두 도사가
뒤따라 이 산에 와서 은거하게 되었다. 이들 세 도사들은 뜻이 서로 통해서 기약 없이 산 밑
한 바위로 모여서 함께 세상사를 토론하였다. 이런 일로 수년이 되자 각각 초막에서 바위까
지 작은 길이 세 갈래 길(삼경)이 생긴 것이다. 각 도사들은 자기 움막 근처에 한 도사는 소
나무 숲을, 다른 도사는 대나무 숲을, 또 다른 한 도사는 난을 많이 심었다고 한다. 후세
사람들은 이 삼경을 고결한 성품을 지닌 은사가 사는 곳이라 하였다.

113) '挫'는 '꺾다', '부러지다'의 뜻이며, '廉'은 '날카롭다', '예리하다'의 뜻이기에, 挫廉은 '不露鋒
鋩', 즉 '특출한 능력이나 재주를 드러내지 않고 숨기다'의 뜻으로 해석할 수 있다.

다만 모두 수레 고치는 일을 생업으로 삼았으며, 능력이나 재주를 드러내지 않고 명성을 피해 살았다. 장원경은 연주를 떠나 두릉으로 돌아가 아무와도 왕래하지 않고 두문불출하였다. 집에 세 갈래의 길이 있었는데, 나가고 싶어 하지 않았지만 유독 두 사람이 그를 따라 교제를 나누었는데, 사람들은 이 두 사람을 '二仲'이라 불렀다.

(50) 상장(尚長)[114]

尚長字子平, 禽慶字子夏, 二人相善. 慶隱避不仕王莽. 長通『易』, 『老子』, 安貧樂道, 好事者更饋遺, 輒受之, 自足還餘, 如有不取也. 舉措必於中和. 司空王邑辟之連年, 乃欲薦之於莽, 固辭乃止. 遂求退. 讀『易』至『損益』卦, 喟然歎曰: "吾知富貴不如貧賤, 未知存何如亡爾." 爲子嫁娶畢, 敕家事斷之, 勿複相關, 當如我死矣. 是後肆意, 與同好遊五岳名山, 遂不知所在.

【역문】 상장은 자가 자평이고 금경은 자가 자하인데 두 사람은 서로 친했다. 금경은 은거하여 왕망 왕조에 출사하지 않았다. 주역과 노자에 정통하였으며, 안빈낙도하여 호사가들이 먹을 것을 보내주어 늘 그것을 받는데, 스스로 족한 만큼 취하고 그 외의 것은 돌려주었고, 혹여 남더라도 이를 취하지 않았다. 행동은 반드시 중화의 입장을 취하였다. 대사공인 왕읍이 계속하여 그를 초청하여 왕망에게 천거하려고 왔지만, 사양하기를 고수하자 그만 두었다. 그리고는 물러나기를 청하였다. 주역의 손, 익 괘를 읽다가 갑자기

---

114) 尚子平은 後漢 사람으로 은거하며 벼슬하지 않았다. 자녀들을 모두 결혼시킨 뒤 속세의 미련을 버리고 동지 禽慶과 함께 三山, 五岳을 두루 노닐면서 일생을 마쳤던 사람이다.

탄복하며 말하길, "나는 부유하고 귀한 것이 가난하고 천한 것보다 못하다는 것을 알겠지만 삶이 어떻게 죽음과 같은지 여전히 모르겠다." 아들과 딸을 모두 결혼시킨 후 집안일 하는 것을 그만두면서 상관하지 않고 자신이 마치 죽은 것처럼 여기라고 했다. 이후 마음 내키는 대로 지기(금경)와 함께 오악의 명산을 유람하였는데, 그의 소재를 아는 사람이 없었다.

(51) 왕진(王眞)[115] 이소공(李劭公)

> 逢貞字叔平, 杜陵人. 李邵公, 上邵人, 貞世二千石, 王莽辟不至, 嘗
> 爲杜陵門下椽, 終身不窺長安門, 但閉戶讀書, 未嘗問政, 不過農田之
> 事. 邵公, 王莽時辟地河西, 建武中, 竇融欲薦之, 固辭, 乃止. 家累百
> 金, 優游自樂.

【역문】逢貞은 자가 숙평이고 두릉 사람이다. 이소공은 상소 사람으로 대대로 2천 석의 녹봉을 받는 가문의 사람이다. 왕망이 그를 등용하려 했으나 응하지 않았고, 일찍이 두릉의 문하에서 하급관리 직에 있으면서 평생 동안 장안에서 관직에 오를 기회를 엿보지 않았다. 오로지 문을 걸어 잠그고 책만 읽으며 한 번도 정치에 대해 묻지 않고 다만 농사일만 돌보았다. 소공은 왕망 때 하서지역에서 관리로 선발되었고, 건무시기에는 두융이 그를 천거하였지만 한사코 거절하여 그만두었다. 집에 돈이 많아 놀러 다니면서 스스로 즐겼다.

---

115) 왕진은 양생가로서 양생의 효과를 가장 많이 본 사람 중 하나이다. 왕진의 양생방법은 첫째 登山旅游이고, 둘째는 胎息胎食之方이며 셋째는 咽液養生法이다. 즉 "나의 양생법은 오악명산을 두루 돌아다니며 태식(胎息)과 태식(胎食)의 방법을 잘 이해하고 혀로 입안의 침샘을 자극하여 침을 만들어 삼키고 방사를 계속 하는 것"이다. 『後漢書·方術列傳』에 보면 "왕진의 나이 이제 막 일백 세이다. 그런데 얼굴에서 광택이 나며 50살도 채 못 되어 보인다(王眞年且百歲, 視之面有光澤, 似未五十者)."라고 기록되어 있다.

(52) 설방(薛方)[116]

薛方, 齊人, 養德不仕. 王莽安車迎方, 因謝曰: "堯舜在上, 下有巢許. 今明王方欲隆唐虞之德, 亦由小臣欲守箕山之志." 莽悅其言, 遂終於家.

【역문】 설방은 제나라 사람으로 덕을 기르며 출사하지 않았다. 왕망이 수레를 타고 설방을 맞이하려 했지만 이를 사절하면서 말하길, "요순임금이 위에 있으니 아래에는 소부와 허유가 있을 뿐입니다. 오늘 왕께서 현명하시어 요순의 덕을 일으키고자 하니 소인은 그저 기산의 뜻을 지키고자 합니다." 왕망은 이 말에 매우 기뻐하였으며, 그는 집에서 마지막을 맞이하였다.

(53) 공승(龔勝)

龔勝, 楚人, 王莽時遣使徵聘, 義不仕二姓, 遂絶食而死. 有老父[117] 來吊, 甚哀. 既而曰: "嗟乎! 薰以香自燒, 膏以明自銷. 龔先生竟夭天年, 非吾徒也!" 趨而出, 終莫知其誰也.

【역문】 공승은 초나라 사람으로 한번은 왕망이 관리를 보내 그를 모셔오게 했지만 공승은 "의인은 두 사람을 섬기지 않는다."며 음식을 끊고 죽었다. 한 늙은이가 조문하러 왔다가 매우 슬퍼하며 "아! 향초는 냄새를 풍기기에 스스로 타버리고 기름은 밝은 빛을 내기에 없어진다. 공승은 태어나 천수를 누리지 못하고 죽었으니

---

116) 이 고사는 班固 『漢書·鮑宣傳』에 나오는 이야기인데, 이에 대해 반고는 "설방은 왕망을 피하기 위해 궤변으로 허유와 소부를 끌어 들였으니 군자는 아니나 의(義)롭다고는 할 수 있겠다."고 평한 바 있다.

117) '老父'는 초나라 彭城지역에 살았던 한 隱士로 후에 '楚老'라고 불리기도 했다.

내 제자가 아닐세."라고 말하며 밖으로 달아나니 끝내 그 사람이 누구인지 알 수 없었다.

(54) 봉맹(逢萌) 서방(徐房) 이담(李曇) 왕존(王遵)

北海逢萌,[118] 字子康, 北海徐房, 字平原, 李曇, 字子雲. 平原王遵, 字君公. 皆懷德穢行, 不仕亂世, 相與為友, 時人號之四子. 君公明易, 為郞, 數言事不用, 乃自汙與官婢通, 免歸, 詐狂僧年, 口無二價也.

【역문】 북해에 사는 봉맹은 자가 자강이다. 북해의 서방은 자가 평원이고, 이담은 자가 자운이다. 평원의 왕존은 자가 군공이다. 이들 모두 마음에 덕을 품었지만 (일부러) 거칠고 추한 행동을 하며 난세에 출사하지 않고 서로 친구가 되었는데, 사람들은 이들을 '四子'라고 불렀다. 군공(왕존)은 주역에 밝았으며 낭의 벼슬을 할 때 스스로 땀을 흘리며 관비와 간통하여 면직되자 고향으로 돌아가 미친 체하며 소를 잡아 장사를 했는데, 한 입으로 두 가격을 말하지 않았다.

(55) 공휴(孔休)

孔休元嘗被人斫之, 至見王莽, 以其面有瘡瘢, 乃碎其玉劍與治之. 王莽徵孔休, 休飲血於使者前吐之, 為病篤, 遂不行.

---

118) 봉맹은 字가 子康이며 北海 사람으로, 『春秋』에 밝았다. 王莽이 忠諫하는 자신의 아들을 죽이는 것을 보고, 그는 "지금은 三綱이 끊어졌으니, 벼슬을 버리고 떠나지 않으면 禍患이 닥칠 것이다." 하고, 관을 벗어 동문에 걸어 두고는 떠나 遼東에 가서 살았다 한다.(『後漢書‧逸民列傳‧逢萌』) 후한(後漢) 때 봉맹(逢萌)이 왕망(王莽)의 무도(無道)한 행위를 개탄하고, 즉시 의관(衣冠)을 벗어 동도(東都)의 성문(城門)에 걸어 놓고서 가속(家屬)을 거느리고 요동(遼東)으로 떠나 버린 데서 '봉맹이 관을 걸어 놓다(逢萌掛冠)'라는 말이 나왔는데, 이는 관직에서 물러나는 것을 말한다.

【역문】 공휴는 일찍이 사람들에게 어리석다고 여겨졌는데, 왕망을 만났을 때 얼굴에 부스럼이 생겨 옥검을 부수었더니 병을 치료할 수 있었다. 왕망이 공휴를 쓰고자 했을 때, 공휴는 사자 앞에서 피를 토하였고 병이 위독해지자 벼슬길에 나아가지 않았다.

(56) 양웅(楊雄)[119]

(내용 없음)

(57) 정단(井丹)[120]

井丹, 字太春, 扶風郿人. 博學高論, 京師爲之語曰: "五經紛綸, 井大春." 未嘗書刺謁一人. 北宮五王更請, 莫能致. 新陽侯陰就使人要之, 不得已而行; 侯設麥飯蔥菜, 以觀其意. 丹推卻曰: "以君侯能供美膳, 故來相過, 何謂如此?" 乃出盛饌. 侯起, 左右進輦, 丹笑曰: "聞桀紂駕人車, 此所謂人車者邪?" 侯即去輦. 趣騎梁松, 貴震朝廷, 請交丹, 丹不肯見. 後丹得時疾, 松自將醫視之, 病愈. 久之, 松失大男磊, 丹一往弔之, 時賓客滿廷, 丹裘褐不完, 入門, 坐者皆竦望其顏色, 丹四向長揖, 前與松語, 客主禮畢後, 長揖徑坐, 莫得與語. 不肯爲吏, 徑出, 後遂隱遁, 其贊曰: "井丹高潔, 不慕榮貴. 抗節五王, 不交非類. 顯譏輦車, 左右失氣. 被披褐長揖, 義陵群萃."

119) 전한 촉군 성도 사람으로, 자는 子雲이다. 어릴 때부터 배우기를 좋아했고, 많은 책을 읽었으며, 辭賦에도 뛰어났다. 청년시절에 동향의 선배인 司馬相如의 작품을 통해 배운 문장력을 인정받아, 成帝 때 궁정문인의 한 사람이 되었다. 40여 살 때 처음으로 京師에 가서 문장으로 부름을 받아, 성제의 여행에 수행하며 쓴 「甘泉賦」와 「河東賦」, 「羽獵賦」, 「長楊賦」 등을 썼는데, 화려한 문장이면서도 성제의 사치를 꼬집는 풍자도 잊지 않았다고 한다.

120) 왕휘지와 왕헌지가 함께 『高士傳』과 『高士傳』의 찬(贊)을 품평한 바 있다. 왕헌지는 '동한(東漢)의 은사 정단(井丹)의 고결함'을 칭찬하였고, 왕휘지는 '사마상여가 세상을 조롱하며 오만한 것'을 칭찬하였다.(『世說新語·品藻』第九)

【역문】 정단은 자가 태춘으로 부풍 미형사람이다. 박학다식하고 고담준론하여 도성에서 그들 두고 '오경에 뛰어난 정대춘, 일찍이 한 번도 이름을 내밀어 사람을 만난 적이 없다.'고 했다. 북궁의 오왕이 거듭 정단을 청했지만 이에 응하지 않았다. 신양후 음취는 사람을 시켜 정단을 오게 하자 그는 어쩔 수 없이 가게 되었다. 신양후는 보리밥과 푸성귀 반찬을 차려서 대접하며 정단의 뜻을 살폈다. 이에 정단은 "군후께서 능히 맛있는 음식을 내셨을 것이라 생각해 와서 보았는데 어찌 이와 같습니까?" 그러자 신양후는 다시 성대하게 음식을 차려 내오게 하여 정단을 대접하였고, 신양후가 일어나자 좌우의 시종들이 수레를 밀고 들어왔다. 정단은 웃으며 말하길, "걸, 주 임금은 사람들이 끄는 수레를 탔다고 들었는데, 이것이 바로 사람들이 끄는 수레란 말입니까?" 신양후는 즉시 수레를 치우게 하였다. 양송의 부귀함이 조정을 흔들 정도였는데 정단과 교류하기를 청했으나 만나주지 않았다. 후에 정단이 전염병에 걸리자 양송은 친히 의원을 데리고 와서 그를 치유해 주어 병이 다 나았다. 이후에 양송이 큰 아들 양뢰를 잃자 정단이 조문하러 갔는데, 당시 빈객들이 저택에 가득했는데, 정단이 갖옷과 갈포 옷조차도 입지 못하고 문에 들어서자 앉아있던 사람들이 모두 경외심으로 그의 안색을 쳐다보았다. 정단이 사방으로 인사를 하고 양송에게 다가와 이야기를 했다. 손님과 주인이 모두 예를 마치자 길게 읍하고 나서 곧 자리에 앉아 아무하고도 말을 하지 않았다. 그는 관리가 되고 싶지 않았기에 곧 그곳을 나와 바로 은둔하였으니 그를 칭송하며 다음과 같이 말하였다. "정단의 인품은 고결하여 부귀영화를 부러워하지 않는다. 오왕에게 절개를 굽히지 않았고 같은 무리가

아니면 사귀려고 하지 않았다. 드러내 놓고 수레를 비난하였으니, 좌우의 시종들이 모두 아연실색했네. 갈포 옷 걸친 채 길게 읍하니 그 절개가 뭇 사람들을 압도하였다네."

(58) 정균(鄭均)121)

鄭均字仲虞, 不知何許人也. 不仕漢朝, 章帝自往, 終不肯起, 曰: "陛下何惜不爲太上君, 令臣得爲偃息之民?" 天子以尙書祿終其身, 世號之白衣尙書.

【역문】 정균은 자가 중우인데, 어디 사람인지 알 수 없다. 한 왕실에 출사하지 않았는데, 장제가 친히 그에게 왔으나 끝내 일어나지 않고 "폐하께서는 어찌 애석하게도 세상의 군주가 되지 않고 신하를 걱정 없이 편히 살 수 있는 백성이 되게 하지 않으십니까?"라고 말했다. 천자가 상서의 녹을 평생토록 내려 세상 사람들은 그를 '백의상서'라고 불렀다.

(59) 고봉(高鳳)

高鳳, 字文通, 南陽人也. 少爲書生, 家以農畝爲業, 而專精誦習, 晝夜不息. 妻嘗之田, 曝麥於庭, 令鳳護雞; 時天暴雨, 鳳持竿誦經, 不覺潦水流麥. 妻還怪問, 乃省. 其後遂爲名儒.

---

121) 鄭均은 자가 仲虞이며, 東平國 任城縣 사람이다. 어렸을 때부터 黃帝와 老子의 책을 좋아했다. 형이 현의 관리가 되었을 때 자주 예물을 받았는데, 정균이 몇 차례나 그러지 말라고 간했으나 듣지 않았다. 이에 몸을 빼내 품팔이에 나서 한 해 남짓 일하여 돈과 옷감을 마련했다. 정균이 고향으로 돌아와 그것을 형에게 주면서 말했다. "재물이 떨어지면 다시 벌 수 있지만, 관리가 되어 뇌물죄를 저지르면 평생 버림받습니다." 형이 그 말에 크게 감동하여 청렴결백한 사람이 되었다고 한다.

【역문】 고봉은 자가 문통이며 남양 사람이다. 어릴 적 서생일 때 그의 집은 밭가는 일을 생업으로 삼았지만 책을 읽는 것에 정통하여 밤낮으로 쉬지 않았다. 한번은 그의 처가 밭에 나가면서 앞마당에 보리를 말리고 있으니 고봉에게 닭을 잘 지켜보라고 (닭이 보리를 쪼아 먹지 못하도록) 했다. 그때 갑자기 폭우가 쏟아졌지만 고봉은 죽간을 들고 계속 경서를 읽다가 빗물에 보리가 떠내려가는 것을 알아채지 못했다. 처가 돌아와 이상해 그를 책망한 후에야 고봉은 (보리가 떠내려간 것을) 알 수 있었다. 후에 고봉은 유명한 선비가 되었다.

(60) 대동(臺佟)[122]

(내용 없음)

(61) 공숭(孔嵩)

> 贊曰, "仲仙通達, 卷舒無方, 屈身廝役, 挺秀含芳."

【역문】 공숭을 칭송하며 말하길, "중선은 모든 일에 통달하여 막힘이 없으며 유연하게 대처하며 몸을 굽혀 힘든 일을 마다않고 능력이 매우 빼어나고 고매함을 지녔다."

---

122) 대동은 자가 효위이며 동한 익주 업성 사람이다. 그는 밖으로 나가 관리가 되는 것을 원하지 않았기 때문에 무안의 한 산에 은거하였으며, 산에 굴을 파서 약초 채집하는 것을 생업으로 삼았다. 건안 초년에 주에서 대동을 불러 그에게 관직을 주려 하였으나 그는 끝내 사양하고 나아가지 않았다.

제 3 장

『聖賢高士傳贊』에서 제시된 혜강의 인물론과 가치

1. 『聖賢高士傳贊』의 인물선별기준

　　『聖賢高士傳贊』에는 원래 119명의 성현고사들이 수록되어있었는데, 이 가운데 많은 수의 인물들에 대한 구체적인 행적이 산실되고 실제로 61인의 행적만이 남아있어 혜강이 어떠한 기준과 방법으로 이들을 수록했는지 일정하고 확고한 選錄기준을 도출해내는데 어려움이 존재한다. 그러므로 여기에서는 嵇喜가 「嵇康傳」을 집필하면서 제시한 '예로부터 성현으로 칭송받아온 자(聖賢)', '청렴하고 지조가 있으며, 세상의 이치를 깨달은 자(隱逸)', '세속을 초월하고 위험을 피해 숨어사는 자(遁心)', 마지막으로 '세상의 가치와 명예를 버리고 떠난 자(遺名)' 등 네 가지 인물유형을 근거1)로 하여 『聖賢高士傳贊』 속 인물들을 좀 더 세부적으로 분류하고 그들의 행적과 특징을 분석해 봄으로써 이에 제시된 혜강의 人物論과 그 가치를 살펴보도록 하자.

---

1) "據康兄喜爲康傳云, 撰錄上古以來聖賢隱逸, 遁心, 遺名者, 集爲傳贊, 自混沌至于管寧, 凡百一十有九人."(『嵇康別傳』)

(1) 聖賢과 高士 : 모든 진리를 통달한 大賢者

혜강은 『聖賢高士傳贊』에서 인물품평에 있어 가장 상층부에 해당하는 성현의 반열에 전통 유가의 성현과 반대 입장으로 대립되던 인물로, 禪讓을 피한 許由, 子州友父, 善卷, 石戶之農, 卞隨, 務光, 延陵季子 등을 올려놓았다. 이들 모두 고결한 성품을 지닌 자로서 한결같이 황제의 자리를 선양받자 이를 거절하고 자신의 뜻대로 살기를 원했던 인물들이다.

'聖賢'은 일반적으로 周公, 孔子, 湯王, 武王 등등 전통적인 유가의 인물을 가리킨다. 이 聖賢은 상당한 정치적 식견과 함께 재능, 그리고 이에 부합한 고상한 성품을 갖추고 있으며, 이들의 주 활동 무대는 바로 국가와 사회이기에 聖賢은 반드시 현실을 직시하여 국가와 사회에 기여하는 바가 있어야 한다. 그러므로 국가와 사회를 떠난 성현은 더 이상 聖賢으로 존재의 가치를 잃게 된다. 적극적인 현실참여를 통해 잘못된 사회의 가치관을 바로잡고 나아갈 바를 제시하는 것이 곧 聖賢의 의무이기 때문이다. 그러나 혜강이 자신의 마음속에 그리는 聖賢의 모습은 전통 유가의 것과는 전혀 다른, 즉 정치적 능력을 갖고 있지만 정치를 멀리하는 隱者, 세상을 피해 출사하지 않는 賢者, 그리고 양생의 도를 깨우쳐 유유자적한 삶을 영위하는 仙者 등이다.

이에 반해 '高士'는 중국에서 이른바 속세를 떠나 유유자적하는 고고한 품격을 지닌 '隱士'를 지칭하는 각종 명칭 가운데 가장 일반적인 것으로, 巢父와 許由 등 도가적 색채가 짙은 인물 등이 대표적이다. 그러므로 도가가 말하는 이른바 '聖賢之道'는 속세를 떠나 자연으로 돌아가 구현되는 것으로 현실을 직시하여 갈등과 문제를 해결하려는 적극적인 방법이 아닌 그 영역을 떠나 본질을 추구하며 그 속에서 해결책을 찾으려는 것이기에 유가와는 문제의 해결 방법이 사뭇 다르다고 할 수 있다. 이 점이 바로 혜강의 『聖賢高士傳贊』이 다른 고사전류와 차별화된 특징 중의 하나로, 혜강 자신의 선별기준으로 전통적인 성현과는 다른 聖賢觀을 제시하고 있는 것이다.

혜강의 이와 같은 차별화 된 聖賢觀은 司馬氏 집단의 만행을 겨냥하여 제시된 것으로 보인다. 司馬氏 집단은 겉으로는 漢魏의 禪讓방식을 모방하여 曹魏 정권으로부터 정권을 찬탈하려 했다. 이 과정에서 曹魏 정권의 주축을 이루었던 正始名士 집단을 제압하고 회유하기 위해 가혹한 압제와 살육이 수반되었다. 혜강은 이러한 司馬氏 집단의 만행을 비난하기 위해 대대로 禪讓을 거절하고 자신의 뜻을 따라 삶을 추구한 인물들을 성현의 반열에 올려놓음으로써 세상적인 가치(禪讓)보다 속세를 떠나 천지간을 유유자적하게 소요하는 자유로운 삶을 추구하려는 자신의 심정을 투영하고자 했던 것이다.

(2) 隱逸者 : 절개와 지조, 그리고 '능력'을 겸비한 자

일반적으로 隱士가 되기 위한 조건 중에 가장 중요한 것은 반드시 보통 사람들을 능가하는 특별한 능력과 출중한 재능을 갖추고 있어야 한다는 것이다. 단순히 산림에 들어가 세상을 등지고 은거한다고 해서 모두가 인정하는 은사의 반열에 올라설 수 있는 것은 아니라는 말이다. 다시 말해서 隱士는 일반 사람들을 능가하는 재능을 갖고 있으며 그것을 발휘하여 국가와 사회에 긍정적인 영향을 끼칠 수 있어야 비로소 隱士로서 높임을 받을 수 있는 것이다. 혜강은 이런 隱逸하는 자의 가장 중요한 특징으로 '청렴하고 지조와 절개'를 지녔거나 '세상에 욕심이 없고 청정한 삶을 영위'하며 '세상의 모든 이치를 꿰뚫어보는 능력', 그리고 '신의를 지키며 두 왕조를 섬기지 않겠다는 불굴의 정신'을 중시했던 것으로 보인다.

1) "청렴하고 지조와 절개를 지닌 자"

혜강은 은일 속에 먼저 '청렴하고 지조와 절개를 지닌 자(品德高尚)'로 原憲, 小臣稷, 段干木, 閭丘先生, 顔歜, 田生, 鄭均, 高鳳 등을 수록하였다. 공자의 제자로 유명한 원헌은 독서하는 데에 홀로 고상한 군자의 덕을 지니고 있었으며, 도의에 맞지 않는 당세와 영합하려 들지 않았고, 말에는 반드시 신용이 있었으며 행동은 과감했고 이미 승낙한 일은 반드시 성의를 다했던 사람이다. 소신직은 성품이 예로부터 드물게 고상하고 엄정하였으며 작위와 봉록을 가볍게 여긴 사람이었는데, 소신직에 대해 황보밀은 『高士傳』에서 "시시한 관중, 포숙아를 어찌 같은 반열에 끼워 논할 수 있으리오. (區區管鮑, 何足班倫)[2]"라고 말하며 小臣稷을 매우 높이 평가했었다. 그리고 段干木에 대해서 혜강은 "청렴하고 지조가 있는 자로 서하에서 유람하면서 도를 지키며 벼슬길에 오르지 않은 고사[3]"라 품평했고, "(전생은) 아주 초라하고 보잘 것 없는 집에 기거하면서

---

2) 【晋】皇甫謐撰, 『高士傳』, 上海: 中華書局, 출판연도미상

3) "段干木者, 治清節, 遊西河, 守道不仕."(『聖賢高士傳贊』)

벼슬을 하지 않았고, 왕이 직접 찾아왔음에도 끝내 집 밖으로 나오지 않은 사람4)"이라며 그의 절개를 칭송한 바 있다.

혜강은 曹魏 정권의 駙馬로서 죽음도 불사하고 끝까지 司馬氏 정권에 협조하지 않으며 출사를 거부한 채 때론 날카로운 어조로 司馬氏의 만행을 정면으로 비판하였고, 때론 직접 행동으로써 司馬氏의 불의에 대항하려는 강직함을 보이기도 했다. 그러므로 혜강은 평소 이와 같은 성품을 지니고 역사적으로 이름을 떨친 명사들을 선별하여 『聖賢高士傳贊』에 수록함으로써 혼란하고 불의한 시대를 살아가면서 반드시 갖추어야 덕목으로 청렴함과 지조, 절개를 중시하였으며, 이와 함께 고상한 군자의 품성을 지녀야 함을 강조하였다.

2) "세상 욕심이 없고 청정한 삶을 추구한 자"

은일에 해당하는 두 번째 부류에 속하는 인물로는 세상욕심이 없고 淸靜한 삶을 추구(淡泊寡欲)한 巢父, 壤父, 康市子, 亥唐, 狂接輿 등이다. 혜강은 세속적인 가치가 자연스러움을 해치는 것이 가장 해로운 것이라 여기는 소부와, 때 묻지 않은 온화하고 순수한 마음으로 세상을 기쁘게 살았던 현자 양부, 그리고 높은 지위에 있지만 욕심이 없는 강시자5)와 성품이 고귀하나 소탈한 해당,6) 세상의 가치에 뜻을 두지 않았던 광접여를 은일자로 수록하였다. 특히 광접여의 경우 그의 아내와의 대화7)를 통해 광접여가 세상을 멀리하고

---

4) "田生, 當床茅屋, 不肯仕宦, 惠帝亲自往, 不出屋."(『聖賢高士傳贊』)

5) "康市子者, 聖人之無欲者也."(『聖賢高士傳贊』)

6) "高格寡素."(『聖賢高士傳贊』)

7) 광접여는 초나라 사람으로 밭을 일구며 먹고 살았다. 어느 날 초나라 왕이 광접여의 현명함을 듣고 그에게 금을 보내고 모셔오게 하였지만 광접여는 이를 거절하였다. 그때 집으로 돌아온

양생에 심취했음을, 그리고 부귀영화를 추구하지 않는 高士의 형상을 묘사하였다.

특이할 만한 것은 광접여가 사실 출사와 은거 사이에서 잠시 머뭇거리고 있는 듯한 인상을 지울 수 없는데, 이를 통해 본시 죽림지유를 시작으로 은거생활을 결심하였으나, 이후에도 늘 출사와 은거 사이에서 갈등하는 혜강 자신의 모습이 투영된 것이 아닐까 짐작해 볼 수 있다. 혜강은 결국 철저하게 은거생활을 집중하지 못하고 세상일에 관여하면서 죽음을 자초하게 되는데, 아마도 혜강은 비록 새둥지에 살면서도 오히려 세속을 멀리하고 자연에 귀의하여 만족한 삶을 사는 소부의 초탈한 삶을 동경했던 것으로 보인다.

3) "세상의 이치와 자연의 도리를 깨달은 자"

은일의 세 번째 부류는 바로 세상의 이치와 섭리, 그리고 자연의 도리를 깊이 깨달은 자(深得自然之道)로 廣成子, 襄城小童, 商容, 老子, 關令尹喜, 項橐, 太公任, 漢陰丈人, 班嗣, 孔嵩, 市南宜僚, 周豐, 河上公 등을 들 수 있다. 이들은 각각 어지러운 세상 속에서 처세하는 방법(광성자), 약함이 강함을 이기는 세상의 이치(상용), 세상을 살아가는 방법(태공임) 등에 대해서 역설하고 있다.

이와 함께 혜강은 유가에서 숭앙하는 인물들에서 나타나는 특징 가운데 하나인 治世, 治國에 대한 견해도 이 부류의 인물을 통해서 드러내고 있는데, 가령 천하를 다스리는 방법은 해를 끼치는 것을 없애는 것이란 단순한 진리를 일깨워준 양성소동, 간교한 마음이

아내가 광접여로부터 자초지종을 듣고 더 이상 세상의 유혹을 받지 않기 위해 그 길로 짐을 싸서 살던 곳을 떠났다고 한다.

마음속에 있으면 순수함을 잃게 되어 천하를 다스릴 수 없다고 한 한음장인 등이다. 혜강은 이와 같이 『聖賢高士傳贊』에 수록된 인물들의 행적을 통해 부패한 정치, 그리고 혼란한 사회에 직면하여 그런 시대를 살아가기 위한 處世之道뿐만 아니라 이상적인 治世, 治國의 방법을 일깨워주고 있다는 것이다.

『聖賢高士傳贊』이 편찬되었던 曹魏시대는 玄風이 극성하고 은일 사상이 유행하였던 터라 혜강 또한 이러한 사조의 영향을 받지 않을 수 없었고, 이로 인해 『聖賢高士傳贊』을 편찬하는데 상당 부분 반영되었던 것으로 보인다. 그래서 인물 선정 시 직접적으로 『莊子』속에 등장했던 인물인 원헌이라든지 장주, 소부, 허유 등은 말할 것도 없고 노자와 하상공 등 도가학파를 대표하는 주요한 인물들이 대부분 수록되었던 것으로 보인다.

4) "不事二君의 정신으로 무장한 자"

은일에 속한 네 번째 부류는 왕망이 세운 新왕조에 출사하지 않고 왕조를 반대한 인물(不事二君)로서, 蔣詡, 尙長, 王眞, 李邵公, 薛方, 龔勝(絳父), 楚老, 逢萌, 徐房, 李曇, 王遵, 孔休 등이다. 혜강은 漢 왕조시절 王莽이 세운 新왕조에서 관직에 오르라는 요구가 있었음에도 불구하고 불의한 왕조를 섬기지 않겠다는 이른바 '不事二君'의 정신으로 무장한 인물을 무려 12명이나 수록하고 있다. 가령, 蔣詡은 왕망이 섭정하자 상소문을 올려 이를 반대하고 조정에 나아가지 않았고, 주역과 노자에 정통하고 안빈낙도하며 무욕의 생활을 하던 尙長은 왕망이 신왕조를 세우자 이에 협조하지 않고 은거하였다. 또한 薛方은 왕망이 신왕조를 세운 후 친히 수레를 타고 자신을 모셔가려 했지만 불의하게 세운 왕조에 동조하지 않겠다고 이를 사절하기도 했다.

이러한 인물들의 행적을 통해 혜강은 왕조의 정당성을 매우 중시 하고 있음을 알 수 있는데, 혜강은 죽음도 두려워하지 않으며 司馬 氏의 끈질긴 회유에도 넘어가지 않고 절개와 지조를 지키며 두 왕 을 섬기지 않겠다는 굳은 의지를 표명하고 있는 것이다. 혜강은 조 위정권의 종친으로서 중산대부직을 지냈기에 사마 씨 정권에게 굴 복하지 않고 끝까지 조위정권에게 신의를 지키기 위해 노력하였다.

(3) 遁心: 속세를 피해 달아난(숨은) 자

遁心, 즉 속세를 피해 달아나 숨은 인물에는 세속을 초월한 삶을 추구한 涓子, 漁父와 혼란과 위험을 피해 속세를 떠나 은둔한 長沮, 桀溺, 荷篠丈人 등이 이 부류에 속한다. 혜강은 전설 속 선인으로 정기를 먹고 삼백 살 이상을 산 涓子와 춘추 시대 속세의 부질없음 을 느끼고 은둔한 長沮와 桀溺의 행적을 통해 세상이 험악하고 위 험할 때 속세를 떠나 철저하게 은일자의 모습으로 살아가려는 의지 를 나타내고 있다. 그래서 혜강은 조위집단과 司馬氏 집단 간의 권 력투쟁의 소용돌이 속에서 늘 속세를 떠나 자연을 벗하며 마음 편 하게 살아보려는 의지를 나타냈었는데, 혜강과 함께 근 20여 년간 을 생활한 왕융은 '혜강이 기뻐하거나 화를 내는 것을 본 적이 없 다'8)고 할 정도였다.

---

8) "王戎云, 與康居二十年, 未嘗見其喜慍之色."(『世說新語 · 德行』)

혜강의 성품은 나쁜 일은 속에 감추고서 드러내지 않았으며, 애증이 마음속에서 갈등을 일으키지도 않았고, 기쁨과 노여움의 기색이 얼굴에 한 번도 나타나지도 않았다. 친구인 왕준충(왕융)이 양성에서 수백 번이나 그를 만났지만 한 번도 화난 목소리를 듣거나 성난 얼굴을 본 적이 없었다. 이것 또한 세간의 훌륭한 모범이며 인륜의 뛰어난 덕업이다.[9]

혜강이 주로 활동했던 시기가 언제였던가? 바로 魏 왕조의 중, 후기, 그러니까 魏 왕조의 정권이 서서히 司馬氏의 수중으로 넘어가고 있었던 시기였다. 司馬懿는 일부러 병을 핑계로 조상을 속였고, 司馬師, 司馬昭, 그리고 司馬炎에 이르러 결국 曹魏의 황제를 폐위시켜 새로운 왕조를 탄생시켰다. 그러니 혜강은 魏에서 晉으로 정권이 교체되던 가장 혼란하고 어지러웠던 시기에 살았었다. 이 시기에는 많은 사람들이 명리를 위해 자신의 뜻과 이상을 버렸으며, 심지어는 어제의 친구요, 스승이었던 사람들에게 가차 없이 칼을 휘둘러댔었다. 명망 있고 영향력 있는 명사들을 회유하고 포섭하였으며, 그러다가 말을 듣지 않으면 죽음을 면하기 어려웠다.

이러한 흑암의 시대에 혜강은 이 모든 것들을 그저 바라만 보고 있을 수밖에 없었다. 뭘 어찌할 수 있단 말인가? 위 황실이 무너져가는 것을 보고서도 어찌할 도리가 없었다. 그는 말이 많으면 큰 화를 불러올 것이라는 것을 잘 알고 있었다. 그래서 늘 항상 숨어서 참고 지냈는데, 좋은 일을 보아도 기뻐할 수가 없었다. 왜냐하면 司馬氏 집단이 호시탐탐 기회를 엿보고 있었기에 이를 보면 불쾌하게 생각할 것이고, 그러면 죽일 게 뻔했기 때문이다. 동일한 이유로

---

9) "康性含垢藏瑕, 愛惡不爭於懷, 喜怒不寄於顏. 所知王浚沖在襄城, 面數百, 未嘗見其疾聲朱顏. 此亦方中之美範, 人倫之勝業也."(『晉書・嵇康別傳』)

나쁜 일을 보아도 화를 낼 수도, 그럴 필요도 없었다. 세상일에 조금이라도 반응하게 되면 분명 큰 화를 면치 못할 것을 알기에 그저 묵묵히 참을 수밖에는 없었다. 그래서 혜강은 무려 20년이라는 세월을 참고 견뎠던 것이다. '강직하여 옳지 못한 것을 싫어하며, 일을 당하면 그 즉시 반응'[10]한다든지 '직설적이며 속이 좁고 참지 못하는 것이 많은 성격'[11]의 소유자인 혜강으로선 참으로 긴 시간 동안을 인내했던 셈이다. 뿐만 아니라 혜강은 세속을 등지고 은거하기로 작정하며 養生의 道에 심취해 직접 深山幽谷을 다니며 불로장생의 약초를 캐러 다니기도 했는데, 바로 이때 당시 은일자의 대명사로 알려진 孫登을 만나 3년간 함께 지내기도 했었다.[12]

(4) 遺名 : 세상 가치, 명성을 저버리고 떠난 자

1) "세속적 가치를 부인하고 처한 상황에 만족하며 즐겁게 사는 자"

혜강은 세상 가치와 명성을 저버리고 떠난 자에 우선하여 세속적 가치를 부인하고 처한 상황에 만족하며 즐겁게 사는(不慕榮利) 자들을 올려놓았다. 구체적으로 말하자면, 여기에는 길가에 떨어진 황금을 보고도 오히려 비천한 것이라 거들떠보지도 않는 被裘公, 자신이 가진 지략으로 한 나라의 재상이 될 수도 있지만 이를 거절한 顔闔, 죽어서 화려하게 치장해놓은 묘당에 잘 모셔진 거북이와

---

10) "剛腸疾惡, 輕肆直言, 遇事便發."

11) "吾直性狹中, 多所不堪.(「與山巨源絶交書」)"

12) 『世說新語‧棲逸』에 이르길, 혜강이 汲郡의 어느 산중을 유람하다가 우연히 도사 손등을 만나게 되어 그와 함께 지냈다. 혜강이 떠날 무렵 손등은 "자네는 재능이 매우 고명하지만 몸을 보호하는 방법은 부족하네."라고 말했다.(嵇康遊於汲郡山中, 遇道士孫登, 遂與之遊. 康臨去, 登曰: 君才則高矣, 保身之道不足.)

화려하게 수놓은 옷을 입었으나 희생되어 곧 제사에 바쳐질 소가 되느니 차라리 비천하지만 진흙탕을 뒹구는 한 마리 거북이의 삶을 동경했던 莊周가 있다. 於陵仲子는 초나라 왕이 자신을 재상에 등용하려 하였으나 가난하지만 맘 편한 생활을 즐기고자 도망을 갔고, 韓福은 덕이 높아 재상으로 삼고자 하였으나 관직에 오르지 않았다.

이 밖에도 수레 고치는 일을 생업으로 삼았지만 자신의 삶에 만족하며 살아간 求仲과 羊仲, 박학다식하고 재상이 되고도 남을 만한 능력을 가졌지만 부귀영화를 바라지 않았던 井丹과 安貧樂道하는 榮啓期, 시장에서 점을 치며 살아가지만 물러감과 나아감의 이치를 훤히 아는 司馬季主, 밖으로 나가 관리가 되는 것을 원치 않았던 臺佟 등이 이에 해당된다. 혜강은 당시 험악한 정치 환경과 사리사욕만을 일삼는 사회적 분위기를 혐오하여 일체의 세속적 가치관과 부귀공명을 자신의 본성을 얽어매는 속박이라 여기며 세속을 떠나 자연으로 귀의하여 은거생활을 하며 안빈낙도의 삶을 추구하고자 하였다. 「四言贈兄秀才入軍詩 · 其十八」에서 이르길,

> 몸은 귀하고 이름은 비천하니 영광과 오욕이 어디 있겠는가?
> 내 뜻대로 하는 게 가장 귀한 일이니 마음 편하게 해야 후회 없다네.[13]

혜강은 여기에서 세상의 부귀와 공명보다 더 중요한 것은 바로 내 뜻대로 살아가면서 유유자적한 삶을 추구하는 것이라고 분명하

---

13) "身貴名賤, 榮辱何在? 貴得肆志, 縱心無悔."

게 말하고 있는데, 그 이유는 바로 "영화로운 이름은 사람의 몸을 더럽히고, 높은 지위에는 재난과 근심이 많기 때문14)"이다. 그래서 혜강이 선택하고자 했던 삶의 모습은 정단과 같이 '오경에 뛰어나고(五經紛綸)', '자신의 뜻과 다른 이와 왕래하지 않는 것(不交非類)', 특히 '부귀와 명예를 부러워하지도, 그것에 굴복하지 않는 고결함(不慕榮利)'이었으며, 욕심 부리지 않고 청정함을 추구(少私寡欲)하면서 다만 '물고기와 새가 노는 것을 보며 마음속으로 즐거워하여15)' 돌아가는 것도 잠시 잊어버리는 등의 품격을 지닌 진정한 高士의 생활을 원했던 것으로 보인다.

2) "자신의 공을 자랑하지 않고 겸손한 자"

두 번째로 자신의 공을 자랑하지 않고 물러날 때를 아는 현명한 자(功成身退)인 伯成子高, 范蠡, 屠羊說, 魯連, 安丘望之 등이 이 부류에 속한다. 伯成子高는 요순시대 제후를 지냈지만 덕이 쇠하여 세상이 혼란해지자 자신이 할 수 있는 일이 아무것도 없음을 깨닫고 돌아가 농사를 지으며 살아간다. 屠羊說는 양을 잡는 백정으로 소왕을 도와 나라를 되찾은 후 자리에 연연하지 않고 다시 자신의 옛 자리로 돌아갔고, 노련은 큰 공을 세워 벼슬을 주려했지만 이를 세 번이나 사양하고 바닷가에 은거하며 살았다. 혜강은 이런 행적을 가진 인물들을 자신의 『聖賢高士傳贊』에 수록함으로써 자신 또한 이들처럼 국가와 사회를 위해 큰 공을 세운 후 그 자리에서 미련 없이 물러나 자연으로 돌아가고픈 심정을 투영하고 있다.

---

14) "榮名穢人身, 高位多災患."(「與阮德如一首」)

15) "觀魚鳥, 心樂之"(『晉書·稽康傳』)

혜강은 建功立業, 즉 자신의 이상과 포부를 현실정치 속에서 성공적으로 실현시킨 이후에 홀연히 관직을 버리고 사회를 떠나 자연으로 귀의하여 온갖 위험으로부터 자신의 생명을 보존하는 것이야말로 가장 이상적인 모습이라 생각하였다. 즉, 유가의 建功立業 하는 정치적 포부와 도가의 자연으로 돌아가 생명을 보존하는 두 가지 이상상황을 결합시킨 또 다른 형태의 은일태도라고 생각하였는데, 여기에는 범여, 도양설, 노련 등 공을 성공적으로 세운 후 스스로 물러나 자신의 절조와 기개를 지키며 세상의 부귀영화를 쫓지 않는 高士들이 수록되어 있다.

그러나 혜강은 당시 세상을 구제할 원대한 포부를 품고 사회에 막강한 영향력을 행사할 수 있었던 대명사였지만 자신의 염원대로 미련 없이 깨끗하게 그 자리를 떠나지는 못했다. 사마 씨 집단이 고평릉 정변을 일으켜 정권을 찬탈하고 많은 명사들이 죽임을 당하자 혜강은 모든 계획을 접고 자신의 생애에 있어서 첫 번째 은거생활에 들어갔다. 혜강은 완적, 향수 등과 함께 고향인 산양에서 죽림지유를 시작하면서 더욱 도가사상에 심취하여 양생론을 저술하는 등 철저하게 세상의 환난을 피해 살길을 도모하였다.

혜강은 철저하게 모든 것을 버리지 못하고 상황이 발생할 때마다 직, 간접적으로 그 일에 관여하여 후에 닥칠 화를 자초했다. 가령, 정변으로 권력을 손에 넣은 司馬懿가 본격적으로 권력찬탈을 위한 계획을 진행해 나가자 혜강은 「太師箴」을 지어 '조위 황실의 잘못됨(사치와 탐욕)을 지적하고 그 틈을 노려 권력을 찬탈하려는 사마 씨의 의도를 경계해야 함'을 주장하였다.

고요하고 아무 말 없이 다스려 법령이나 제도도 없었지만, 커다란 질박함은 조금도 어그러짐이 없었습니다. 만물은 조화롭고 성대하여 조금도 흩어지거나 떨어져 나감이 없었습니다. (중략) 그러나 훗날 덕이 쇠하여져 대도가 줄어들게 되었습니다. (중략) 존귀함에 의지해 그 위세를 자랑하면서 좋은 벗도 사귀지 않고 훌륭한 스승도 섬기지 않습니다. 다만 천하를 임의대로 쪼개 사사로움을 받드는데 사용하게 되어 군왕의 자리는 나날이 사치스러워졌고, 신하는 자신의 자리에서 사악한 마음만 생겨나 오로지 지혜를 다해 나라를 빼앗을 역모만을 꾸미게 되었습니다. (중략) 그러니 부디 아첨하는 간신들을 물리치시고 직언하는 충신들을 받아들여 부디 나라를 올바로 다스리소서.[16)

혜강은 이 글을 통해 조위정권의 사치함과 안일함 속에 사회의 혼란이 가중되고, 사마 씨 집단의 정권찬탈을 위한 만행이 극에 다다르자 '태사'의 입을 빌려 조위정권은 속히 향락과 탐욕에서 벗어나 사마 씨의 흑심을 막고 적절히 대처할 것을 권고하고 있는 것이다.

이뿐만이 아니다. 향수와 함께 낙양에서 '打鐵'을 하면서 유유자적한 생활을 하였는데, 이때 당대의 세력가인 鍾會의 뜻하지 않은 방문을 받게 된다.

> 종사계(종회)는 재성이론에 매우 정통했는데, 혜강과는 일면식도 없었다. 그래서 종사계는 당시 명현준사들을 초청하여 함께 혜강을 찾아 갔었다. 혜강은 큰 나무 아래에서 쇠를 불리고 있었고, 향수는 그 옆에서 풀무질을 하고 있었다. 혜강은 망치를 들고 쉼 없이 일했는데, 마치 그 옆에 아무도 없는 것처럼 한참동안 말을 건네지 않았다. 종회가 일어나 가려고 하자 혜강은 '무엇을 듣고 왔다가 무엇을 보고 가는가?'라고 묻자, 종회는 '듣던 바를 듣고 왔다가 볼 것을 보고 갑니다.'라고 했다.[17)

---

16) "默靜無文, 大樸未虧. … 萬物熙熙, 不夭不離. 下逮德衰, 大道沈淪. … 憑尊恃勢, 不友不師. 宰割天下, 以奉其私. 故君位益侈, 臣路生心, 竭智謀國. … 棄彼佞幸, 納比逆顔."

17) "鍾士季精有才理, 先不識嵇康, 鍾要於時賢俊之士, 俱往尋康. 康方大樹下鍛. 向子期爲佐鼓排. 康

종회는 鎭東將軍 毋丘儉과 楊州刺史 文欽이 병변을 일으켰을 때 이를 적절하게 해결하여 사마소의 두터운 신망을 받게 된 그야말로 실세 중의 실세다. 그는 黃門侍郞[18]으로 봉읍이 300석에 지나지 않았던 그리 높은 관직은 아니었지만 권력은 매우 막강하여 사마소로부터 가장 신뢰를 받고 있었으며, 당시 청담의 주요 주제였던 才性 이론에도 매우 정통하여 당대의 명사들과 이에 대해 논의할 정도의 식견과 학문을 갖춘 인물이었다. 그런 당대의 세력가인 종회에게 잘 보이려고 하는 사람들이 구름떼처럼 몰려들었다고 하는데, 혜강은 오히려 그의 방문에 눈 하나 깜짝하지 않고 매우 오만한 태도로 일관했다. 어쩌면 혜강의 학문과 인품을 존경하여 그와 교제하고 싶은 생각으로 찾아왔으나 문전박대를 당하게 된 종회는 이 치욕을 마음에 단단히 품고 돌아가 언젠가는 반드시 되갚아 줄 것이라는 생각을 했을 것이다.

혜강은 또한 「難自然好學論」을 집필하여 사마 씨 집단이 명분으로 내세운 명교를 신랄하게 비판함으로써 결코 사마 씨 집단과 함께하지 않겠다는 의지를 분명하게 전달하였다. 즉, 혜강은 '명교를 초월(越名敎)'하고 '자연으로 귀의(任自然)'하고자 하는 의지를 담아 직접적으로 경학교육을 비판하고 명교에 대한 근본적인 부정으로 이어진 것이다. 이 「難自然好學論」은 荀子의 性惡說을 근거[19]로 張邈의 「自然好學論」을 반박하

揚槌不輟, 傍若無人, 移時不交一言. 鍾起去. 康曰: '何所聞而來? 何所見而去?' 鍾曰, '聞所聞而來, 見所見而去.'"(『世說新語・簡傲』)

18) 고대 관직명으로 진대에 처음 생겨났다. 이 직책은 황제의 곁에서 조서를 전달하는 일을 주 업무로 한다.

19) 순자가 이르길, 나면서부터 그러한 것을 본성이라 한다. 본성과 태어남은 서로 감응하기 때문에 일부러 그러지 않아도 되는 자연스러운 것으로 그것을 본성이라 한다.("生之所以然者謂之

기 위해 쓴 論說文인데, 그렇다면 먼저 장막의 의견부터 살펴
보도록 하자. 「自然好學論」은 위진 시기 문벌귀족들의 예법과
명교를 보호하려는 입장과 관점을 대표하는 일종의 교육철학으
로서, 인성론의 관점에서 '好學'의 자연스러움을 주장하고 있
다. 먼저 장막은 '自然'을 다음과 같이 정의 내리고 있다.

> 무릇 기쁨, 분노, 슬픔, 즐거움, 사랑, 미움, 욕심, 두려움 등은 인
> 간이 가지는 감정이다. 뜻을 이루면 기뻐하고, 모욕을 당하면 화
> 를 내며 어긋나고 배반당하면 슬퍼하고 조화로운 음악을 들으면
> 즐거워한다. 또한 태어나 성장하는 것을 보면 사랑이 생겨나고 좋
> 아하는 것을 거스르면 미워하고 배고프면 먹고 싶어 하고 핍박을
> 받으면 두려움과 공포심이 생겨난다. 이 여덟 가지 감정은 가르치
> 지 않아도 할 수 있는 것으로 이것의 핵심을 말한다면 그것은 곧
> 자연이다.[20]

喜, 怒, 哀, 樂, 愛, 惡, 欲, 懼는 모두 인간이 태어나면서부터
갖게 되는 8가지 기본적인 감정으로서 외부의 자극을 통해 밖으
로 표출된다. 이러한 과정은 지극히 '自然'스러운 것인데, 이는
"가르치지 않아도 그렇게 할 수 있는(不教而能)" 사람의 자연스
런 반응이자 욕구이기 때문이다. 가령, 사회가 진화됨에 따라 이
전의 식습관과 음악을 통한 감정의 표현 방식 등이 인위적인 방

性; 性之和所生, 精合感應, 不事而自然, 謂之性.") 순자는 이 단락에서 본성이라 함은 태어나면
서부터 오는 매우 자연스러운 것이므로 학습하지 않아도 힘써 행하지 않아도 얻을 수 있는 것
이기 때문에 "자연의 본성(自然之性)" 이라 하였다. 이 밖에도 순자는 "모든 사람은 다 동일하
게 배가 고프면 먹고 싶고, 추우면 따뜻함을 얻기를 바라며 힘들면 쉬려 하고 이익을 좋아하고
손해 보는 것을 싫어하는데 이런 것들이 모두 인간이 나면서 바로 가지는 것이다."(『荀子・正名』,
"凡人有所一同, 飢而欲食, 寒而欲煖, 勞而欲息, 好利而惡害, 是人之所生而有也") 『荀子集解』(臺
北: 里仁書局, 1978년), 274쪽

20) "夫喜, 怒, 哀, 樂, 愛, 惡, 欲, 懼, 人情之有者也. 得意則喜, 見犯則怒, 乖離則哀, 聽和則樂, 生育
則愛, 遠好則惡, 飢則欲食, 逼則恐懼. 凡此八者, 不教而能. 若論所云, 即自然也."(『嵆中散集・自
然好學論』)

법을 통해 계속적으로 발전되어 갔는데, 비록 인간이 태어나면서 가지는 기본적 욕구와는 다른 인위적인 행위나 방법이 더해져 생성된 것이라 하더라도 "입맛에 맞고(適於口)", "마음에 부합(當其心)"되기만 한다면 이것 역시 '자연스러움'이라 할 수 있을 것이다.[21]

장막은 이를 토대로 배움을 좋아하는 것도 매우 당연한 기본적이며 자연스런 욕구로서, 특별히 사람이란 원래 "모아서 가르치지 않으면 자기 마음 내키는 대로 행동하고 의지들이 서로 충돌하게 되어 여덟 가지 감정이 제각기 드러나기 때문"[22]에, 교육을 통해 전에 몰랐던 것을 깨우치게 되면 마치 "기나긴 밤에 태양빛이 비추는 것과 같이 생활에 기쁨을 가져다줄 뿐만 아니라 무지몽매한 상황에서도 벗어나 진정한 인식의 세계로 들어갈 수 있다."[23]며 경학교육의 중요성을 강조하였다.

> 그러므로 일은 나중에 발생되지만 마음과 선천적인 본능은 서로 반응을 같이 하기 때문에 육경의 내용이 설령 번잡하고 화려하며 명예와 이익이 서로 복잡하고 다양하여 꼼꼼하게 따져본 후에 다시 배웠다고 하더라도 여전히 자연스럽게 좋아하는 것이 있다는 사실에는 아무런 손해됨이 없다.[24]

이것으로 볼 때, 張邈은 喜, 怒, 愛, 樂 등 인간의 기본적인 감정

---

21) "腥臊未化, 飮血茹毛, 以充其虛; 食之始也. 加之火齊, 糝以蘭橘; 雖所未嘗, 嘗必美之; 適於口也. 黃橦土鼓, 撫腹而吟; 足之蹈之, 以娛其喜; 樂之質也. 加之管弦, 雜以羽毛; 雖所未聽, 察之必樂; 當其心也."(『嵇中散集‧自然好學論』)

22) "聚而勿敎, 肆心觸意, 八情必發."(『嵇中散集‧自然好學論』)

23) "況以長夜之冥, 得照太陽, 情變鬱陶, 而發其蒙也."(『嵇中散集‧自然好學論』)

24) "故以爲雖事以未來, 而情以本應. 卽使六藝紛華, 名利雜詭, 計而後學, 亦無損於有自然之好也."(『嵇中散集‧自然好學論』)

과 학습하고자 하는 욕구 모두 자연적인 본성에 속하는 것이며, 인성론의 입장에서 육경교육의 합리성을 증명하고 더 나아가 명교와 자연을 동일한 개념의 범주 속에 포함시켜 '명교의 자연스러움'을 강조하고 있는데, 이는 "名教出於自然(명교는 자연에서 나왔다.)"의 교육이론의 반영으로도 볼 수 있다.

이에 대해 혜강은 「難自然好學論」을 통해 배움을 좋아하는 것은 결코 사람의 자연적인 본성에 속하는 것이 아니며 명교를, 그리고 경학을 단지 자신의 목적을 이루기 위한 하나의 수단으로 보는 당시의 세태를 비판하고자 했다.

> 선비들은 붓과 죽간을 들고 문장을 지어 족히 생활을 할 수 있고, 장기간의 학습으로 유가경전을 통달하면 관직을 얻게 되어 밭갈이를 대신할 수 있다. 그러므로 사람들은 어려움이 닥친 후에야 비로소 배움을 시작하는데, 이것으로 볼 때, 배움의 목적은 단지 부귀영달과 후한 봉록을 얻기 위함이며, 미리 계산을 다 한 후에 계속해서 공부할 것을 정하는 것이다. 좋아함은 이같이 습관을 통해 형성되는 것이기 때문에 마치 조금은 자연스러움과 유사함이 있다. 그래서 당신은 배움을 좋아하는 것을 자연스러운 것이라 말하고 있는 것이다.[25]

혜강은 여기에서 유가경전에 대한 학습은 단지 개인의 부귀와 영달을 위함이며, 또한 오랜 습관에서부터 비롯된 것이기 때문에 교육은 결코 자연적인 본성에 속하는 것이 아니라고 지적하고 있다. 왜냐하면 육경은 억제하여 인도함을 위주('抑引')로 하고, 인간의 자연적 본성은 욕구를 따르는 것('從欲')을 기본으로 삼기 때문이다. 즉,

---

25) "操筆執觚, 足容蘇息; 積學明經, 以代稼穡. 是以困而後學, 學以致榮, 好以習成, 有似自然."

육경은 억제함과 인도함을 위주로 하지만 사람의 천성은 욕구에
따라 행동하는 것을 즐거움으로 삼는다. 외부에서 더해지는 억제
와 인도함은 사람의 욕망과 위배되며 욕망을 따르면 자연의 본
성을 얻는 것이라 할 수 있다. 이렇게 자연의 본성을 얻는 것은
억제와 인도함을 주로 하는 육경에서 비롯되지 않으며 자연의
본성을 지키고 보호하기 위해서 사람의 욕망을 거스르는 예법을
필요로 하지 않는다. 그렇기 때문에 우리는 인과 의가 사람의 행
위를 구속하는데 온 힘을 기울이고 자연의 본성을 기르는데 필
요한 것이 아님을 알고 있다. 또한 염치와 양보는 다툼 끝에 생
겨나는 것이어서 더욱 자연적인 본성이 갖고 있는 속성이라 할
수 없다.26)

　유가 경전은 사람의 기본적 욕구를 억제하고 교화하는 것을 근본으
로 삼지만 사람은 오히려 욕구에 따라 행동하고 싶어 하고 이를 통해
만족함을 느낀다. 그렇기 때문에 억제와 교화를 주로 하는 육경은 사
람의 염원에 위배되고 욕구에 따라 행동하는 것이야말로 자연스러운
본성이라 할 수 있다. 이와 같은 기본적인 인식 속에서 혜강은 유가경
전의 학습이 결코 사람의 본성에 속하는 자연스러운 행위라기보다는
오히려 인성을 해치는 도구이며, 장막이 "육경을 태양이라 여기고 배
우지 않는 것을 길고 긴 밤(謂六經爲太陽, 不學爲長夜.)"이라고 비유
하며 육경의 중요성을 강조한 것에 반해, 혜강은 오히려 "정교를 가르
치고 선양하는 明堂을 보잘 것 없는 작은 방으로, 경전을 외우고 낭송
하는 것을 쓸데없는 소리로, 六藝를 풀이 무성한 곳의 잡초로, 仁義를
냄새나고 부패한 것으로 여겼으며 경전을 보면 눈이 어지러워지고, 지
나친 예의 법도로 등이 굽어지고, 예복을 입으면 몸이 뒤틀리고 예법
을 말하면 이빨에 충치가 생긴다."27)고 비판하며 육경을 태양이라 생

---

26) "六經以抑引爲主, 人性以從欲爲歡. 抑引則違其願, 從欲則得自然; 然則自然之得, 不由抑引之六經,
全性之本, 不須犯情之禮律. 故仁義務於理僞, 非養眞之要術, 廉讓生於爭奪, 非自然之所出也."

각하지 않아도 되고 배우지 않는다고 해서 결코 어두운 밤이 아님을 강조하였다.[28]

결론적으로 혜강은 커다란 정치적 풍파와 사회적 변동 앞에서 모든 사회적 지위와 공적을 내려놓고 은거할 결심을 하였지만 조위정권에 대한 우국충정과 명사로서의 사명 때문에 상술한 바와 같이 은거생활 중에도 직, 간접적으로 사회적 이슈에 참여하게 되었던 것이다. 출사하여 적극적으로 사회적 모순을 해결하느냐 아니면 모든 것을 내려놓고 화를 피해 은거하느냐 하는 문제로 혜강은 많이 갈등을 했었을 것이다. 이러한 상황 속에서 혜강에게 대업을 이루고 아무 미련 없이 떠나간 인물들이 많이 부러웠을 것이고, 더 나아가 이들을 본보기로 삼아 자신도 그렇게 할 수 있기를 소망했던 것으로 보인다.

【표】『聖賢高士傳贊』 인물유형 분류표

유형	소분류	인물유형과 특징	선별이유
聖賢	拒絶禪讓	許由, 子州友父, 善卷, 石戶之農, 卞隨, 務光, 延陵季子 (전통 유가의 성현과 반대 입장으로 대립되던 인물로, 선양을 피함)	司馬氏의 권력찬탈은 漢魏의 선양방식을 모방. 이 과정에서 반대세력을 제압하고 명사들을 회유하기 위해 가혹한 압제와 살육이 수반됨. 혜강은 이것에 주안점을 두고 선양을 거절하고 피한 인물들을 성현의 반열에 올림.

---

27) "今若以明堂爲丙舍, 以諷誦爲鬼語, 以六經爲蕪穢, 以仁義爲臭腐, 睹文籍則目瞧, 修揖讓則變傴, 襲章服則轉筋, 譚禮典則齒齼."

28) "不學未必爲長夜, 六經未必爲太陽也."

隱逸	品德高尚	小臣稷, 原憲, 段干木, 閭丘先生, 顔歜, 田生, 鄭均, 高鳳 (청렴하고 지조와 절개를 지닌 자)	혜강은 불의한 시대를 살아가면서 반드시 갖추어야 덕목으로 청렴함과 지조, 절개를 중시함.
	淡泊寡欲	巢父, 壤父, 康市子, 亥唐, 狂接輿 (빈한하게 살아도 세상적인 욕심이 없고 淸靜한 삶을 추구한 자)	혜강은 한때 집안형편이 어려워져 산도와 함께 산양에서 쇠를 두드리며(打鐵) 생계를 이어나가면서도 그 뜻을 굽히지 않음.
	深得自然之道	廣成子, 襄城小童, 商容, 老子, 關令尹喜, 項橐, 太公任, 漢陰丈人, 班嗣, 孔嵩, 市南宜僚, 周豐, 河上公 (자연의 도리와 섭리를 깊이 깨달은 자)	부패한 정치, 그리고 혼란한 사회에 직면하여 그런 시대를 살아가기 위한 處世之道뿐만 아니라 이상적인 治世, 治國의 방법을 제시하고 함.
	不事二君	蔣詡, 尙長, 王眞, 李邵公, 薛方, 龔勝(絳父), 楚老, 逢萌, 徐房, 李曇, 王遵, 孔休 (두 왕을 섬기지 않겠다는 굳은 의지를 가진 자)	왕조의 정당성을 중시, 두 왕을 섬기지 않겠다는 굳은 의지를 표명함과 동시에 조위정권의 부마로 끝까지 신의를 저버리지 않으려고 노력함.
遁心	超越世俗	涓子, 漁父 (세속을 초월한 삶을 추구한 자)	혜강은 曹魏집단과 司馬氏 집단 간의 권력투쟁의 소용돌이 속에서 늘 속세를 떠나 자연을 벗하며 마음 편하게 살아보려는 소망을 드러냄.
	避亂遠害	長沮, 桀溺, 荷篠丈人(혼란과 위험을 피해 은둔한 자)	
遺名	不慕榮利	被裘公, 顔闔, 莊周, 於陵仲子, 韓福, 求仲, 羊仲, 井丹 (명예와 세속적 가치를 부러워하지 않은 자)	자연으로 돌아가 은거생활을 하며 안빈낙도의 삶을 추구하고자 함.
	安貧樂道	榮啓期, 司馬季主, 臺佟 (자신이 처한 상황에 만족하며 즐겁게 사는 자)	혜강도 은거생활을 하며 안빈낙도의 삶을 살고자 함.
	功成身退	伯成子高, 范蠡, 屠羊說, 魯連, 安丘望之 (자신의 공을 자랑하지 않고 물러날 때를 아는 현명한 자)	혜강도 이들처럼 국가와 사회를 위해 큰 공을 세운 이후 그 자리에서 물러나 자연으로 돌아가고픈 심정을 투영함.

2. 『聖賢高士傳贊』 속에 제시된 嵆康의 人物論과 이상향

(1) 혼란한 시대, 새로운 인물의 본보기를 제시 : '聖賢高士'

正始시기 曹魏 정권과 司馬氏 집단과의 첨예하고도 앞날을 예측할 수 없는 권력투쟁으로 혼란해진 정국 속에서 당시 사대부들은 출사와 은거 등 진퇴양난의 어려움과 갈등 속에서 생명의 위협을 느끼면서 결국 이제까지 마음속에 품어왔던 사대부로서의 '구국의 지(濟世之志)'를 포기하며 환란을 피해 세속을 등지는 등의 소극적인 삶으로 일관하게 된다. 이러한 분위기 속에서 도가사상의 재등장과 이에 대한 중시는 지극히 자연스런 추세라고 볼 수 있으며, 이에 지식인들은 도가사상에 더욱 심취하게 되어 현실정치를 멀리하는가 하면, 더욱 明哲保身하며 유유자적한 삶을 동경하게 되었다. 그래서 혜강은 세상적인 욕심이 없고 청렴한 삶을 추구하려는 소부와 양부, 그리고 강시자 등의 인물들과 아예 세상의 혼란과 위험을 피해 은둔하였던 연자, 어부, 장저와 걸닉 등의 인물을 수록함으로써 혜강 자신도 이들처럼 어렵지만 소박하게 살아가면서 세상의 풍파를 피해보고자 하는 뜻을 피력하기도 했다.

이와 함께 도가에서 흔히 말하는 高士로서 갖추어야 할 덕목을 가진 자, 가령 세상의 명예와 가치를 부러워하지 않았던 피구공, 안합, 장주, 어릉중자, 한복 등과 자신이 처한 상황에 만족하며 즐겁게 사는 자로서 영계기, 사마계주, 대동, 그리고 자신의 공을 자랑하지 않고 물러날 때를 아는 현명한 자로 백성자고, 범여, 도양설, 노련, 안구망지 등을 『聖賢高士傳贊』에 수록하면서 혜강도 이들과 같이 혼란한 시대 현세의 상황에 얽매이지 않고 자신의 뜻을 지켜가며 홀연히 살아가고, 더 나아가 국가와 사회를 위해 헌신하여 큰 공을 세운 후에 아무런 미련 없이 그 자리에서 물러나 자연으로 돌아가고픈 소망을 간접적으로 투영하고 있다.

그러나 또 다른 한편으로 현학의 흥성 원인이기도 하지만 전통적인 유가사상과 가치관에 대해 전면적으로 부정할 수는 없는 당대의 지식인들은 마음속에 현실적인 문제를 해결하고 이를 토대로 더 나은 세상을 만들고자 하는 이상과 포부를 간직한 채 고통과 번민 속에서 살아가게 된다. 이에 따라 漢末 魏初에 이르는 시기 왕필과 하안을 중심으로 유가사상의 시대적 한계를 극복하고 경학의 폐단을 바로잡기 위해 도가사상을 원용하여 유가와 도가의 조화를 꾀하려는 움직임이 일어났다. 이 두 사람은 '명교는 바로 자연에서 비롯되었다(名敎出於自然)'라는 대전제 아래 전통 경학에 대한 계승과 개조를 위해 '儒道兼宗(유가와 도가를 모두 높임)', '體用並重(본체와 작용을 모두 중시함)'을 주장함으로써 당시와 같은 공전의 혼란시대에 부합하는 이론적 체계를 완비할 수 있었다.

혜강은 바로 이와 같은 시대적 환경 속에서 『聖賢高士傳贊』에 유가와 도가적인 성품을 겸비한 인물들 또한 매우 중요하게 다뤄주고 있다. 가령 황제가 공동산에 살고 있었던 광성자에게 '천하를 양육하는 법'을 물었던 것이나 양성소동에게 '천하를 다스리는 법'에 대해서 물었던 것, 상용에게 천하의 일을 물었던 노자의 일 등을 수록하고 있는데, 이들 모두 세속을 초월한 도가적인 선인의 성품을 지녔지만 이들에게 나라를 잘 다스리고 천하의 일을 순조롭게 할 만한 방법을 구한 상황들을 함께 수록함으로써 유가와 도가사상의 절충을 모색해보려는 혜강의 의도를 다소나마 엿볼 수 있다.

이렇듯 현학의 가장 중요한 명제인 명교와 자연의 조화와 절충은 구체적으로 혜강의 『聖賢高士傳贊』에 그대로 반영되어 성현고사를 선별할 때 유가와 도가적 성향이 짙은 인물들이 대거 수록되었다. 혜강과 완적을 중심으로 한 '죽림현학'의 대명제는 이른바 '越名敎 而任自然'으로 유가전통과 정면으로 배치되며 '자연'으로 귀의할 것을 주장하면서 명교를 초월과 극복의 대상으로 삼고는 있지만, 이들의 사상과 작품의 이면을 자세히 살펴보면 마음속 가득히 전통 유가적인 가치관을 품고 있으면서 끝까지 권력찬탈의 도구로 삼고 정권의 명분을 찾기 위해 '거짓 명교'를 기치로 내세웠던 司馬氏 집단을 맹렬히 비난하면서 자연과 명교가 서로 조화를 이룬 이상적인 사회건설을 꿈꾸고 있다. 그래서 혜강은 전혀 다른 가치관과 삶의 방식을 가진 유가의 '성현'과 도가의 '高士'를 합쳐 전기를 쓰고 말미에 혜강 자신의 평을 달아 『聖賢高士傳贊』을 편찬함으로써 극도의 가치관 혼란의 시대에 새로운 인물상을 제시하고자 했던 것이다.

실제로 『聖賢高士傳贊』에 수록된 인물들의 면면을 살펴보면 전통적으로 유가의 성현으로 칭송받아오던 堯, 舜, 禹, 湯, 武王, 周公, 孔子 등이 모두 빠져 있고 대신 이런 전통 유가의 성현과 함께 등장하며 이들과 대립각을 세웠던 인물들이 수록되었다. 이것으로 볼때, 당시 200여 년간 부동의 지위를 지켜오던 유학과 경학이 자기모순에 빠져 더 이상 시대의 가치관 척도로서의 의미를 상실하고, 이를 대신해 사회 전반에 걸쳐 풍미했던 현학의 영향 아래 유가사상의 폐단을 고치기 위해 도가사상을 원용하여 유가와 도가의 일체를 주장했던 당시 학술계의 움직임과 무관해보이지 않는다. 즉, 혜강은 당시 전통유가의 성현을 성현으로 보지 않았을 뿐만 아니라 속세를 등지고 자연을 벗 삼아 隱逸하는 유유자적한 '高士'를 聖賢의 반열에까지 올려놓음으로써 자신의 사상적 성향 혹은 가치관, 더 나아가 혜강이 주장하고 바라는, 시대를 대표하는 이상적인 인격상을 짐작케 한다. 그러므로 '聖賢高士'는 당시 전통유가의 가치관 체계가 무너진 상황 속에서 새로운 정신적 지주를 유가 이외의 다른 영역에서 끌어와 혜강 자신의 가치관이 그대로 표현된 것으로서, 명교와 자연의 융합과 절충으로 가는 상황에서 탄생한 '혼란한 시대, 새로운 隱士의 한 형태'라고 볼 수 있다.

혜강, 사이비가 판을 치는 세상에 公私를 논하다

혜강은 이와 같이 위, 진의 정권교체라는 매우 혼란하고 어지러운 세상 속에서 성현과 고사라는 인물의 전형과 처세방법을 제시함으로써 이를 본받아 살아가야 한다는 강한 메시지를 제시하고 있다. 혜강은 늘 이상과 현실 속에서 방황하는 가운데 또 하나의 가치관을 우리에게 제시해 주고 있는데, 그것이 바로 '公私'라는 개념을 통해 무엇이 옳고 그른지, 무엇이 선한 것이고 악한 것인지 분간하기조차 어려운 현실에서 그 시대를 살아가는 방법을 얘기해 주고 있다.

구체적으로 말해보자면, 魏晉의 정권 교체시기 동안 정치, 사회적으로 극심한 혼란 상황에 처했던 지식인들은 당면한 시대의 현실적 어려움과 갈등의 원인을 한마디로 '名敎'와 '自然'의 충돌과 모순으로 보고 때론 조화를 모색하는가 하면 때론 첨예한 대립구도로써 이 둘의 관계를 규정지으며 해결책을 찾고자 하였다.[29] 그 시대를 살았던 명사들은 사회 전반에 걸친 모순과 갈등을 해결하고 사회질서와 가치체계의 혼란함을 바로 잡고자 구체적으로 이상적인 인물상을 제시하였는데, 그 대표적인 인물로 王弼, 그리고 阮籍과 嵇康을 들 수 있겠다.

구체적으로 말하자면 王弼은 '聖人'이라는 이상적 인격상을 그려냈고,[30] 완적은 '大人先生'[31]을, 그리고 혜강은 '君子'를 이상적인 인격모델을 제시하여 자신의 이상향을 반영하고 가치판단의 기준으로 삼고자 했다. 당시 혼란했던 정치적, 사회적 상황에 대해 혜강은 오언시 「答二郭」에서 다음과 같이 묘사하고 있다.

복잡하고 빠르게 변하는 세상일 자세히 살펴보니 어렵고 험하여

---

29) 위진 현학의 창시자인 王弼과 何晏은 당시 현학의 가장 중요한 임무인 유가사상의 폐단을 바로잡기 위해 도가사상을 원용하여 이 둘의 관계를 원만히 조화시키기 위해 "명교는 자연에서 비롯되었다(名教出於自然)"라고 주장하였다. 뒤를 이어 阮籍과 嵇康은 사마 씨 집단이 권력쟁취를 위해 당시 조위 집단의 중신들을 무참히 살해하였을 뿐만 아니라 신하로서 감히 왕을 폐위시키는 등의 잔인하고 불충한 행위를 직접 목도하고 시대적 모순을 바로잡기 위해 "명교를 초월하여 자연으로 돌아가자(越名教而任自然)"고 주장하였다.

30) 聖人論의 핵심은 '성인에게 감정이 있다 혹은 없다(聖人有情無情)'와 관련된 문제로서 당시 淸談의 중요한 주제 중 하나였다. 성인에게는 감정이 없다고 주장한 사람은 바로 何晏이고, 이와는 반대로 王弼은 성인에게는 감정이 있다고 주장하여 이론적으로 첨예한 대립양상을 갖게 되었다. 왕필 聖人論의 핵심은 바로 도덕성을 기초로 하는 순수 유가적 성인의 모습을 탈피하여 '無'로써 성인의 속성을 규정지어 새로운 모습의 성인으로 변신시켰다는 것이다. 이렇듯 겉모습은 유가이지만 그 바탕을 이루는 것은 도가인 성인의 이미지 변신에 중요한 역할을 담당한 요소가 있었으니 그것은 바로 '情'이다. 당시 청담의 중요한 주제 중 하나였던 "성인에게 감정이 있다 혹은 없다(聖人有情無情)"에 대해서 왕필은 何晏과는 달리 성인은 보통사람들과 마찬가지로 이른바 喜, 怒, 哀, 樂, 慾 등 하늘로부터 부여받은 자연적 본성인 감정을 가지고 있을 뿐만 아니라 "보통사람들보다 더욱 많은 '神明'을 갖고 있어 어떠한 감정의 간섭과 속박도 받지 않고 이를 절제하여 거의 감정이 없는 지경에까지 도달 할 수 있기 때문"(『三國志·鍾會傳』이하 何劭「王弼傳」에 이르길, "何晏以爲聖人無喜怒哀樂, 其論甚精, 鍾會等述之. 弼與不同, 以爲聖人茂於人者, 神明也, 同於人者, 五情也. 神明茂, 故能體沖和以通無.")에 聖人으로 추앙받을 수 있다고 설명하였다. 이와 같은 성인론은 바로 "명교는 자연에 나왔다(名教出於自然)."라는 왕필 사상 핵심의 성인관에 대한 적용이라 할 수 있다.

31) 완적은 '大人先生'이라는 도가적 색채가 짙은 이상적 인격상을 통해 당시 세속적인 예법제도를 비판하고 자아의 해탈과 자유를 그리워하는 강렬한 염원을 토로하고 있다.

근심걱정 많구나.
서로 간의 은혜와 원망이 더해져 대도가 감추어져 드러나지 않는
구나.
평탄한 길에 가시나무가 가득하니 정말로 어떻게 발을 디뎌야 할
지 모르겠구나.
권모술수와 지혜가 서로 다투고 빼앗지만 명성과 지위는 차지하
지 못하는구나.
난새와 봉황은 그물을 피해 멀리 곤륜산으로 몸을 기탁 하네.[32]

이 시는 258년을 전후로 혜강이 하동에서 은거생활을 시작했던
당시 그의 절친한 친구였던 郭遐周, 郭遐叔이 혜강과 함께할 수 없
음을 아쉬워하며 보낸 시에 대한 답시이다. 249년 高平陵政變을 통
해 司馬懿가 曹魏 정권의 핵심세력인 曹爽과 何晏 등을 살해하고
정권을 차지하자 曹魏왕실과 인척관계에 있던 혜강도 신변의 위협
을 느껴 中散大夫직을 그만두고 山陽으로 피신하여 역사상 그 유명
한 '竹林七賢'의 유유자적한 은거생활이 시작되었다.[33]

高平陵政變 이후 계속되는 政敵에 대한 숙청으로 曹魏 집단의 원
로관원격인 王凌이 죽임을 당했으며, 司馬懿의 뒤를 이어 권력을
손에 쥐게 된 司馬師에 불만을 품고 반란을 일으켰던 中書令 李豊
과 夏侯玄의 쿠데타 또한 미수에 그치자 모두 죽음을 면치 못했
다.[34] 이렇듯 高平陵政變 이후 계속되는 음모와 병변 속에 曹魏 집

---

32) "詳觀凌世務, 屯險多憂虞. 施報更相市, 大道匿不舒. 夷路殖枳棘, 安步將焉如? 權智相傾奪, 名位
不可居. 鸞鳳避罻羅, 遠託崑崙墟."(「答二郭·第三首」)

33) 이 사건을 계기로 이른바 노자의 우주론을 그 담론의 주제로 삼았던 정시현학이 일단락지어지
고, 이때부터 죽림칠현 현학시기가 도래하여 현학은 사변철학으로서만이 아닌 인생철학으로서
새로운 전기를 마련하게 된다. 즉, '政治的無爲'가 '개인의 자유'로 전환되는 시점이라고 할 수
있다.

34) 『三國志·魏書·夏侯玄傳』 卷九에 이르길, "하후현의 성격과 도량은 넓고 커서 참수를 위해
형장에 이른 뒤에도 얼굴빛 하나 변하지 않고 평소와 다름없이 행동하였다."라고 기록하고 있
다.("玄格量弘濟, 臨斬東市, 顔色不變, 擧動如自.")

단의 골간을 이루었던 많은 중추 세력들이 이런저런 이유로 살해당하고 사마 씨 집단의 권력쟁취를 향한 노골적인 야심이 극에 달하자 당시 젊은 나이의 혜강도 세상을 구하고자 하는 이상과 포부, 그리고 속세를 떠나 유유자적하며 정신적 안돈을 추구하려는 두 가지 상반된 갈등 속에서 이를 해결하기 위해 많은 노력을 기울이게 된다.

완적과 혜강을 포함한 일곱 명의 명사들은 어지러운 세상을 피하고 자신들이 바라는 이상적인 삶을 추구하기 위해 '竹林'에 모여들었지만, 후에 모임은 분화되어 하나둘씩 각자의 길을 걸으며 서로 다른 방식으로 시대적 상황에 대처하였다. 즉, 阮咸과 劉伶, 그리고 向秀 등은 철저히 속세를 멀리하고 순전히 자연으로 돌아가 자신들의 성정에 따라 자유롭게 생활하였는가 하면, 이와는 반대로 山濤와 王戎 등은 사마 씨 집단의 집요한 회유와 협박을 끝내 이기지 못하고 출사하게 된다. 이 가운데 완적과 혜강은 "명교를 뛰어넘어 자연으로 돌아간다."는 '越名教而任自然'의 기치아래 뜻을 굽히지 않고 보다 적극적으로 시대상을 바로잡아 보려 했지만, 결국 완적은 "남의 잘못을 논하지 않으며"[35] "세상일을 언급하지 않는다."[36]는 자신 본래의 성격과 원칙대로 당시 명교를 초월하고 극복하려는 노력보다는 자연적 본성에 따라 살아가는데 더 큰 주안점을 두었다.

똑같은 상황 속에서 혜강은 바로 "越名教以任自然",[37] 즉 당시

---

35) "阮嗣宗口不論人過."(「與山巨源絶交書」)

36) "不談事務."(「與山巨源絶交書」)

37) 원래 "越名教而任自然"인데, 혜강의 주장과 방법론을 강조하기 위해 필자가 '而'를 '以'로 바꾸었음.

사마 씨 집단이 표방하였던 명교를 적극적으로 반대함으로써 본래의 이상적인 명교와 자연이 서로 조화를 이루는 그런 '자연으로의 귀의'를 선택하였다. 이러한 확고한 원칙 아래 혜강은 사회의 부조리를 날카롭게 비판하고 자신의 소신대로 뜻을 굽히지 않는가 하면 혼란한 당시의 상황을 "덕이 쇠하고 대도가 없어진 결과"[38] 때문이라 결론짓고 올바른 사회 건설을 위해 새로운 인격의 본보기를 세우고 가치판단의 기준을 재정립해야 한다고 주장하였다. 혜강은 바로 이러한 상황 속에서 公과 私의 개념을 명확히 규정함으로써 그가 염원하는 사회는 무엇이며 또한 어떻게 살아가야 하는 지를 분명하게 제시하고 있다.

先秦시대의 諸子의 公私 개념

公과 私의 개념은 선진시대부터 이미 여러 諸子의 言論 가운데 논의 되었는데, 이 가운데 본격적으로 公과 私를 하나의 상대적인 개념으로 보고 이 둘의 의미를 규정한 사람은 한비자이다. 『韓非子 · 飾邪』에 이르길, "명철한 임금이 갖추어야 할 도는 바로 반드시 공사의 구분에 확실해야 한다. 그렇기 때문에 군주의 公義는 법과 제도를 분명히 하고, 사사로운 정을 없애야 한다. 무릇 법령은 반드시 실행해야 하며 금하면 반드시 중지해야 한다."[39]고 했다. 또한 친구와 신의에 대하여 신하의 사사로운 상벌 모두 '私'의 표현이며, 질서를 위협하는 화근이 될 수 있다고 하였다.

---

38) "下逮德衰, 大道沉淪."(「太師箴」)

39) "明法制, 去私恩. 夫令必行, 禁必止."(臺北: 河洛圖書, 1974년 9월), 311쪽

그렇다면 신하로서 가져야 할 公義는 무엇일까? 그것은 바로 "몸을 닦아 결백하게 하고 공정함을 행하며 관직에 올라도 사사로움이 없어야 할 것"[40]이며, 군주는 마땅히 신하들이 "행동을 더럽히고 욕심만을 쫓으며, 자기의 몸만을 편안하게 하고 집을 이롭게 하지 않도록 금지"[41]해야만 한다. 왜냐하면 이러한 것들이 모두 '私'의 구체적인 표현이기 때문이다. 이것으로써 한비자는 공과 사를 군주의 통치기준으로 삼고 이와 함께 군신관계를 이 개념에 귀속시키고 있음을 알 수 있다.

한편 유가의 경우 일반적으로 공과 사에 대해 '먼저 公義를 행한 후 사사로운 것을 한다.(先公後私)', '공의에 충성을 다하고 사욕을 없애도록 한다(忠公無私).'를 기본원칙으로 삼고, '公'을 사람됨의 표준으로 삼아 군주에게 마땅히 "公平을 귀하게 여기고 (편협된) 私慾을 버리도록 요구(貴公去私)"함과 동시에 사람들에게는 입신처세 시 반드시 "공을 밝히고 사를 없애야 한다(明公息私)."고 독려하였다.[42] 또한『禮記‧禮運』에서는 "대도가 실행되면 천하는 모두 공으로 돌아간다."[43]고 하였으며, 모든 백성의 생사를 주관하는 군주는 성현을 본받아 나라를 다스릴 때 반드시 먼저 공정해야 함을 강조하고 있는데, 이렇게 할 때 비로소 '천하가 모두 공을 행하는(天下為公)'는 大同世界를 구현할

---

40) "修身潔白, 而行公行正, 居官無私."

41) "汙行從欲, 安身利家."(『韓非子‧飾邪』)

42) 『論語‧堯曰』에서 이르길, "민첩하면 공을 이루게 되고, 공평하면 모두가 기뻐하게 된다.(敏則有功, 公則說." 여기서 공자는 위정자가 나라를 공평하게 다스리면 백성들을 기쁘게 할 수 있다고 하며 마땅히 공평하고 사사로움에 치우쳐서는 안 됨을 강조하고 있다. 또한『孟子‧滕文公上』에서는 "재물을 좋아하고, 처자를 편애하며, 부모를 돌보지 않는 것을 세 가지 불효(好財貨, 私妻子, 不顧父母之養, 三不孝也)"라 하며, 윤리학의 관점에서 '私'를 '편애하다' 혹은 '은밀하다'의 뜻으로 해석하였다.

43) "大道之行也, 天下為公."(『十三經注‧禮記注疏‧禮運』卷二十一, 413쪽)

수 있다고 믿었다.

이와 같이 '공정', '공평' 혹은 '사사로움', '편협함'의 의미로서의 '公'과 '私'의 개념은 혜강에 와서 이전과는 다른 의미로 해석되었다. 개념을 설명하기 위해 혜강은 먼저 도가적 관점에서 '君子'를 새롭게 정의하고, 이와 함께 어떻게 하면 군자로서 시대상에 부합된 이상적인 인격을 가질 수 있는가에 대한 구체적인 방법을 아래와 같이 설명하고 있다.

> 무릇 군자라 일컫는 자는 그 마음에 시비를 두지 않으며 행함에 있어 자연의 도에 위배되지 않는다. 어째서 그러한가? 무릇 심기가 평온하고 정신이 고요한 자는 마음에 자신을 자랑하고 높이는 바를 두지 않으며 육체가 건전하고 마음이 넓은 자는 감정이 바라는 바에 얽매이지 않는다. 마음속에 자부하고 높이는 마음을 두지 않기 때문에 능히 명교를 넘어서 자연에 임할 수 있고 감정이 바라는 바에 얽매이지 않기 때문에 능히 귀천을 구별하고 모든 만물의 감정을 통달할 수 있다. 또한 능히 만물의 정과 서로 통하기 때문에 위대한 도에 거스르지 않으며 명교를 뛰어넘어 자유로운 마음에 임할 수 있기에 시비를 마음에 두지 않는다. 그러므로 군자라 함은 바로 이 주관적 시비에 마음을 두지 않는 것을 주된 것으로 삼고 만물의 이치에 통달하는 것을 좋은 품성으로 여긴다.[44]

유가에서는 전통적으로 도덕성과 품행을 기준으로 군자와 소인을 구별한다. 즉, 공자는 이른바 '文質彬彬'한 군자의 인품에 대해서 소인처럼 먹을 것만을 구할 것이 아니라 도를 구해야 하고,[45] 마땅히 "의를 중시하고 이익을 경시하며 자신의 수양에 힘쓸 것을 강조"[46]하였는

---

44) "夫稱君子者, 心無措乎是非, 而行不違乎道者也. 何以言之? 夫氣靜神虛者, 心不存乎矜尙; 體亮心達者, 情不繫於所欲. 矜尙不存乎心, 故能越名敎而任自然; 情不繫於所欲, 故能審貴賤而通物情. 物情順通, 故大道無違; 越名任心, 故是非無措也. 是故言君子, 則以無措爲主, 以通物爲美."

45) 『論語‧衛靈公』

데, 여기서 군자와 소인은 인격상의 수양과 목표를 기준으로 구별되었음을 알 수 있다.

　그러나 위진 시기에 이르러 정치적으로 부패하고 사회에는 위선과 기만이 만연되어 기존의 도덕성이 상실되고 윤리의식이 사라져 무엇이 옳고 그른지 판단할 수 없게 되자 혜강은 이제까지와는 다른 기준으로 군자와 소인을 구별하여 이상적인 인격의 본보기로 삼고자 했다. 그래서 이 시대의 군자는 반드시 '마음속에 시비를 두지 말 것(心無措乎是非)'을 강조했다. 그러므로 군자가 능히 명교를 초월하여 자연에 임하거나 명교를 뛰어넘고 자유로워질 수 있는 관건은 바로 '心無措乎是非'이며, 이를 위해 구체적으로 '마음에 자부하는 마음을 두지 말고(矜尚不存乎心), 감정이 욕망에 얽매이지 않도록 해야 한다.(情不繫於所欲)' 이 두 가지 방법을 통해 비로소 명교를 뛰어넘어 자연으로 돌아갈 수 있는 것이다. 이것으로써 혜강이 새롭게 제시한 군자는 시비를 마음에 두지 않는 것을 중요한 특징으로 하고, 이것을 통해 모든 만물의 이치를 통달하는 장점을 가지고 있음을 알 수 있다. 다시 말해서 모든 행위는 반드시 순박한 자연의 상황에 부합되어야만 하는데, 이는 인성을 속박하는 일체의 것을 던져 버리고 동시에 사람들로 하여금 자연의 도에 이를 수 있도록 하기 위함이다.

---

46) 『論語·里仁』에서 이르길, "군자는 의를 알고 소인의 이를 안다(君子喩於義, 小人喩於利)."고 했다.

옳고 그름이 아닌 진실함을 강조

그러나 현실은 이미 "지인이 존재하지 않고 대도가 쇠하여진 시대"[47]여서 무엇이 옳고 그른지 판단할 수 없으며, 말과 행동이 일치하지 않는 표리부동한 사회[48]로 전락되어 버렸다. 이러한 상황속에서 혜강은 어떤 생각이나 의도의 옳고 그름보다는 속마음을 있는 그대로 솔직히 드러내는 것이 무엇보다도 중요하다고 생각하며 '是非'라는 도덕적이고 일반적이며 객관적인 판단기준을 대신하여 '公'과 '私'의 개념을 제시하였다.

그렇다면 '公'과 '私'란 무엇인가? 혜강은 "무릇 '私'란 말하지 않는 것을 그 이름으로 삼고 '公'은 말을 다하는 것을 명칭으로 한다.(夫私以不言為名, 公以盡言為稱)"라고 정의하고 있다. 다시 말해서 '公'은 공개적으로 마음에 있는 생각을 모두 표현하여 드러내는 것이고, 이와 반대로 '私'는 마음속에 있는 감정을 숨기고 감추는 것을 말한다.

> 공과 사에 대해 논의할 때 비록 그 뜻이 도에 가깝고 선량하며 마음에 사악함이 없더라도 마음에 숨기지 않는 것이 없으면 그것은 私함이 없다고 말할 수 없다. 이와 반대로 비록 욕망이 선함을 해하고 감정이 도에 위배되어도 마음에 숨김이 없이 모두 드러낼 경우 公하지 않다고 말할 수 없다.[49]

'是非'란 일반적으로 사람들의 생각이나 행위 자체의 옳고 그름

---

47) "至人不存, 大道陵遲."(「難自然好學論」)

48) "然事亦有似非而非非, 類是而非是者, 不可不察也."(「釋私論」)

49) "論公私者, 雖云志道存善, 心無凶邪, 無所懷而不匿者, 不可謂無私. 雖欲之伐善, 情之違道, 無所抱而不顯者, 不可謂不公."(「釋私論」)

을 규정하는 것으로서, 이들의 내용과 매우 밀접한 관계를 가지고 있기 때문에 객관적으로 혹은 도덕적으로 선함과 악함을 판단하는 중요한 기준이 될 수 있다. 그렇지만 '公'과 '私'는 일종의 자신의 감정을 대하는 태도를 규정하는 개념으로서, 이를 판단하는 관건은 바로 감정의 내용과는 상관없이 그것을 단지 공개하느냐 혹은 감추느냐 하는 것이다. 이것으로써 혜강이 추구하는 가장 이상적인 기준을 도출해 낸다면 그건 바로 마음속에 있는 생각과 의도가 "도에 뜻을 두고 선을 간직함"과 동시에 이를 숨김없이 과감하게 공개하는 이른바 '是而公'일 것이다.[50] 그 다음으로는 '非而公'으로서, 설령 마음속에 나쁜 의도나 생각을 가졌다 하더라도 그것을 용감하게 숨김없이 드러냈다면 오히려 다른 사람의 이해와 용서를 구할 수 있어 이것 또한 '公'이라 할 수 있다.

혜강은 이를 통해 당시 사회의 윤리체계가 무너지고 도덕성이 이미 상실되어 버린 상황 속에서는 '是非'를 판단하는 것보다 사람들 모두에게 진심을 숨기지 말고 솔직할 것을 호소하고 있는 것이다. 일반적으로 인품과 도덕성이 완전무결한 성인은 필경 극소수에 불과하고 대부분의 보통 사람들은 각기 많고 적음의 차이가 있을 뿐 저마다 도덕적 결함이 있기 마련이다. 더군다나 당시의 혼란하고 어지러운 시대상을 감안해 볼 때, 사람들의 인격을 판단하는 기준은 기실 내재적인 선과 악의 성분에 달려 있기보다는 그런 것을 어떻게 대하느냐 하는 것이 더 중요하다. 왜냐하면 '是非'는 위에서

---

50) "큰 도를 품고 시비를 마음에 두지 않으면 사사로움도 없겠고 잘못도 없을 것이다. 이 두 가지를 다 갖출 수 있는 것이 가장 훌륭한 것이라 할 수 있다.(抱 一而無措, 則無私無非. 兼有二義, 乃為絕美耳.)"(「釋私論」)

언급한 바와 같이 생각이나 감정 자체의 옳고 그름으로서 도덕적, 윤리적 관습에 따라 판단하며 내용과 밀접한 관계가 있어 그 내용이 선하면 옳은 것이고 그렇지 않으면 그른 것으로 판단하기 때문이다. 반면 '公'과 '私'는 당시 도덕적, 윤리적 관습체계가 무너져 도저히 시비를 판단할 수 없는 상황 속에서 각자가 가지는 생각이나 감정의 내용을 대하는 태도로써 결정되기 때문에 선 혹은 악과는 그다지 관계가 없다고 볼 수 있다.

이 시대의 군자: '마음속의 감정과 뜻을 그대로 드러내는 자'

혜강은 이와 같은 公, 私의 개념을 토대로 당시 상황에 맞는 새로운 인격의 본보기를 확립하였다. 혜강은 사람들의 인격을 크게 두 가지로 분류하고 있는데, 하나는 자연의 이치에 부합하는 인격과 또 하나는 허위와 기만이 가득한 인격이다. '公'을 그 주요한 특징으로 하는 진정한 군자는 다음과 같은 특징을 가지고 있다.

> 감추고 숨기려는 감정이 있으면 이는 반드시 마음에 머물게 되며 거짓되고 태만한 징후는 반드시 일할 때 나타나게 된다. 만약 이와 같으면 시비의 논의는 이미 분명해지고, 상벌의 실체도 확실해질 것이다. 그늘 아래로 들어가면 그림자가 없어질 수 있음을 모르고 오히려 그림자를 숨기지 못할까봐 두려워한다. 또한 마음에 시비를 두지 않으면 걱정이 없는데, 오히려 시비를 두는 기술이 부족하다고 원망하니 이 어찌 슬픈 일이 아닐 수 있겠는가? 이 때문에 신후는 대충대충 순종하다가 결국 초나라 공왕에게 버림을 받았고, 태재 백비는 사사로움에 빠져 마침내 화를 당하였으니, 진심을 숨기고 사사로움을 돌보며 태평스런 세상에 몸을 세우거나 잘못함을 숨기고 감정을 숨기며 훌륭한 임금에게 신뢰를 얻은 자는 없었다. 그러므로 군자는 본시 선한 바탕을 지니고 있으며

또한 (위에서 설명한 예를) 보고 귀감으로 삼을 수 있어야 한다. 또한 성실함과 명철함을 귀하게 여기고 그것을 품을 수 있도록 바라며 자랑과 인색함을 싫어하여 그것을 버리고 멀리한다. 행함에 한번 잘못이 있으면 마음속에 그것을 부끄럽게 여기며, 숨기는 것이 하나라도 그릇되면 밖으로 그 모습을 부끄러워한다. 말을 함에 제멋대로 함과 숨김이 없으며 행동하는 데 역시 구차함과 숨김이 없다. 어떤 것을 좋아한다고 해서 억지로 그것을 선하다고 하지 않으며 또한 어떤 것을 싫어한다고 해서 억지로 그것을 옳지 않다고 우기지 않는다. 마음에 자랑함이 없어야 그 감정이 얽매이지 않고 몸이 깨끗하고 정신이 반듯해야 옳고 그름을 명확히 판단할 수 있다. 충심은 명철한 천자를 감동시키고 믿음은 모든 백성을 두텁게 한다. 마음속에 있는 생각을 천지사방에 펼치고 마음에 거리낌이 없음을 오랜 세월 동안 드러낸다. 이것이 바로 현인과 군자의 고결한 행위가 아름답고 다른 이유가 아니겠는가?[51]

여기서 혜강은 두 가지 실례를 들어 마음에 은밀함을 품고 잘못을 감추는 사람은 절대 입신양명할 수 없음을 설명하면서, 오직 말함에 있어 아무런 숨김이나 거리낌이 없고 행동할 때에도 자랑하거나 스스로 뽐내지 않는 것이야말로 公과 私, 그리고 是非를 판단하는 기준이며, 또한 도덕적 주체가 선을 행할 수 있는 계기가 될 수 있음을 강조하였다. 그래서 이에 따라 행동하면 선한 동기를 가진 자는 사함을 능히 피할 수 있고 비록 잘못이 있는 자라 할지라도 더 큰 과오를 저지르지 않게 된다.

그러므로 군자는 일을 하기 전에 먼저 고려해서는 안 되며 마음

---

51) "隱匿之情, 必存乎心; 僞怠之機, 必形乎事. 若是, 則是非之議既明, 賞罰之實又篤. 不知冒險之可以無景, 而患景之不匿; 不知無措之可以無患, 而恨措之不巧, 豈不哀哉! 是以申侯苟順, 取棄楚恭; 宰嚭耽私, 卒享其禍. 由是言之, 未有抱隱顯私, 而身立清世; 匿非藏情, 而信著明君者也. 是以君子既有其質, 又睹其鑒; 貴乎亮達, 希而存之, 惡夫矜吝, 棄而遠之. 所措一非, 而內愧乎神; 賤隱一闕, 而外慚其形. 言無苟諱, 而形無苟隱. 不以愛之而苟善, 不以惡之而苟非. 心無所矜, 而情無所繫, 體清神正, 而是非常. 忠感明天子, 而信篤乎萬民. 寄胸懷於八荒, 垂坦蕩以永日. 斯非賢人君子高行之美異者乎! (「釋私論」)"

에 정한 뜻에 따라 솔직하게 행동해야 한다. 그리고 행위의 결과가 어떨 것이라는 것을 미리 고려해서도 안 된다. 가장 중요한 것은 마음속에 감정과 뜻이 있는 그대로 드러내는 것인데, 이렇게 하면 "시비의 실정 또한 자연스럽게 드러날 수 있다."[52] 그러므로 군자가 '公'의 원칙대로 행동할 때 비로소 진정한 명분(名)과 내용(實)이 있게 되고, 궁극적으로 자연적인 성정에 부합되어 '任自然', 즉 자연으로 돌아갈 수 있으며 모든 것에 자유로워질 수 있는 것이다.

소인배: '마음속에 은밀함을 품고 감정을 숨기는 자'

이와 함께 혜강은 거짓과 허위가 가득한 위선자를 '小人'이라 규정하며 군자와 소인의 특징을 서로 비교하여 좀 더 명확하게 공과 사의 개념을 설명하고 있다.

> 소인은 감정을 감추고 숨기는 것을 그릇됨으로 삼고 도를 위배하는 것을 잘못으로 삼는다.[53]

또한

> 마음속에 은밀함을 품고 감정을 숨기며 이를 고치지 않는 자는 정말로 미혹된 바에 정신을 상실하게 되고 육체는 항상 세상의 명리에 빠져버린다. 마음은 두려워하는 바에 의해 제약 되고 감정은 욕망에 구속 되니 다만 스스로 옳다고 여기며 아무도 자신을 넘어설 사람이 없다고 생각한다. ... (소인은) 오직 숨긴 것이 치밀하지 못할까 두려워하고, 감춘 것이 은밀하지 못할까봐 걱정한다. 그러

---

52) "重其名而貴其心, 則是非之情不得不顯矣."
53) "小人則以匿情爲非, 以違道爲闕."

므로 자랑하고 뽐내며 감정에 위배되는 태도로 다른 사람들을 대하고 가식적인 말로 세속의 명예만을 추구하면서 그 어떤 장수함과 좋은 규칙도 이보다 더 좋을 수는 없다고 여긴다. 또한 하루 종일 이런 생각만을 좇으니 그 이외의 것은 볼 수도 없다. 결국 사함이 가득한 육체가 만들어지고 자연의 근본적인 이치를 잃게 된다.[54]

　　소인의 특징은 "숨기고 감추는 것"으로, 시대의 대세를 좇는 것에 민감하며 생존을 위해 자신의 감정을 숨기면서 스스로 이것을 유일한 처세 방법이라 여긴다. 이렇게 사람들을 허위로 대하자 반감을 불러 일으켰고 서로를 믿지 못해 결국 서로 속고 속이는 현상이 발생되었다. 혜강은 이로 인해 사함을 버려야 한다고 주장하였지만 이는 결코 인간의 사념을 모조리 부인하자는 것은 아니다. 사람은 사회의 한 일원으로서 사함을 완전히 버릴 수는 없다. 중요한 것은 바로 어떻게 그 사함을 버리느냐 혹은 어떻게 말과 행동을 일치시키고 진실 되어 자연의 본성에 부합할 수 있느냐 하는 것이다. 名教의 인도 하에서의 이른바 '公'은 사실 '私'를 숨기고 있기 때문에 오히려 그 기만성이나 위선이 더욱 크다. 그러므로 혜강은 '진실성'이야말로 어지러운 세상 가운데 지향하고 중시해야 하는 것임을 깨닫고 이것을 유지할 때 비로소 그 선함과 아름다움을 드러낼 수 있으며 영원불변의 이상적인 가치를 얻을 수 있다고 주장하였다.

---

54) "抱隱而匿情不改者, 誠神以喪於所惑, 而體以溺於常名. 心以制於所懼, 而情有繫於所欲, 咸自以爲有是而莫賢乎已. ……唯懼隱之不微, 唯患匿之不密; 故有矜伐之容, 以觀常人; 矯飾之言, 以要俗譽. 謂永年良規, 莫盛於玆; 終日馳思, 莫闚其外. 故能成其私之體, 而喪其自然之質也."

公私의 개념으로 名實을 명확히 구분함

혜강은 公과 私의 관계를 통해 '名'과 '實'을 명확히 구별하여 자연으로 돌아가자는 '任自然'의 구체적인 방법을 제시하고 있는 것이다. 즉, 겉보기엔 옳지 않은 것 같지만 사실상 잘못됨이 없는, 또한 이와는 반대로 옳은 것처럼 보이나 실상은 그렇지 않은 상황 속에서 이 두 개념을 확실히 구별하기 위해서는 자신의 속마음을 있는 그대로 숨김없이 드러내야 한다. 혜강은 이렇게 자신의 감정을 공개적으로 드러내는 것을 '公'이라 하고 숨기는 것을 '私'라고 규정지었다. 왜냐하면 '私'는 "말하지 않는 것을 이름으로 삼고" '公'은 "말을 다하는 것을 그 칭호로 삼으며", 감정을 숨기는 것을 '私'라 하고 드러내는 것을 '公'이라 하기 때문이다. 이것으로 볼 때, '釋私'라 함은 바로 은폐되고 감추어진 사사로운 감정을 없애버리고 자연으로 돌아가는, 즉 본문 속에서 언급한 이른바 "명교를 초월하여 자연으로 돌아간다.(越名教而任自然)" 또는 "명을 초월하고 본심에 맡긴다(越名任心)."、"거짓된 명분을 버리고 진실한 본성으로 돌아가자(棄名以任實)."는 뜻으로 볼 수 있다.

혜강이 이와 같이 공과 사의 개념을 시대상에 부합하는 군자가 갖춰야 할 덕목으로 규정하였던 것은 바로 司馬氏 집단이 정권을 찬탈하기 위해 온갖 부정한 수단과 방법을 가리지 않았던 시대상에 일침을 가하기 위함이었다. 당시 曹魏 집단과 司馬氏 집단의 첨예한 권력투쟁 속에서 권력쟁탈을 위해 모든 수단과 방법을 가리지 않아 부도덕하고 비윤리적인 일을 서슴지 않았던 사마 씨 집단은 광범위하게 갖은 수단을 동원하여 권문세가들을 자기편으로 끌어들이는 한편, 허울 좋은 명교를 기치로 내걸고 "효로써 나라는 다스린다(以孝治天下)."며 불효라는 죄명으로 황제를 폐위시키는 등의 행위를 일삼으면서 명교를 정권찬탈과 유지를 위한 이론적 근거로 삼았다. 노신은 이에 대해 다음과 같이 평하였다.

> 위진 시기는 효로써 천하를 다스렸기 때문에 불효하면 죽이지 않을 수 없었다. 왜 효로써 나라를 다스린다고 하였을까? 왜냐하면 황제의 자리는 선양을 통해서만 이루어지나 사마 씨 집단은 교묘한 수단을 이용하여 쟁취하였기 때문에 만약 충으로써 천하를 다스린다고 한다면 그들의 이론적 근거가 흔들릴 뿐만 아니라 일을 처리하는데도 어렵고 논지를 세우기 힘들기 때문에 반드시 효로써 천하를 다스린다고 해야 한다.55)

이것으로 볼 때, 사마 씨 집단은 그들 말대로 '孝'를 정치 강령으로 삼았다기보다는 정권을 빼앗기 위한 수단으로 이용했던 것이다. 그러므로 이러한 허위와 기만, 그리고 명분만을 중시하는 명교와 유가의 근본적인 정신을 비교해 보았을 때 이미 폐단을 드러내어 당시 혜강과 같은 강직한 명사들의 반감을 불러일으키기에 충분했다. 이에 혜강은 일관되게 허위로 가득 찬 명교를 반대하였으며, 또한 「與山巨源絶交書」에서 그렇게 부정하고 멸시했던 대상56) 역시 '假名敎'를 교묘하게 이용한 사마 씨 집단이었다. 그래서 혜강은 이러한 폐단을 고발하고 바로 잡고자 "그 마음에 주관적인 시비의 개념을 갖지 않기"를 주장하며 "감정을 솔직하게 드러내고

---

55) "魏晉, 以孝治天下, 不孝, 故不能不殺. 爲什麽要以孝治天下呢? 因爲天位從禪讓, 既巧取豪奪而來, 若主張以忠治天下, 他們的立脚點使不穩, 辦事便棘手, 立論也難了, 所以一定要以孝治天下." (「魏晉風度及文章與藥及酒之關係」, 『魯迅全集』, 臺北: 谷風出版社, 1989년 12월 제3권, 510쪽.)

56) "非湯武而薄周孔(탕왕과 무왕을 부정하고 주공과 공자를 멸시한다)."(「與山巨源絶交書」)

마음에 두지 않는 것"을 모든 가치판단의 기준으로 삼는 동시에 당시 참다운 군자, 즉 이상적 인격상의 기본요소로 규정지었던 것이다.

결론적으로 혜강은 「釋私論」에서 '釋私而公', 즉 '진실한 감정을 숨기려는 私함을 과감히 버려 좀 더 자신의 감정에 충실하고 이것을 드러내자는 것'이다. 이는 곧 명교를 뛰어넘어 자연으로 귀의한다는 '越名敎而任自然'의 현실과 생활 속에서의 실천방법으로서, 궁극적으로 명교의 속박을 뛰어넘고 허황된 것을 숭상하지 않으며 물질적인 것을 누리려는 욕망을 떨쳐버리는 것을 의미한다. 혜강의 이른바 '越名敎'는 결코 명교를 완전히 부정하고 버리라는 뜻은 아닌 것이다. 혜강은 「釋私論」의 논지대로 조금도 숨김없이, 그리고 정정당당하게 살아가다가 결국 사마 씨 집단에 의해 죽임을 당하고 그렇게 생을 마감하게 된다.

혜강은 이와 같이 자신이 처한 시대적 환경 속에서 발생되는 많은 모순과 갈등을 해결하기 위해 '명교를 극복하고 자연으로 돌아가자'는 큰 목표를 세우고 여러 방면에 걸쳐 자신의 의견을 개진하며 관련 이론들을 제시하였다. 이러한 이론들의 현실적인 적용, 다시 말해서 혜강은 『聖賢高士傳贊』에 수록된 인물들의 행적에 동감하고 긍정적인 평가를 내림으로써 자신의 이상을 현실화시키고, 더 나아가 가치관의 혼란과 '사이비'의 범람으로 혼탁해 어찌할 바를 모르는 상황 속에서 시대가, 그리고 개인이 지향해야 할 바를 제시하고자 했던 것으로 보인다.

(2) 유가를 비판한 진정한 유학자, 혜강의 이상향 : '자연화된 명교사회'

혜강 '名敎觀'의 핵심은 '越名敎而任自然'에서 드러낸 것처럼 명교에 대한 전면적인 '부정(越)'을 통해 도가의 無爲自然으로 '귀의(任)'하자'는 것일까? 혜강은 앞서 설명한 바와 같이 실제로 완적 등과 함께 高平陵政變을 전후로 죽림칠현을 결성하여 그의 고향인 山陽에서 竹林之遊를 한 적이 있다. 이뿐만 아니라「養生論」을 저술하여 직접 체계적으로 養生의 道를 실천하면서 '無爲自然'의 삶을 추구하기도 한 것을 보면 혜강이 분명 도가적 성향이 농후하고 은일자적인 삶을 동경하며 그렇게 살기 원했음을 알 수 있다. 그러나 혜강은 한편으론 이에 못지않게 당시의 유가를 주창하는 그 어떤 명사보다도 더 유가의 본질적인 면을 중시하였다. 예를 들면,

> 옛날 왕도로써 천하를 다스린 현명한 군주는 하늘의 뜻을 계승하여 만물을 다스렸으며, 반드시 천하의 간단하고 쉬운 도를 숭상하여 무위의 정치를 펼쳤다. 그래서 임금은 조용히 위에 거하고 신하는 아래에서 순종하여 오묘한 교화가 말없이 이루어져 하늘과 인간이 서로 교감하여 평안해졌다...백성들은 편안하고 한가해져 스스로 많은 복을 구하게 되었으며 아무 말 없이 도를 따르고 가슴엔 충성심과 의로움을 품게 되었는데 도무지 그렇게 된 이유를 알지 못한다.[57]

상술한 바와 같은 혜강이 동경하는 이상적인 사회와 당시 정치적 현실을 그대로 반영한 혜강의 '越名敎' 입장은 서로 배치되는 것처

---

57) "古之王者, 承天理物, 必崇簡易之敎, 御無爲之治: 君靜於上, 臣順於下, 玄化潛通, 天人交泰. … 群生安逸, 自求多福, 默然從道, 懷忠抱義, 而不覺其所以然也."(「聲無哀樂論」)

럼 보이나, 실상 그가 반대하고 돌아가고자 하는 것은 일치하고 있음을 알 수 있다. 즉, 혜강이 초월하고 극복하고 싶은 대상은 바로 사마 씨 집단이 '효로써 천하를 통치(以孝治天下)'하여 새로운 정권 창출의 중요한 이념적 토대로 삼았지만 그 명교를 단지 개인의 영달과 이익을 얻기 위한 수단으로 삼았고, 더 나아가 정권찬탈을 위해 황제를 폐위시키고 자신과 뜻을 달리한 수많은 명사들을 죽이는 데 이용되었던 당시의 '허울 좋은 명교', 즉 '假名敎'라는 것이다.

유가를 신랄하게 비판한 진정한 유학자 혜강

혜강은 이제까지 명교를 신랄하게 비판한 것과 함께 그 어느 누구보다도 유가의 본질을 중시한 진정한 유학자라 할 수 있다. 구체적으로 핵심만 정리해보자면, 혜강은 당시 名敎를 한마디로 '초월과 비판의 대상'이라 규정짓고 "명교를 초월하고 자연으로 돌아가자(越名敎而任自然)"고 주장하였고, 이와 더불어 구체적으로 "탕왕과 무왕을 부인하고 주공과 공자를 비판(每非湯武而薄周孔)"하면서 세상과 영합하지 않으려는 고고한 인품을 드러냄으로써 자신의 이상을 관철시키기 위해 온 힘을 기울였다. 그리하여 嵇康은 일생동안 생명의 위험을 무릅쓰고 진지하게 삶의 목표를 따라 실천궁행하여 후대 위진 시대를 대표하는 名士로서의 독특한 풍격을 남길 수 있었던 것이다. 그러나 우리는 嵇康에게서 단지 '放誕任性(방종하여 제멋대로 함)'하는 도가적인 성향과 행위들만을 볼 수 있는 것이 아니라 그의 사상 기저에 깔려있는 지극히 유가적인 윤리, 도덕적 가치관과 建功立業의 의지 또한 있었음을 부인할 수 없다.

司馬氏 집단의 갖은 권모술수로 인해 결국 옥에 갇히고 죽음의 그림자를 피할 수 없게 되자 이때까지 강직한 면모를 유지해 온 혜강은 자신의 어린 자식들에게 「家誡」를 써서 이리도 험악하고 혼란한 시대에 자신의 소신을 지켜가며 살아가는 방도를 허심탄회하게 알려주게 된다. 아무리 바깥에서는 당대의 명사로서 많은 영향력을 지녀 투쟁적으로 삶을 살아온 사람이라도 일단 집으로 돌아오게 되면 처자식을 거느린 남편이자 아버지가 된다. 특별히 그에게 아들이 있고 피치 못할 사정으로 인해 생사의 갈림길에 서 있거나 이미 죽음을 눈앞에 둔 경우라면 아버지로서 그 책임을 다하지 못함에 대해 가족들에게 미안한 마음을 가짐과 동시에 자신의 유고 시 후일을 도모할 수 있도록 자녀들에게 많은 것들을 남기고 싶어 할 것이다. 이른바 '집안의 가르침 혹은 경계할 바'인 '家誡'는 이러한 심리적 공황 속에서 탄생되는데, 우리는 이러한 진솔한 가르침을 통해 지은이가 주로 평소에는 갖지 못했던, 아니 가졌더라도 겉으로 드러내지 못했던 많은 회한과 각별한 감정을 느낄 수 있다.

사람에게 뜻이 없으면 사람도 아니다!

家誡는 일반적으로 '家訓' 혹은 '誡子書' 등으로 불리는데, 그 목적은 바로 "세상 사람들의 모범이 되려는 것이 아니라 집안을 가지런히 정리하고 자손을 직접 이끌어 바로잡는 것"[58]에 있다. 그러므로 家誡는 주로 전통의 예법제도와 윤리도덕규범, 그리고 일상생활의 준칙을 가지고 가족 내부의 각종 관계를 규정짓고 처리하며 아울러 후손들에게 어떻게

---

58) "吾今所以復爲此者, 非敢軏物範世也. 業以整齊門內, 提撕子孫."(『顔氏家訓·序致』)

'立身處世'할 것인가를 교육한다. 이러한 '家誡'의 내용은 크게 다음 두 가지로 요약해 볼 수 있다. 첫째는 후손들이 자신을 잣대로 삼고 그대로 따라주기를 바라는 것이다. 또 다른 하나는 자신이 하지 못했던 것을 자손들이 해주기를 바라는 마음에서 비롯된 것으로, 후손들이 자신을 본받지 말기를, 심지어는 경계할 것을 역설한다. 이 경우 내용은 자신이 해 왔던 일이나 소신을 부정하고 이것을 거울삼아 자식들은 그렇게 살지 말 것을 종용하는 것이기 때문에 전편에 걸쳐 처량하고 회한의 감정이 가득하여 읽는 이로 하여금 심금을 울리게 한다. 그래서인지 죽림칠현의 대표격인 阮籍도 그의 아들 阮渾이 '竹林'의 무리에 들어오고 싶어 하는 것을 일언지하에 거절하였다. 또한 성격이 대쪽 같고 불의를 참지 못하는 혜강은 아예 『家誡』라는 제목 하에 장편의 '가르침'을 써 아들에게 조목조목 짚어가며 자기와 같은 삶을 살지 않기를 바라면서 혼탁한 세상에서 살아가는 방법 등을 구체적으로 제시하였다. 중국의 역사를 살펴봤을 때, 특별히 魏晉 시기에 家誡가 크게 성행했던 것을 볼 수 있는데,[59] 그 원인을 살펴보면 다음 두 가지로 정리해 볼 수 있다.

첫째, 자아각성에 따른 자아의식의 고취이다. 중국고대사회의 가장 기본적인 정치제도로서 봉건종법제도는 국왕 또는 황제를 정점으로 계단형 질서체계를 이루고, 신분제도의 유지, 전통의 고수라는 형태로 개인 기량의 발휘와 내면적 인간적 권위의 존중 등이 억압된 사회를 말한

---

59) 육조시기에 작성된 가훈의 수량은 약 80여 편에 달한다. 문헌에 기록되어 전해지는 것 가운데 주요한 작품을 소개하면 다음과 같다. 諸葛亮『誡子書』『誡外甥書』、曹魏王修『誡子書』、王肅『家誡』、嵇康『家誡』、王昶『誡兄子及子書』、西晉李秉『家誡』、夏侯湛『昆弟誥』、羊祜『誡子書』、東晉陶淵明『與子儼等疏』『命子書』、宋顏延之『庭誥文』、南齊任昉『家誡』、徐勉『誡子書』、張融『門律自序』、王僧虔『誡子書』、梁王褒『幼訓』、王筠『與諸兄書論家世集』、北魏楊椿『誡子書』、北齊魏長賢『復親故書』、魏收『枕中篇』、顏之推『顏氏家訓』等等。

다. 漢 武帝 당시 董仲舒의 獨尊儒術 정책을 받아들여 국가의 통치이념으로 유가사상을 채택하고 계층 간의 질서를 확립하여 명실상부한 대통일 제국의 면모를 유지하기에 힘쓴다. 그러나 모든 사물이 정점에 다다르면 반드시 기울어지듯, 200여 년 동안 유지되어오던 漢 帝國도 안팎으로 어려움을 겪게 되면서 쇄락의 길로 접어든다.

이로써 지금까지 삶의 목표를 제시하고 가치관으로 삼았던 명교의 위기 속에 사람들의 관심은 국가와 종묘사직으로부터 점차적으로 '나'로 옮겨가게 되어 '나'의 입장에서 모든 사물을 바라보게 되었으며, 이에 따라 개인의 생명과 발전을 중시하는 풍토가 조성되었다. 이와 같이 '나'를 중심으로 하는 새로운 움직임은 자연스럽게 가족과 가문에 대한 중요성의 증대로 이어지게 되고 어려운 정치, 사회적 환경 속에서 이를 지켜 나가기 위한 구체적인 노력들이 수반되었다. 이는 바로 혼란하고 어려운 환경일수록 더욱 가족교육의 중요성을 깨닫고 선조들의 가르침과 학문을 대대로 전승하여 나를 지키고 더 나아가 가문을 지키자는 것이다.

또한 앞에서 언급한 바와 같이 위진 시기는 중국 역사상 가장 혼란했던 시기였지만 이와는 상대적으로 사회전반에 걸쳐 공전의 자유로운 풍토가 조성되어 학술과 문화의 극성기를 맞이하게 된다. 또한 앞에서 언급한 바와 같이 위진 시기는 중국 역사상 가장 혼란했던 시기였지만 이와는 상대적으로 사회전반에 걸쳐 공전의 자유로운 풍토가 조성되어 학술과 문화의 극성기를 맞이하게 된다. 동한 말기 환관과 외척간의 권력투쟁이 심화되고 전국 각지에서는 이에 반한 농민봉기가 일어나고 각종 내우외환으로 말미암아 대통일제국의 기세는 쇄락하여 당시 官學이었던 유학의 지위마저 큰 위협을 받게 되었다. 그렇지만 兩漢 4백년간의 통

치이념으로서 발전되어 왔고 전파되었던 유학은 이미 중국전통문화의
핵심이 되어 여전히 사회 전반에 걸쳐 많은 영향력을 행사하였다.

이에 따라 당시 사회의 중추세력이었던 명문세가들은 자신들의 가문
을 戰禍로부터 구하고 더욱 공고히 하기 위해 가족제도를 강화하는 한
편, 선조들의 가르침을 숭상하여 자손들을 교육하는데 온 힘을 기울였
다. 이렇듯 자손을 교육하는데 크게 두 가지 방식을 들 수 있는데, 하나
는 가문 내 학식과 인품을 겸비한 어르신이 자신의 학문과 깨달음을 직
접 자손들에게 전하는 것이 있고, 또 다른 하나는 이른바 사학기관이라
할 수 있는 '家館'이라는 것을 두고 자제들을 가르쳤는데,60) 이로써 당
시 가족교육이 발전하고 성행하는데 크게 기여할 수 있었다. 이렇듯 가
문 내 자손들의 학식을 중시하여 교육에 힘쓰고 가르침을 전수하려했던
이유는 바로 가문을 유지하고 한층 높이는데 필수조건이었기 때문이다.
陳寅恪은 당시 문벌제도의 특징에 대해 다음과 같이 서술하고 있다. "士
族의 특징은 바로 그 가풍이 아름답고 우아하여 일반 백성들과는 달랐는
데, 가풍의 우아함과 아름다움은 사실 학업의 세습에 기인하고 있다."61)
또한 "이른바 높은 가문이라 함은 높은 관직만을 유일한 조건으로 삼지
않는데, 반드시 높은 관직과 (이에 합당한)학식을 겸비해야만 비로소 이
상적인 일류가문이라 할 수 있다."62) 이것으로써 당시 門閥63)을 중시했

---

60) "敦穆親族, 乃置學館於私第, 集群從子弟, 晝夜講讀。並給衣食, 與諸子同。" (『北史 · 景穆十二
王傳上』)

61) "夫士族之特點既在其門風之優美, 不同於凡庶, 而優美之門風, 實基於學業之因襲。" (『唐代政治
史述論稿』, 上海 : 上海古籍, 1980), 72쪽

62) "以具備高官及才學二條件者為其理想之第一等門第。" (『陳寅恪史學論文選集』, 上海 : 上海古籍,
1992), 214쪽

63) 門閥은 '世族' 혹은 '士族'이라 부르기도 하는데, 그들이 관직을 대대로 물려주기 때문에 세족이라
하며, 풍부한 문화적 배경과 학식을 갖추고 있기 때문에 사족이라 부른다. 이러한 문벌귀족의 특징
에는 첫째, 관직을 대대로 세습하기 때문에 농후한 세습귀족의 색채를 가지고 있고, 둘째, 문벌귀
족들은 유가경전을 연구하고 예법을 따름으로써 유가사상을 그들의 정신적 지주로 삼는다. 이렇게

던 사회 속에서 대대로 전해져 내려오는 家學이야말로 명문세족들이 그 지위를 유지하고 발전시켜 나가는데 있어서의 필수조건임을 알 수 있다. 이 밖에도 漢代부터 개개인의 도덕적 품성과 행위를 관리 선발의 중요한 기준으로 삼았기 때문에 가문을 더욱 발전시키고 유지하기 위해 가족들 간의 관계를 더욱 중시하고 실질적으로 조상을 욕보이지 않고 가풍을 계승하며 자손들에게는 더욱 모든 면에 있어서 경계시키는 풍조가 있었다. 그리하여 유가의 仁, 義, 忠, 孝 등의 사상을 토대로 각자의 사정에 맞게 이해하기 쉬운 방법을 사용해 가족 구성원 간의 생각과 행위를 규정하고 더 나아가 治世, 治國과의 관계에 대해 구체적으로 서술하고 가르치고자 家誡를 썼던 것으로 보인다.

둘째, 당시의 관리선발제도와 밀접한 관계가 있다. 兩漢의 관리선발 방법에는 지방정부의 '察擧'와 중앙정부의 '徵辟'이 있는데, 이들의 관리선발 기준은 경학과 덕행이다. 이러한 선발기준에 부합되는지의 여부는 각 지방의 淸議(鄕閭淸議)를 통해 결정된다. '察擧'제도는 '薦擧'라고도 하는데, 이는 地方郡國의 守相등 고급관료가 한 사람의 모든 면을 면밀히 조사한 후 인품이 고상하고 재능이 출중한 평민이나 하급관리를 '孝廉'으로 조정에 천거하여 그들에게 중요한 관직을 주거나 그 품계를 높여주는 제도이다.

이는 漢 文帝가 처음 만든 인재선발제도로서, 漢 武帝때 정식으로 확립되었는데, 구체적으로 '擧孝'라 함은 효성이 지극한 사람을 선발하는 것이며, '擧廉'은 청렴함으로 이름이 높은 관원을 선발하는 것이다.

漢代 儒學은 문벌귀족들과 결합하여 그들의 安身立命하는데 필요한 家學으로 자리 잡을 수 있게 되었다. 뿐만 아니라 이와 같이 학식이 풍부하고 명성이 있는 자를 '名士'라 칭하였는데, 명사가 되기 위해서는 유가경전에 정통('通經')해야 하며 그 지역에서의 평판('品鑒')이 좋아야 한다.

처음에는 이 둘이 각각 달리 행해졌으나 시간이 지나면서 하나로 통합되었고, 관리를 선발하는 중요한 경로가 되었다. 선발 인원은 엄격하게 제한되었는데, 기본적으로 군국을 단위로 해 매년 한 명 내지 두 명을 선발했다. 선발된 사람은 중앙정부에 들어가 郎官이 될 수 있었고, 기회가 되면 낭관을 뛰어넘어 각 부문의 관원으로 승진되거나 현령으로 나갈 수도 있었다. 거기서 다시 주나 군의 수령이 되거나 중앙의 요직으로 발탁될 수 있었다. 당시 사람들은 효렴으로 선발되는 것을 벼슬길로 가는 계단에 오른 것이라 생각했다.

이와 함께 '徵辟'이란 황제가 직접 우수한 인재를 뽑아 관리에 임명하는 '徵'과 조정에서 사람을 뽑아 관직을 주는 '辟'으로 나뉜다. 이 관리 선발제도는 실질적으로 지방권문세가들이 대대로 가지고 있던 세력을 더욱 공고히 하고 관리 선발과 관직수여를 조정하는데 매우 유리하게 작용하였다. 왜냐하면 인재를 추천하고 관직에 오르게 하는 실질적인 권한이 지방정부에 있고 조정은 그들이 추천한 사람들에 대하여 일반적으로 허가를 해주는 것이기 때문이다.

그러나 이러한 관리 선발제도의 요지는 출신배경에 구애받지 않고 획기적으로 참신한 지방인재를 발탁하는데 있었으나 이렇게 선발된 인재나 요직을 맡은 사람은 극히 드물었다. 특별히 동한 후기 지방의 각급행정 장관들의 관리들은 대부분 그 지역 명문대가 출신의 자제들로 충당되었기 때문에 관리를 심사하고 직책을 정하는 기관을 통해 지방선거의 대권을 장악할 수 있었다. 그리하여 사람을 선발하고 관직을 정할 때 명문대가 출신의 자제들은 자연히 우선적으로 선발될 수 있었다. 다시 말해서 당시 관직에 오르기 위해서 학식이 많은 것도 중요하지만 이 보다 더 중시되었던 것은 사람의 성품과 됨됨이, 그리고 공인된 品

評이었다.64)

曹魏 정권에 이르러 관리 선발제도는 漢代의 것을 바탕으로 한 九品中正制가 실시되었다. 東漢 말에 황건적의 난 등이 일어나 체제가 불안정해지고 사회가 혼란해지자 각 지역 인구의 이동이 빈번해지면서 중앙정부 또한 지방 관리의 품평을 조사할 방법이 없게 되자 이를 보완한 九品中正制가 등장하게 되었다. 즉 漢代의 察擧제도는 한 사람의 '德行'을 가장 중시하였다. 이 '德行'은 당시 대통일제국의 통치이념이자 모든 사람들이 지키고 따르는 유가사상의 실천 항목으로서, 계층 간의 윤리질서를 중시하고 이론을 확장시키는데 있어서 시작점을 가족 구성원간의 도덕적 행위에 두고 점차적으로 그 마을 사람들(鄕黨)로 확대시켜 나간다. 이것을 인물품평의 기초라고 생각했는데, 이러한 행위들은 짧은 시간의 관찰로 품평할 수 있는 것이 아니라 평상시 지속적인 관찰이 있어야 하며 특별히 도덕적 행위를 받은 사람들에 의해 판단되어지기 때문에 친족이나 같은 마을 사람들의 평가가 관리 선발의 가장 중요하고 유일한 근거가 될 수 있다.

魏 文帝때 처음 실시된 九品中正制 역시 人物品評을 통해 선발된 인재들을 上上, 上中, 上下, 中上, 中中, 中下, 下上, 下中, 下下의 9개 등급으로 나누고 조정에서 임명한 中正官이 각지로 파견되어 품평을 주관하였다. 여기서 상등의 평가를 받은 사람들은 각급 정부로 가서 관리가 되었다. 이 제도는 中正官이 각 지역의 인재들을 고찰할 권한을 가지고 있기 때문에 초기에는 중정관이 인물을 품평할 때 비교적 공정하고 객관

---

64) 인물품평이 관직에 오르는 중요한 기준이 되자 유생들은 오로지 외재적인 예법만을 추구하고 그 본질을 소홀히 하게 되었고, 이로 인해 동한 말에 가서는 "수재로 천거를 받았지만 글을 알지 못하고 효렴으로 뽑히게 되었지만 부모와 같이 살지 않는 이상한 현상(擧秀才, 不知書 ; 察孝廉, 父別居。『抱朴子外篇 · 審擧』, 393쪽)" 이 나타나기도 했다.

적으로 인재의 우열과 그 지역 여론의 좋고 나쁨에 주의하여 선발하였
으므로 중앙정부가 관리 선발권을 장악하는데 매우 유리하였다. 이렇듯
당시 관리선발제도는 권문세가들의 집안배경과 家系를 중시하는 상황아
래 문벌과 출신성분을 인재를 품평하고 선발하는 유일한 기준으로 삼았
기 때문에 조상 대대로 내려온 가르침을 숭상하고 집안을 단속하며 자
제들의 덕행과 교육에 힘쓰기 위해 유가사상을 바탕으로 한 家誡 혹은
家訓 등이 널리 유행할 수 있었다.

혜강은 죽음에 임박하여 아들에게 최후로 남길 말을 「家誡」에 담았는
데, 전편에 걸쳐 일일이 구체적인 예를 들어가며 아들에게 지향해야 할
이상적인 인격상과 함께 세상을 살아가는 방법과 사람을 대하는 규범
및 관리로서 지녀야 할 구체적인 행동강령 등을 의미심장하게 가르치고
있다. 비록 이 한 편의 작품을 통해 그의 사상 경향을 최종적으로 결론
지을 수는 없지만 확실히 이전의 작품들과는 달리 아주 솔직하고 담담
하게 자신의 생각을 정리하여 서술해 가고 있다. 혜강이 「家誡」를 통해
아들에게 전해주고 싶었던, 그리고 이제 생을 마감하면서 마지막으로
하고 싶었던 솔직하고 정감어린 얘기들을 정리해 보면 다음과 같다.

혜강은 「家誡」를 시작하자마자 당시 혼란한 정치, 사회적 환경 속에
서 뜻을 세우는 것이 무엇보다도 가장 중요하며, '뜻을 세우는 것'이야
말로 군자가 갖추어야 할 기본 요건임을 강조하였다.

> 사람에게 뜻이 없다면 사람이 아니다. 다만 군자가 마음을 써 하
> 고 싶은 바를 틀림없이 행하기 위해서는 마땅히 그것이 선한 것임
> 을 헤아리고 반드시 먼저 깊이 생각한 후에 행동으로 옮겨야 한
> 다. 만약 뜻이 지향하는 것이라면 입과 마음으로 맹세하고 죽음으
> 로써 둘이 되지 않게 지켜야 할 것이며, 그 뜻과 몸이 서로 미치지

못함을 부끄러워하고 반드시 성공할 수 있다고 약속해야 한다. …
억지로 마음으로 정한 바를 지키려 하지 않고 편안하게 자신의 뜻
을 이루어 나가 마치 자연스러움에서 나온 것 같이 할 수 있다면 이
것이 바로 뜻을 지키는 가장 높은 경지라 할 수 있다.[65]

일반적으로 가훈의 내용은 당시 시대상과 밀접한 관련을 맺고 있다.
즉, 가르침 속에서 특별히 강조되는 덕목이나 인품을 요구 한다면 바로
그것이 그 시대에 가장 부족하고 결여되어 있는 것이라고 생각할 수 있
다. 이러한 맥락에서 볼 때, 위진 시대 지식인들이 중시하는 이상적 인
격의 기본적 특징 가운데 하나는 바로 '원대한 뜻을 세우는 것(立志高
遠)'이다. 이들은 漢代 통치이념으로서 유가사상이 채택된 이후 유가의
적극적인 入世정신의 영향을 받아 '천하'를 자기의 소임으로 삼고 세상
에 참여하고자 하는 의식이 매우 강해 국가와 사회에 대한 책임을 다하
려는 사명감이 투철하다. 그래서 이들은 동한 말엽부터 시작된 각종 내
우외환으로 말미암아 정치적, 사회적으로 매우 혼란하고 열악한 상황
속에서 일련의 가치체계가 붕괴됨에 따라 이를 바로잡기 위한 많은 노
력을 기울였다. 가훈 자체가 바로 이러한 강렬한 우환의식에서 비롯되
었기 때문에 자손에게 훈계하여 미래를 대비하고 경계하고자 했던 것이
다. 이를 위해 먼저 일련의 자기 몸을 수양하기 위한 규범과 도덕적 본
보기를 확립하여 이상적 인격을 형상화 하였는데, 대체적으로 '君子'라
는 명칭으로 집약될 수 있다. 즉, 사람은 반드시 뜻을 가져야 하며 그
뜻을 이루기 위해서는 죽음도 각오할 수 있어야 하는데, 그렇게 하지 못

---

65) "人無志, 非人也. 但君子用心, 所欲準行, 自當量其善者, 必擬議而後動. 若志之所之, 則口與心誓, 守
死無二, 恥躬不逮, 期於必濟... 故雖繁華熠燿, 無結秀之勳; 終年之勤, 無一旦之功. 斯君子所以歎息也.
若夫申胥之長吟, 夷齊之全潔, 展季之執信, 蘇武之守節, 可謂固矣. 故以無心守之, 安而體之, 若自然
也, 乃是守志之盛者耳."(「家誡」)

하면 각종 유혹과 갈등으로 말미암아 뜻을 이루기 어려워져 중도에 반드시 포기하게 된다. 이런 사람은 혹 겉은 화려하게 보일지 몰라도 종국엔 아무런 결과를 얻지 못하기 때문에 중요한 것은 뜻을 굳건하게 세우되 그것을 억지로 강압적으로 하기보다는 그냥 편안하고 자연스럽게 그 뜻을 자신의 행위의 표준으로 삼고 실천해야 한다는 것이다.

어떻게 하면 뜻을 지켜나갈 수 있을 것인가?

그렇다면 어떻게 하면 뜻을 세우고 지켜나갈 것인가? 혜강은 다음과 같이 말하고 있다.

> 관리가 되기 위해서는 마땅히 마음을 깨끗이 하고 원대한 안목을 가져야 한다. 만약 번거롭고 어려운 일이 있을 때 사람들은 내가 최선을 다해주기를 바란다. 그러나 사람들이 내게 부탁을 했을 때에는 겸손한 말로 사양해야 한다. 평상시에는 이런 일들에 참여하지 않아도 마땅히 서로 이해할 것이다. 또한 억울하고 급한 일이 생겼는데 그것이 마음에 참지 못하는 바라 한다면 겉으로는 거절한 뒤에 은밀하게 도와주어야 한다. 그런 까닭은 위로는 친구들의 각종 바람을 멀리할 수 있고 그 다음은 많은 사람들 앞에서 음흉하고 사악한 무리들의 요구를 거절할 수 있으며, 마지막으론 자기 스스로 수행하는 과정 중에 한 점 흠이 없다는 소리를 보존할 수 있기 때문이다. 무릇 일을 행함에 있어 먼저 스스로 그 일이 가능한 지를 고려해야 하는데, 만약 적합하다면 마땅히 그 일을 해야 한다. 다른 사람이 그것을 바꾸려고 한다면 그 사람으로 하여금 그 이유를 말하도록 해야 한다. 만일 그 사람의 말에 일리가 있다면 상대방을 비판하고 자신의 잘못을 견지한 것에 대해 부끄럽게 생각지 마라. 만약 그 이유가 불합리하고 더 나아가 감정적으로 너에게 부탁한다면 비록 재차 요구하더라도 마땅히 소신을 견지해야 한다. 이것 또한 뜻을 굳게 지켜가는 방법 중의 하나이다.[66]

---

66) "其立身當淸遠. 若有煩辱, 欲人之盡命, 託人之請求, 則當謙言辭謝; 其素不豫此輩事, 當相亮耳. 若有

혜강은 '守志'하기 위한 몇 가지 중요한 원칙을 제시하고 있다. 첫째, 입신함에 있어 마땅히 마음을 깨끗이 하고 원대한 안목을 가져야 한다. 세부 실천 사항으로 '사람들이 내게 부탁 했을 경우 겸손한 말로 사양'하고, '억울하고 급한 일이 생겼는데 꼭 도와주고 싶으면 겉으로는 거절한 뒤에 은밀하게 도와'주어야 한다. 둘째, '일을 처리함에 있어 먼저 그 일이 옳은 가를 고려'해야 한다. 그리고 마지막으로 의로운 일이라면 상술한 바와 같이 죽음을 두려워해서도 안 되는데, 그렇다고 해서 무조건 자신의 주장만 내세울 것이 아니라 '다른 사람의 말이 더욱 합리적이라면 자신의 뜻을 꺾는 것이 부끄러운 것이 아님'을 알아야 한다.

이 시대의 군자, 뜻을 세우고 그 뜻을 지켜가는 자

실제로 혜강은 '越名教而任自然'할 것을 일생의 목표로 정하고 이를 실천하기 위해 불의와 타협하지 않고 명사로서의 절개를 지키며 '非湯武而薄周孔(탕왕과 무왕을 비난하고 주공과 공자를 무시하다)'이라 하면서 할 말도 서슴지 않았다. 이것으로써 우리는 혜강이 지향하는 이상적인 본보기인 군자가 어떤 사람인지를 알 수 있다. 즉, 군자란 뜻을 세우고 많은 유혹과 갈등 속에서도 죽음을 불사하고서라도 이를 굳건히 지키기 위해 노력하는 사람이다. 또한 군자는 일을 할 때 가장 먼저 그 일이 선한 것인가를 따져보고 심사숙고한 후에 신중하게 처리해야 한다. 군자로서 이렇게 세운 뜻을 잘 지켜 나가기 위한 구체적인 방법

怨急, 心所不忍, 可外違拒, 密為濟之 所以然者, 上遠宜適之幾, 中絕常人淫辈之求, 下全束脩無玷之稱. 此又秉志之一隅也. 凡行事先自審其可, 若於宜, 宜行此事. 而人欲易之, 當說宜易之理. 若使彼語殊佳者, 勿羞折遂非也; 若其理不足, 而更以情求來守人, 雖復云云, 當堅執所守, 此又秉志之一隅也."

도 함께 제시하고 있다.

> 지방 관리에 대해서는 다만 경의를 표하기만 하면 된다. 그러므로 너무 친밀해져서도 안 되며 자주 왕래해서도 안 되는데, 꼭 가봐야 할 일이 있다면 반드시 적당한 때를 정해놓아야 한다. (그곳에 갔는데) 마침 여러 사람들이 있을 때에는 혼자 끝까지 남아 있어서는 안 되며, 그곳에 유숙해서도 안 될 것이다. 이와 같이 해야 하는 까닭은 대체적으로 지방 관리는 바깥일에 대해 묻는 것을 좋아하여 때론 이런 일들이 폭로되기도 하는데, 만일 원한이 있는 사람이 (폭로된 일을) 그 자리에 남아 있던 사람이 말해 준 것이라고 한다면 그 혐의를 면할 길이 없게 된다. 행동함에 있어 말을 적게 하고 삼가 신중하여 스스로 지킬 수 있다면 원망과 책임의 길에서 벗어날 수 있을 것이다.[67]

원대한 이상을 실현하기 위해 관리가 되고난 후 가장 유의해야 할 것이 바로 처신에 관한 문제이다. 즉, 하급관리로서 상사를 공경해야 하나 적당하게 거리를 유지할 줄도 알아야 되는데, 지나치게 친밀해서도 안 되고 너무 자주 상사의 집에 드나들어서도 안 된다. 또한 청렴한 관리가 되기 위해서 말할 때나 일할 때 모두 신중해야 하며, 정확히 상황을 판단하여 다른 사람의 오해를 사는 일도 없어야 한다. 이는 곧 長吏와의 교유 때문에 불러일으킬 수 있는 자신에 대한 남들의 시기와 편견, 모함 등을 사전에 차단하여 화를 면하고자 함이다. 이 단락을 통해서 우리는 혜강의 立身觀을 알 수 있을 듯하다.

혜강은 앞서 설명한 바와 같이 이른바 '七不堪(일곱 가지 참을

---

67) "所居長吏, 但宜敬之而已矣, 不當極親密, 不宜數往, 往當有時. 其有眾人, 又不當獨在後, 又不當宿. 所以然者, 長吏喜問外事, 或時發擧, 則怨者謂人所說, 無以自免也. 若行寡言, 慎備自守, 則怨責之路解矣."(「家誡」)

수 없는 것)'과 '二不可(두 가지 할 수 없는 것)'를 말하면서 관리가 되는 것은 자신의 성정과 맞지 않기 때문에 거절한 바가 있다. 하지만 「家誡」에서 이것과는 전혀 다른 어조로 자식에게 관리가 되기 위한 방법과 관리가 된 후의 처신에 대해서 진솔하게 가르치고 있다. 왜냐하면 당시 사회적으로 이미 동한 말 두 차례에 걸친 '黨錮의 亂'으로 말미암아 많은 士人들은 그들의 평생소원인 열심히 학문에 정진하여 벼슬길에 올라 자신의 포부를 펼칠 뜻이 꺾이게 되었고, 실제로 관리임용제도의 부패와 매관행위에 따라 관직을 얻어 관리가 되는 것이 무척 어려운 상황을 경험한 바 있었기 때문이다. 이렇게 하는 것이 결국은 뜻을 굳건히 지킬 수 있는 방법이기도 한 것이다. 이것 외에 '먼저 스스로 그 일이 옳은가를 고려하여 적합할 경우 뜻을 꺾지 말고 견지하고 반대로 상대방의 의견이 맞는다면 부끄럽더라도 잘못을 따르지 않는 것'68)도 뜻을 굳게 지켜 나가는 방법이라고 말하며 뜻을 세움과 아울러 그것을 견지해야 함 또한 강조하고 있다.

아들에게 처세의 방법에 대해 고함

혜강은 더 나아가 아들에게 매우 세심하고 구체적으로 처세의 방법을 제시해 주고 있다. 가령, 득과 실이 분명하지 않은 싸움에는 끼어들지 말 것, 남의 사생활에 대해 알려고 하지 말 것, 선물 받는 것 또한 신중해야 할 것 등을 일깨워 주고 있는데, 혜강이 말하는 처세방법의 핵심은

---

68) "凡行事先自審其可, 若於宜, 宜行此事, 而人欲易之, 當說宜易之理. 若使彼語殊佳者, 勿羞折遂非也."(「家誡」)

'신중함'이다.

> 말은 군자의 관건으로서, 말이 한번 나오면 사물이 호응하게 되어 옳고 그름이 바로 드러나기 때문에 신중하지 않으면 안 된다. 만약 상대방의 뜻을 잘 이해하지 못한 상황에서 자신의 뜻을 말하려 할 때에는 마땅히 잘 이해하지 못한 실수가 있을지도 모르기 때문에 잠시 말하기를 참아야 할 것이다. 이후에 되돌아보면 그때 이일을 말하지 않았어도 그에게 잘못됨이 없을 수도 있고 예전에 혹 말을 했는데 잘못됨이 있을 수도 있다. 그렇기 때문에 당시 말하지 않을 수 있다면 옳음을 완전히 보존할 수 있을 것이다. 또한 일반적으로 사람들은 좋은 소식은 늦게 전하고 나쁜 일은 빨리 전하며 다른 사람의 과실을 얘기하기 좋아하는데 이것이 바로 보통 사람들의 일반적인 습관이다. 앞서 한 얘기들은 고상한 생각이 아니라 다만 일상의 소소한 얘깃거리라 조그만 의견의 차이가 있을 뿐이기 때문에 단지 높이 앉아 볼뿐 일일이 화답하지 않는다. 의가 아니면 말하지 않고 자세하고 침착하게 도를 공경하는 것이 허물이 적다고 말할 수 있지 않겠는가?[69]

죽음의 문제에 직면하여 來世를 제시했던 불교와는 달리 유가에서는 육신은 비록 죽어 없어지나 그 정신은 영원하다는 이른바 '三不朽'를 숭상했다. 이 가운데 '立言'이 있는데, 이는 훌륭한 말을 남겨야 한다는 뜻이다. 그러나 말은 모든 화의 근원이자 시작이기 때문에 항상 말을 삼가고 조심해야 한다. 천하의 성현군자인 공자도 주유천하할 때 말을 실수하여 자기의 허물을 인정하고 제자들에게 '아 오늘 내가 큰 실수를 했구나. 앞으로 너희들은 반드시 三思一言, 세 번 생각한 후에 말을 하라'고 가르쳤다. 말은 한 마디로 '言如其人', 즉 말은 곧 한 사람의 인격이기 때문에 매우 중요하고 반드시 신중을 기해야 했으니 '愼言'이야말로

---

69) "夫言語, 君子之機, 機動物應, 則是非之形著矣。故不可不愼。若於意不善了, 而本意欲言, 則當懼有不了之失, 且權忍之。後視向不言此事, 無他不可, 則向言或有不可；然則能不言, 全得其可矣。且俗人傳吉遲傳凶疾, 又好議人之過闕, 此常人之議也。坐 (言) 中所言, 自非高議。但是動靜消息, 小小異同, 但當高視, 不足和答也。非義不言, 詳靜敬道, 豈非寡悔之謂？。" (「家誡」)

군자의 필수요건이라 할 수 있다. 그러므로 공자도 "군자는 먹는데 있어서 배부름만을 구하지 않고 사는데 있어 편안함만을 추구하지 않는다. 또한 행동은 민첩하게 하고 말은 신중하게 하라",70) "군자는 말은 어눌하게 하지만 행동은 민첩하게 해야 한다"71)고 권고하고 있다. 이들 모두 학문을 제대로 하려면 말 보다는 행동이 먼저 앞서야 함을 강조하고 있지만 구체적인 행동으로 나누어 볼 때 군자는 말을 신중하게 해야 함 또한 강조하고 있는 것이다.

혜강 역시 군자는 말을 할 때 매우 신중해야 함을 당부하고 있는데, 특별히 자신이 잘 알지 못하는 상황인 경우 더욱 신중해야 하며 '의가 아니면 말하지 않고 자세하고 침착하게 도를 공경하는 것'이 가장 적절하며, 심지어 시비에 휘말리지 않기 위한 가장 좋은 방법으로 '말하지 않는 것'이라 했다. 이 뿐만 아니라 혜강은 심지어 '득실을 판단할 수 없는 싸움에 끼어들지 말 것',72) '주연 참석 시 논쟁이 발생하면 형세가 한 쪽으로 기울어지기 전에 그 자리를 떠날 것',73) '절친한 친구나 이웃이 아닌 경우 가급적 초대에 응하지 말 것',74) '남의 사적인 일은 알려고 하지도 말고 관여하지도 말 것',75) 그러나 '나와 이해관계가 없는 사람들과의 왕래는 거절하지 않아도 될 것',76) '술을 많이 마셔 취했으면 곧 그만두어야지 자기를 억제하지 못할 정도가 되어서는 안 될 것'77) 등 처세의 구체적인 방법과 예를 일일이

---

70) "君子食無求飽, 居無求安。 敏於事而愼於言。"(『論語‧學而』)

71) "君子欲訥於言而敏於行。『論語‧里仁』)

72) "人有相與變爭, 未知得失所在, 愼勿預也。" (「家誡」)

73) "若會酒坐, 見人爭語, 其形勢似欲轉盛, 便當無何舍去之。" (「家誡」)

74) "自非知舊鄰比, 庶幾已下, 欲請呼者, 當辭以他故, 勿往也。" (「家誡」)

75) "凡人私語, 無所不有, 宜預以爲意, 見之而走者。" (「家誡」)

76) "自非所監臨, 相與無他宜適, 有壺榼之意, 束脩之好, 此人道所通, 不須逆也。" (「家誡」)

들어가면서 아들로 하여금 쓸데없는 오해와 편견으로부터 자유로워
지고 그럼으로써 최종적으로 난세에 스스로를 보호할 수 있도록 가
르치고 있다. 결론적으로 위에서 지적한 대로 실천할 수 있다면 그
건 바로 어떠한 시대적 상황과 현실 속에서도 신념을 갖고 뜻을 세
운 사람이 그 뜻을 지켜나가고 유지하는 가장 본질적인 방법이라 할
수 있겠다.

상술한 바와 같이 혜강은 「家誡」 전편을 통해 아들에게 각종 요구와
일깨움을 권면하고 있는데, 이들 대부분이 유가사상의 도덕적 표준에
입각하여 전개되고 있음을 알 수 있다. 이것으로써 혜강은 아들이 뜻을
세우고 신념과 포부를 가질 것을 희망하고 있으며, 더 나아가 유가가
지향하는 높은 지조와 절개를 갖춘 군자가 되어줄 것을 바라고 있는
것이다. 실제로 혜강의 아들 嵇紹는 이러한 아버지의 바람과 가르침을
져버리지 않고 후에 아버지의 절친한 친구인 산도의 추천을 받아 관리
가 되었다. 『晉書 · 嵇紹傳』에 이르기를, "소는 그의 나이 10세 때 고
아가 되어 어머니를 극진하게 잘 모셨다"[78] 또는 "소는 豫章內史로 발
령받았으나 어머니 장례식 때문에 부임하지 않았다"[79]고 했다. 이와
함께 『世說新語 · 賞譽』에는 "죽림칠현의 명사들 모두 제각기 뛰어난
재능을 가진 아들들이 있었는데, 혜강의 아들 소가 제일 淸遠하고 雅正
했다"[80]고 전하고 있다. 그리고 『三國志 · 王粲傳』의 裴注가 晉代 여러
사람들을 칭찬하는 것을 인용하여 말하길 "소와 산도의 아들 간, 弘農
楊準은 모두 그 우정이 돈독하였는데, 그중 혜소가 충정의 마음이 제일

---

77) "見醉薰薰便止, 慎不當至困醉, 不能自裁也。" (「家誡」)

78) "十歲而孤, 事母孝謹."(『晉書 · 嵇紹傳』)

79) "紹轉豫章內史, 以母憂, 不之官, 事母孝謹."(『晉書 · 嵇紹傳』)

80) "林下諸賢, 各有俊才子, … 康子紹, 淸遠雅正."(『世說新語 · 賞譽』)

많았다"[81])고 전해지고 있다. 위에서 인용한 여러 인용문을 통해서 혜소는 확실히 유가의 전통사상의 교육과 훈도 아래 성장하여 그의 행동거지는 유가 명교의 도덕기준에 잘 부합되고 있음을 알 수 있다.

혜소는 그의 아버지의 희망과 권면대로 모친을 공경하며 어머니가 돌아가셨을 때 관직을 그만두고 집으로 돌아와 빈소를 지켰으며, 그 인품 또한 단아하고 올바른 대표적 유생이었음을 짐작할 수 있다. 물론 후대 학자들은 자신의 아버지를 모함하여 죽인 사마 씨 정권의 관리가 된 것에 대해 비판하기도 했지만 다만 한 가지 확실한 것은 혜소의 행동으로써 유가의 적극적인 현실참여 사상을 가지고 있었음을 증명하고 있으며, 더 나아가 이러한 모든 것이 다 근본적으로 혜강의 가르침에서 비롯되었음을 알 수 있다. 이렇듯「家誡」는 혜강의 작품 가운데 유가적 성향이 가장 뚜렷하고 입장이 분명한 것으로 지금까지 우리가 알고 있던 혜강의 '아무런 것에도 얽매이지 않는 지극히 자유분방(放達不羈)'한 이미지와는 전혀 다른 성향의 작품이기도 하다. 혜강을 줄곧 좋게 평가했던 노신조차도 "그렇게 고귀하고 오만한 혜강이 아들을 가르칠 때에는 너무나도 평범했다"[82]라고 평가할 정도였으니까 말이다.

혜강의 이상, '無爲정치'를 하는 현명한 군주

자신이 추구하려던 이상과 정작 자신이 처했던 상황과 현실의 갈등 속에서 어쩔 수 없이 방황해야만 했던 혜강이었기에 사마 씨 집

---

81) "紹與山濤子簡, 弘農揚准同好友善, 而紹最有忠正之情."(『三國志・王粲傳』)

82) "稽康是那樣高傲的人, 而他敎子就要他這樣庸碌"(『魏晉思想・魏晉風度及文章與藥及酒之關係』, 17쪽

단과의 대적을 뒤로 하고 집으로 돌아와 가족들을 보았을 때 그 고통은 더욱 컸음을 짐작해 볼 수 있다. 그러므로 이상과 같은 사실을 통해 우리는 혜강이 절대적으로 유가를 부인하고 도가에 귀의하려는 것이 아니었음을, 또한 현실을 도피하여 이상만을 추구하려 했던 것이 아니었음을 알 수 있다.

그렇다면 혜강이 진정 원했던 것은 무엇이었을까? 혜강이 명교를 추월하여 돌아가고 싶은 곳, 그리고 지향하는 사회는 바로 '도를 숭상하여 무위정치를 펼 줄 아는 그런 현명한 군주가 다스리는 사회'인 것이다. 이 사회는 왕이 모든 것 위에 군림하여 복종을 강요하지 않고 아래에 처해있는 신하라 할지라도 무조건 왕에 순종하지 않는다. 전통적으로 주종관계에 놓여있었던 군신 간에 서로 신뢰하여 이를 바탕으로 조화로움이 생겨나고, 결국 지극히 자연스러운 상태에 놓이게 되어 신하도 백성들도 자신들이 누리고 있는 이 자유가 도대체 어디서 비롯되었는지 알 수 없는 상황에까지 이르게 된다. 즉, 이 사회는 '왕은 조용히 위에 거하고 신하는 아래에서 기꺼이 순종'하기 때문에 사회 전반적으로 인위적으로 사람들의 자유를 구속하거나 행위를 규제하지 않아도 질서가 유지되고 도덕적 윤리가 지켜진다. 이런 사회는 한마디로 명교와 자연이 잘 어우러져 있는 '자연화 된 명교사회'인 것이다. 혜강은 '자연화 된 명교사회'의 특징에 대하여 다음과 같이 설명하고 있다.

성인은 어쩔 수 없이 천하를 다스리게 되면 만물을 모두 자신의 마음에 두고 백성들이 자유롭게 발전할 수 있도록 지켜보며, 도로써 백성들이 잘 살 수 있도록 보필하고 천하와 함께 즐거움을 누리며 소리 없이 무위하며 솔직하게 천하를 한 집안처럼 여기며 천하를 공으로 여긴다. 비록 군주의 자리에 있어 만국의 신봉을 받지만 오히려 소박하기를 마치 일반 백성이 손님을 대접하듯 하며, 비록 용이 그려진 깃발을 나무 위에 높이 내걸고 몸에는 화려한 제왕의 옷을 걸치고 있지만 오히려 이런 것에 개의치 않기를 마치 백성의 옷을 입은 것처럼 행동한다. 그래서 위에서는 군주와 신하가 서로 자신의 지위와 신분을 잊고 아래에서는 백성들이 집집마다 만족해한다.[83]

혜강은 대의를 위해 자기를 희생할 것을 요구하고 인위와 명분으로 세워진 제도화 된 명교사회를 부정하며 사람의 본성을 속박하는 일체의 외재적인 규범을 떨쳐버리고 자연에 순응해야 함을 주장하고 있다. 가장 이상적인 사회는 바로 왕과 신하, 그리고 백성 간의 사이가 지배하고 복종하는 종속관계가 아닌 각자의 자리에서 자신의 역할과 소임을 다할 수 있도록 믿고 존중해주어 자유롭게 발전할 수 있도록 내버려두는 것이다. 군주는 또한 더욱 겸손하고 소박하게 행동하여 서로가 자신의 신분을 잊고 함께 행복해하고 더불어 잘 살 수 있는 사회를 만들 수 있도록 해야 하는 것이다.

『聖賢高士傳贊』 속 혜강이 염원하는 이상적인 사회

혜강이 염원하는 사회에서 나타나는 이상적인 군신 간의 관계 또한 『聖賢高士傳贊』에 그대로 반영되어 있다. 『聖賢高士傳贊』에서 인물의 행적이나 그 특징을 설명할 때 대부분 주요 인물과 함께 어떤 한 인물을 등장시켜 이 두 사람과의 대화를 통해 이 두 사람 간

---

83) "至人不得已而臨天下, 以萬物為心, 在宥群生, 由身以道, 與天下同於自得, 穆然以無事為業, 坦爾以天下為公. 雖居君位, 饗萬國, 恬若素士接賓客也. 雖建龍旅, 服華袞, 忽若布衣在身也. 故君臣相忘於上, 烝民家足於下."(「答難養生論」)

의 입장이나 성품의 차이를 드러냄으로써 수록인물의 고귀함을 더욱 부각시키는데, 아무래도 당시에 가장 중요한 키워드가 處世之道, 이상적인 治世, 治國之法이기 때문에 大賢者는 주로 왕과의 대화를 통해 무엇이 중요하고 어떻게 살아가야 할지를 제시하는 경우가 대부분이다.

예를 들면 소신직의 명사로서의 위대함과 숭고함을 드러내기 위해 제 환공은 그를 다섯 번이나 찾아간 후에야 만날 수 있게 되었다고 한다. 또한 魯나라 哀公은 자신을 만나주기를 거절하는 周豐에게 이에 굴하지 않고 사신까지 파견하여 백성들의 신임과 존경을 받을 수 있는 방법을 물어보았고, 魏 文侯는 청렴하고 지조가 있는 段干木을 모시기 위해 그의 집 앞까지 찾아갔으며, 단간목이 그를 만나지 않기 위해 도망가 버린 이후에도 그의 집을 지날 때마다 매번 예로써 대하였다.

『聖賢高士傳贊』에 수록된 가장 인상 깊은 군신 간의 이상적인 관계는 아마도 珍平公과 亥唐의 사례일 것이다. 진 평공은 해당의 고결한 품성을 추앙한 나머지 해당이 준 거친 음식도 마다하지 않고 맛있게 배부르게 먹는 한편, 그와 함께 오래 앉아있어서 다리에 마비가 올 지경이었지만 감히 다리도 펴지 못한 채 해당의 가르침을 구했다. 이로써 진 평공이 얼마나 해당을 존경하고 있었는지, 그리고 해당이 얼마나 고귀한 품성을 지닌 은자였는지 알 수 있는 대목이다.

『聖賢高士傳贊』 속 군신 간의 관계는 비단 이것에만 국한된 것이 아니다. 혜강은 특별히 왕망이 세운 新왕조에 출사하지 않은 蔣詡, 尙長, 王眞, 李邵公, 薛方 등 12명의 인물들을 수록하였다. 이들은 한결같이 新莽왕조에 출사하지 않음으로써 이들의 불의함을 비판하였는데, 선비로서 출사를 포기한다는 것은 자신의 이상과 포부를 완전히 포기하는 것과 마찬가지로 그 만큼 사안이 중대하기 때문에 자신의 미래를 내던져가면서까지 '두 임금을 섬기지 않는 (不仕二君)' 뜻을 굽히지 않았던 것이다. 혜강이 이와 같은 이상적인 군신관계를 중시하고 '不事二君'한 은사들을 대거 수록한 원인은 바로 현실 속에서 정권찬탈에 눈이 멀어 온갖 반봉건적이고 반인륜적인 행위를 서슴지 않고 저지르면서 명교의 근간을 뒤흔들어 놓으면서 정권을 유지하기 위해 다시 명교의 기치를 내건 사마 씨 집단의 파렴치함을 비판하기 위해서이다.

이와 함께 혜강이 전통 유가에 대한 입장을 고수하고 그 본질적인 면을 중시하고 있음은 『聖賢高士傳贊』 속에 지금까지 수록된 인물과는 전혀 다른, 의외의 인물이 수록된 것을 보면 알 수 있다. 즉, 혜강은 『聖賢高士傳贊』 속에 전통 유가사상을 고수하는 특징을 지니고 있던 原憲, 董仲舒, 司馬相如, 楊雄 등을 수록하고 있다. 董仲舒는 인품이 청렴하고 정직하며 유가의 원리, 원칙, 그리고 명분을 중시하는 동시에 유가와 도가의 신비스런 학문-神學과의 결합을 통해 유학의 위치를 독존의 자리에까지 상승시킨 인물이다. 또한 司馬相如의 경우 혜강은 그의 문학적 성취를 찬양하며 "부를 잘 지어 그를 따라올 자가 없다"[84]고 평하기도 했으며, 楊雄은 유가와 도가를 절충, 즉 자연관에 관해서는 도가의 이론을, 윤리관에 대해서는 유가의 이론을 채용하여 '성현고사'의 반열에까지 오르기도 했다.

---

84) "乃賦大人, 超然莫尚."(『聖賢高士傳贊』)

晉代『高士傳』을 편찬한 皇甫謐과 혜강은 최소한 사마 씨 정권에 협조하지 않겠다는 동일한 사상경향에 기초하여 각자가 설정한 표준에 의거하여 역대 '高士'의 전기를 편찬하였다. 그러나 혜강의 『聖賢高士傳贊』에는 상술한 바와 같이 원헌, 동중서, 사마상여, 양웅 등과 같이 벼슬을 한 적이 있는 일부 高士까지도 수록되어 있다. 이에 대해 대부분의 경우 "결국 稽中散大夫라는 직함을 지녔던 혜강과 종신토록 벼슬길에 나아가지 않았던 황보밀의 입장 차이"[85]라고 설명하고 있는데, 이는 좀 더 생각해 봐야 할 문제이다. 혜강은 비록 '越名教'를 주장하고 있지만 그가 극복하고 넘어야 할 명교의 대상은 전통 유가사상이 아닌 사마 씨 집단이 정권을 찬탈하기 위해 반유가적인 행위를 서슴지 않고 행했으나 정권의 유지를 위해 내세웠던 '허울 좋은 명교'인 것이다.

기실 혜강 사상의 핵심은 '越名教而任自然'으로 집약되어 '명교에 대한 전면적인 부정을 통해 도가의 무위자연으로 돌아가자'는 것이어서 겉으로는 철저하게 '명교'를 부정하고 있는 듯 보이지만 혜강은 또 다른 한편으론 당시 유가를 제창하는 그 어떤 명사보다 더 유가의 본질적인 면을 중시하였던 것이다. 혜강은 이렇듯 전통 유가에 대해 매우 긍정적인 입장을 취하고 있었기 때문에『聖賢高士傳贊』에 수록된 高士들이 도가사상에 심취해 있는, 그리고 도교적 색채가 짙은 그런 신선과도 같은 인물들이 대부분이지만, 이와 상반되게 비록 관직에 오르긴 했어도 유가의 정신을 계승하고 이를 자신의 신조로 삼았던 原憲, 董仲舒, 司馬相如, 楊雄 등의 인물들도 수

---

85) 김장환, 「황보밀『고사전』연구」,『中國語文學論集』, 11號(1999), 135쪽

록했던 것으로 보인다.86)

'자연화 된 명교사회' 건설을 모색함

혜강은 자신의 삶과 추구하고픈 이상향이 수록된 인물 한 사람 한 사람에게 그대로 투영된 『聖賢高士傳贊』을 통해 자신이 진정으로 추구하는 것은 신선이 사는 仙境이 아니라 '세상 가운데 사람들과 더불어 함께하는 삶'이라는 사실을 전달하고 있다. 즉 '자연으로 귀의(任自然)'함으로써 추구하려 했던 이른바 '질박한 자연 상태가 아직 어그러지지 않았던 태고시대'87)처럼 혜강은 '자연적인 본성이 그대로 존재하는 사회', 또한 '순박함이 기울어지지 않은 사회',88) 그래서 '왕은 조용히 위에 거하고 신하는 아래에서 순종하는 자연적 본성이 그대로 존재하는 사회'89)를 갈망했다. 이러한 사회는 한마디로 '백성들은 편안하고 한가해졌지만 그렇게 된 이유를 알지 못하는 지극히 평화로운 상황'90)을 그 특징으로 한다.

이와 같이 명교와 자연이 대립하지 않고 서로 조화를 이루며 조성된 이른바 '자연화 된 명교사회'에서 혜강은 자신의 작품에서 누누이 강조했던 것처럼 '한가로이 산과 강을 노닐며, 고기와 새를 감상'91)하며 마음의 평정을 되찾고 싶어 했으며, 또한 '설령 누추하고 비

---

86) 이러한 이유 때문인지 『聖賢高士傳贊』 안에는 방탕하고 자유분방함을 추구하는 당시의 풍조를 따르는 인물들은 단 한 사람도 수록되어 있지 않다. 이것으로써 혜강은 비록 도가사상에 심취해 있었지만 삶에 대한 진지함도 엿볼 수 있다.

87) "大樸未虧."(「太師箴」)

88) "洪荒之時."(「聲無哀樂論」)

89) "君靜於上, 臣順於下."(「聲無哀樂論」)

90) "群生安逸, 自求多福, 默然從道, 懷忠抱義, 而不覺其所以然也."(「聲無哀樂論」)

91) "遊山澤, 觀鳥魚."(「與山巨源絶交書」)

좁은 골목에 살지언정 이곳에 머물며 아이들을 가르치고 키우며, 오랫동안 만나지 못했던 친구를 만나 정을 나눌 뿐 만 아니라, 어린 시절을 얘기하면서 탁주 한 사발에 거문고 한 곡 연주하는 것'92)을 평생의 소원으로 삼고자 했다.

이것이 바로 혜강이 바라고 원하던 이상향인 동시에 당시에 판을 치던 불의에 맞서며 사마 씨 집단이 내세운 허울 좋은 명교를 과감하게 부정하며 '自然'의 본성에 부합된, 자연으로 귀의하는 '越名敎而任自然'의 구체적인 방법이라 할 수 있다. 『聖賢高士傳贊』에 등장하는 이른바 유가의 성현과 도가의 고사를 '성현고사'들이 추구하는 이상적인 삶의 형태 및 목표를 통해 혜강은 자신이 추구하려는 '자연화 된 명교사회'가 구현되길 원하고 있음을 알 수 있다.

嵇康의 『聖賢高士傳贊』은 첫 번째로 '高士'라는 명칭을 사용해 작성된 인물전기로서, 내용면에 있어서 그동안 민간에서만 회자되었고 史家로부터 그다지 중시 받지 못해왔던 많은 '隱逸者'를 찾아내 그들의 기사와 행적을 기록하여 전기를 만들어 줌으로써 이후 중국 은일문화가 흥성하는데 기폭제의 역할을 담당했다. 이뿐만 아니라, 혜강은 寓言이나 假說의 형식을 빌려 인물들의 행적을 기록함으로써 혜강 본래의 강직하고 거침없이 생각하는 바를 직접적으로 서술93)하는 방법과는 다른 간접적인 형식을 취하여 혜강의 자아의식을 드러내고 있어 '문학의 자각시대'라 일컬어지는 위진 시대 산문영역에

---

92) "今但願守陋巷, 敎養子孫, 時與親舊敍闊, 陳說平生, 濁酒一杯, 彈琴一曲, 志願畢矣."(「與山巨源絶交書」)

93) "剛腸嫉惡, 輕肆直言, 遇事便發."(「與山巨源絶交書」)

있어서도 큰 비중을 차지하는 작품이라 할 수 있다.

이러한 가치와 의의가 있음에도 불구하고 이제까지 혜강에 대한 연구는 그의 현학사상과 기타 詩歌와 論說文에 국한되어왔고, 위진 시기 隱逸사상과 高士傳記에 대한 연구 또한 주로 혜강 이후 西晉의 皇甫謐(215~282)의 『高士傳』에 집중되어 혜강의 『聖賢高士傳贊』에 대한 연구는 여전히 미진한 상태에 머물러 있었다. 물론 『聖賢高士傳贊』과 관련된 자료가 모두 보존되어 있지 않고 산재되어 상세하고 체계적인 연구가 이루어지기에는 다소의 어려움이 있지만 현존하는 자료들을 가지고도 당시 혜강이 어떠한 기준을 가지고 '聖賢高士'를 선별하였으며, 이 '聖賢高士'의 행적과 評語를 통해 魏晉이라는 중국역사에 있어서 가장 혼란했지만 그래서 더욱 다채로웠던 시대를 어떻게 살아가야 하는지를 알 수 있을 것이다. 무엇보다도 혜강이 『聖賢高士傳贊』을 통해 현학풍조의 성행 속에서 단지 이론만이 아닌 구체적인 인물의 전형과 처세방법을 제시함으로써 시대가 표방해야 하는 삶의 방식과 가치관의 면면을 짐작해 볼 수 있을 것으로 생각된다.

주요참고자료

【晉】陳壽撰, 【宋】裴松之注, 『三國志注』, 台北: 台灣商務, 1968年

【梁】蕭統編, 【唐】李善注, 『文善注』, 台北: 華正書局, 1994年

【唐】房玄齡撰, 『晉書』, 上海, 上海古籍出版社, 1986年

【梁】蕭統編, 【唐】李善注, 『文選』, 上海: 上海古籍出版社, 1986年

【宋】範曄撰, 『後漢書』, 台北: 鼎文書局, 1975年

【淸】王先謙 撰, 『荀子集解』, 臺北: 里仁書局, 1978年

【淸】嚴可均校輯, 『全上古三代秦漢三國六朝文』, 北京: 中華書局, 1958

『新編諸子集成』, 台北: 世界書局, 1983年 4月

逯欽立輯校, 『先秦漢魏晉南北朝詩』, 台北: 木鐸出版社, 1983年

戴明揚, 『嵇康集校注』, 台北: 河洛出版社, 1978年

李澤厚, 『美的歷程』, 北京: 文物出版社, 1981年3月

王 瑤, 『中古文學史論』, 北京: 新華書店, 1986年

陰法魯 許樹安, 『中國古代文化史』, 北京: 北京大學出版社 1986年 12月

余培林, 『新譯老子讀本』, 臺北: 三民書局, 1987年 2月

林麗眞, 『王弼』, 臺北: 東大圖書公司, 1988年

郭慶藩, 『莊子集釋』, 臺北: 天工 1989年 9月

莊萬壽, 『嵇康研究及年譜』, 台北: 學生書局, 1990年 10月

郭 光, 『阮籍集校注』, 鄭州: 中州古籍, 1991年

餘敦康, 『何晏王弼玄學新探』, 山東: 人民出版社, 1991年 7月

夏甄陶: 『中國認識論思想史稿』, 北京: 人民大學出版社 1992年 11月

許抗生, 『魏晉思想史』, 台北: 桂冠出版社, 1992年

趙書廉, 『魏晉玄學探微』, 河南: 人民出版社, 1992年 12月

孫述圻, 『六朝思想史』, 南京: 南京出版社, 1992年 12月

樓宇烈, 『王弼集校釋』, 臺北: 華正書局, 1992年 12月

牟宗三, 『才性與玄理』, 臺北: 學生書局, 1993年 2月

餘嘉錫, 『世說新語箋疏』, 上海, 上海古籍出版社, 1993年

孔 繁, 『魏晉玄談』, 台北: 紅葉文化, 1993年

侯外廬, 『中國思想通史』, 北京: 人民出版社, 1995年 10月

陳鼓應, 『老子今註今譯』, 臺北: 臺灣商務印書館, 1995年 4月

曹 旭, ≪詩品集注≫, 上海: 上海古籍出版社, 1996年 8月

李富軒, 『竹林七賢』, 台北: 志一出版社 1996年 9月

崔富章, 『新譯嵇中散集』, 台北: 三民書局, 1998年

莊耀郎, 『郭象玄學』, 臺北: 裏仁出版社, 1998年 3月

徐公持主編, 『魏晉文學史』, 北京: 人民文學出版社, 1999年 9月

高華平, 『魏晉玄學人格美研究』, 成都: 巴蜀書社, 2000年 8月

蔣星煜, 『中國隱士與中國文化』, 上海: 上海人民出版社, 2009年 6月

馬 華, 陳正宏著, 강경범, 천현경 역, 『중국은사문화』, 서울: 동문선, 1997

鄭世根, 『위진현학』, 서울: 예문서원, 2001. 10

가와이 코오조오 저・심경호 역, 『중국의 자전문학』, 서울: 소명출판, 2002

안지추저, 유동환역, 『안씨가훈』, 서울: 홍익출판사, 2006. 9

王弼지음, 임채우 옮김, 『王弼의 노자주』, 파주: 한길사, 2005

혜강지음・한흥섭 옮김, 『혜강집』, 서울: 소명출판, 2006. 11

곽복선역, 『죽림칠현: 빼어난 속물들』, 서울: 도서출판 푸른역사, 2007

王曉毅, 「竹林七賢散論」, 『山東社會科學』, 1991, 2期

張曉婧, 「阮籍對禮教的態度」, 『信陽農業高等專科學校學報』, 第20券 3期

喬攀, 莨乾坤, 「酒名背後劉伶的思想世界」, 『焦作大學學報』2011, 4期

王菊芹, 「劉伶阮籍生存觀, 現實人格之比較」, 『濟源職業技術學院學報』, 2004. 12, 第3卷 4期

梁謀燕, 「劉伶簡論」, 『許昌學院學報』, 2012, 1期

盧洪昭, 「論魏晉六朝的隱逸之風」, 『撫州師專學報』, 1983. 3

何權衡, 「非湯武而薄周孔的嵇康」, 文史知識, 1984, 8期

王 毅, 「中國士大夫隱逸文化的興衰」, 『文藝研究』, 1989. 3期

戴璉璋, 「王弼玄學中的玄思」, 『中國文哲研究所集刊』, 1991. 1期,

張德麟, 「老子哲學中的 「有」, 「無」問題」, 『孔孟月刊』, 1991. 4 第29卷, 8期

張節末, 「嵇康哲學的方法論探本」, 浙江大學學報, 1992. 6, 第6卷 第2期

朱子儀, 「魏晉 『高士傳』與中國隱逸文化」, 『中國文化研究』, 1996. 2期

馬 中, 「魏晉玄學對傳統名教的否定之否定」, 西北大學學報, 1996, 1期

劉榮賢, 「『老子王弼注』中王弼與老子思想之分界」, 『靜宜人文學報』, 1997. 6 9期

王曉毅, 「司馬懿與曹魏政治」, 『文史哲』, 1998 第6期

單 純, 「中國聖賢思想的哲學背景」, 『東方論壇』, 1998. 1期

徐清泉, 「論隱逸文化在中國傳統文學藝術發展中的意義」, 『文學評論』, 2000. 4期

陳吉榮, 「理想與現實的衝突--嵇康人格研究」, 廣州廣播電視大學學報, 2002. 3 二卷 二期

鄭訓佐, 「儒道兩家的隱逸觀」, 『山東大學學報(哲學社會科學版)』, 2003. 2期

張駿翬, 「魏晉隱逸文化與嵇康之死」, 『四川師範大學學報(社會科學版)』, 2003. 5期

熊 明, 「生命理念的投射:嵇康與『聖賢高士傳贊』」, 『古籍整理研究學刊』, 2004. 6期

張 娟: 「試論東漢末的才性問題」, 『泰山學院學報』, 2003年 1期(第25卷)

孟祥才, 「論曹爽之敗」, 『史學月刊』, 2004, 8期

王菊芹, 「劉伶阮籍生存觀, 現實人格之比較」, 『濟源職業技術學院學報』, 第3 卷 4期, 2004. 12

許曉晴, 「論儒道的隱逸觀與隱士形象」, 『社會科學家』, 2006. 11 第16期

張秀娟, 王光照, 「嵇康之公私觀初探」, 廣西社會科學, 2006, 11期

林彥妙, 傅榮珂, 「由家誡論嵇康之處世思想」, 高餐通識教育學刊, 2006, 3期

巴曉津, 「『家誡』篇所見嵇康思想中的儒家底蘊」, 臨沂師範學院學報, 30卷 2 期, 2008. 4

劉 蓉, 「魏晉名士中的事功派與浮華派」, 『東嶽論叢』, 2009, 7期

王 惠, 「劉伶酒德頌的文化蘊味」, 『蘭台世界』, 2009, 下半期

張心亮, 「壺中天地寬——略論劉伶的生存觀及其現實人格」, 2009, 1期

王 惠, 「劉伶酒德頌的文化蘊味」, 『蘭台世界』, 2009, 下半期

張心亮, 「壺中天地寬——略論劉伶的生存觀及其現實人格」, 2009, 1期

張曉婧, 「阮籍對禮教的態度」, 『信陽農業高等專科學校學報』, 第20券 3期, 2010. 9

郝 虹, 「魏晉遞嬗下的儒學承傳」, 『大連大學學報』, 2011 第4期

喬攀, 莨乾坤, 「酒名背後劉伶的思想世界」, 『焦作大學學報』, 2011, 4期

梁謀燕, 「劉伶簡論」, 『許昌學院學報』, 2012, 1期

鄭起燉, 「하안사상의 성격」, 『인문학연구』(충남대 인문과학연구소), 11권, 1984년

김장환, 『황보밀 「고사전」 연구』, 『중국어문학논집』 11호, 1999년

홍승현, 「漢末魏初 士大夫 社會와 浮華」, 『중국고대사연구』, 12期, 2004년 8月

최세윤

대학시절 『諸子選讀』이라는 수업을 듣다가 노자와 장자 철학에 흥미를 느끼고 졸업 후 대만으로 건너가 國立臺灣師範大學校 國文硏究所에서 수학하였다. 中國哲學史 수업을 듣다가 莊耀郎 교수님의 인품과 학문에 감동하여 지도교수로 모시고 석사 때 魏晉玄學을, 박사 때 魏晉文學理論을 연구하였다. 귀국 후 魏晉 시대의 철학과 문학이론을 연구하면서 王弼과 稽康, 그리고 竹林七賢, 世說新語 관련 논문을 다수 발표하였다.

중국어교육에도 관심이 많아 「독해력강화를 통한 종합적 중국어학습법고찰」(중국어문학논집, 63호), 「중국어독해능력 향상을 위한 ‘無標志複文’의 유형분류와 독해방법 고찰」(중국어문학논집, 69호) 등의 논문을 발표하였다.

중국문화 역시 관심 있는 연구 분야의 하나로, 「중국 신세대 양상 및 그 가치관 변화 연구 -- ‘小皇帝’에서 ‘鳥巢一代’, 그리고 ‘海寶一代’까지」(외국학연구소, 24집), 「중국 광장문화의 특징과 가치 고찰 -- ‘養生’을 실천하는 장」(중국문화연구, 39집), 「基督教의 그리스도론과 中國人의 道家的 思惟方式에 관한 認識論的 考察」(중국학연구논총, 2집) 등의 논문을 발표하였다. 특별히 2014년 EBS 다큐멘터리【세계견문록 아틀라스—중국비경, 서하객유람기】의 큐레이터로 중국의 武夷山, 黃山, 廬山을 직접 오르면서 중국의 자연절경에도 심취하는 계기가 되었다.

현재 고신대학교 중국학전공 교수로 재직 중에 있다.

유가를 비판한 진정한 유학자

혜강, 그리고 『성현고사전찬』

嵇康/聖賢高士傳贊

초판인쇄 2018년 11월 30일
초판발행 2018년 11월 30일

지은이 최세윤
펴낸이 채종준
펴낸곳 한국학술정보㈜
주소 경기도 파주시 회동길 230(문발동)
전화 031) 908-3181(대표)
팩스 031) 908-3189
홈페이지 http://ebook.kstudy.com
전자우편 출판사업부 publish@kstudy.com
등록 제일산-115호(2000. 6. 19)

ISBN 978-89-268-8623-6 93150